山东省重点研发计划（软科学）项目“山东省研发财税政[illegible]

（项目编号：2019RKB0[illegible]）

滨州市社会科学规划重点研究课题“经济新常态下滨州市国有企业混合所有制改革现状及路径研究”

（项目编号：19-SKGH-43）

江西省 2018 年度研究生创新专项资金项目“不同类别机构投资者认购定向增发新股对公司投资效率影响研究”

（项目编号：YC2018-B046）

滨州市软科学研究计划项目“滨州市科技创新与新旧动能转换的耦合机制研究”

（项目编号：2018BRK12）

我国国有企业混合所有制改革历程、现状与经济效应研究

WOGUO GUOYOU QIYE
HUNHE SUOYOUZHI GAIGE LICHENG、
XIANZHUANG YU JINGJI XIAOYING YANJIU

李 梅 著

知识产权出版社
全国百佳图书出版单位
—北京—

图书在版编目（CIP）数据

我国国有企业混合所有制改革历程、现状与经济效应研究 / 李梅著 . -- 北京：知识产权出版社，2021.1

ISBN 978-7-5130-7384-4

Ⅰ . ①我…　Ⅱ . ①李…　Ⅲ . ①国有企业—混合所有制—企业改革—研究—中国　Ⅳ . ① F279.241

中国版本图书馆 CIP 数据核字（2020）第 263443 号

内容提要

本书采用了规范研究和实证研究相结合的方法，基于委托代理理论、产权理论、信息不对称理论、利益相关者理论、控制权理论等，对国有企业混合所有制改革在盈余管理、资本成本、公司治理、风险承担水平、投资效率、创新能力和公司绩效等方面的影响进行了深入分析，并基于我国国有上市公司数据，对理论假设进行了实证回归检验，提出了若干具有实践指导意义和借鉴作用的理论观点与政策建议。

本书可以作为经济管理类相关专业学生、教师、科研工作者及实务工作者、企业管理层等的阅读书目。

责任编辑：阴海燕　　　　　　　　　**责任印制**：孙婷婷

我国国有企业混合所有制改革历程、现状与经济效应研究
李　梅　著

出版发行：**知识产权出版社** 有限责任公司		网　　址：http://www.ipph.cn	
电　　话：010–82004826		http://www.laichushu.com	
社　　址：北京市海淀区气象路 50 号院		邮　　编：100081	
责编电话：010-82000860 转 8693		责编邮箱：laichushu@cnipr.com	
发行电话：010-82000860 转 8101		发行传真：010-82000893	
印　　刷：北京中献拓方科技发展有限公司		经　　销：各大网上书店、新华书店及相关专业书店	
开　　本：720mm×1000mm　1/16		印　　张：18.5	
版　　次：2021 年 1 月第 1 版		印　　次：2021 年 1 月第 1 次印刷	
字　　数：286 千字		定　　价：88.00 元	

ISBN 978-7-5130-7384-4

序

我国国有企业改革一直是理论界和实务界关注的热点话题。近年来，我国国有企业混合所有制改革成为国有企业改革的主旋律。越来越多的国有企业进行了混合所有制改革。那么，我国国有企业混合所有制改革到底有何效果和经济影响呢？

本书采用规范研究和实证研究相结合的研究方法，基于委托代理理论、产权理论、信息不对称理论、利益相关者理论、控制权理论等，对国有企业混合所有制改革在盈余管理、资本成本、公司治理、风险承担水平、投资效率、创新能力和公司绩效等方面的影响进行了深入的理论分析，并且基于我国国有上市公司数据，对理论假设进行了实证回归检验，并提出了若干具有实践指导意义和借鉴作用的理论观点与政策建议。本书主要有如下理论贡献：

首先，本书系统梳理了我国国有企业混合所有制改革的历程、现状，并对其经济效应进行全面的实证检验，有助于全面了解国有企业混合所有制改革的过去、现状和未来，掌握国有企业混合所有制改革从产生、发展到各种经济影响的来龙去脉，有助于全面认识国有企业混合所有制改革的历史轨迹、内在规律和演化趋势，进而做到以史为鉴、不断改进。

其次，本书从国有企业盈余管理、资本成本、公司治理、风险承担水平、投资效率、创新能力和公司绩效等方面全面分析国有企业混合所有制改革的经济效应，并选取国有上市公司样本数据，构建多元回归模型进行实证检验，构建了关于国有企业混合所有制改革经济效应的完整分析框架。

最后，本书提出了我国国有企业混合所有制改革的具体路径和政策建议，为国有企业混合所有制改革提供借鉴，以促进国有企业发展。本书认为，我国国有企业存在所有者监督缺位、信息不对称、内部人控制、委托代理问题严重等缺陷，且不同国有企业混合所有制改革程度不同，应继续深化国有企业混合所有制改革的深度和广度，完善我国国有企业混合所有制改革的政策制度环境，加快建设国有企业混合所有制改革的产权交易市场，减少国有企业政府干预和政策性负担，加大国有企业混合所有制改革后企业整合力度，以加快建立现代企业制度，提高公司治理水平，完善国有资本资源配置效率，提高国有企业运营效率和市场竞争力，促进公有制经济和非公有制经济的融合发展，发挥各种所有制经济的优势，体现我国社会主义基本经济制度的优越性。

本书结构严谨，文献综述全面，理论分析深入，研究思路清晰，逻辑严密，内容丰富充实，是比较系统地论述国有企业混合所有制改革影响的专著之一，具有一定的理论前沿性和较强的实用性，研究结论和理论观点具有一定的创新性。更加值得称道的是，本书采用规范研究和实证研究相结合的研究方法，具有较高的科学性和较强说服力。本书作者一直致力于研究我国国有企业改革和公司治理的相关问题，本书既是作者对前期相关研究成果的总结归纳，也是作者开展后续研究的新起点。目前，在我国国有企业混合所有制改革方面还存在很多亟待研究和解决的问题，希望作者能够再接再厉，继续奋进，笔耕不辍，相关研究成果更上一层楼。

范利民

目　录

第一部分　理论研究

第二部分 历程回顾、现状和问题研究

第三部分 实证研究

第四部分　案例研究

第五部分 政策建议

第一部分

理论研究

第1章 导 论

1.1 研究背景和意义

1.1.1 研究背景

我国作为世界上最大的社会主义新兴市场经济国家，近年来的经济发展取得了举世瞩目的成就。在当今世界科技进步飞快、经济发展瞬息万变的复杂经济体系中，我国企业要想在竞争激烈的国际市场中取得立足之地，需要顺应时代潮流，加快推进供给侧结构性改革，不断推动产业结构转型升级。国有企业是我国国民经济发展过程中的中坚力量，在我国经济转型升级中发挥着引领和带头作用，不断加快自身改革步伐，提高自身竞争力，做大做强。自中华人民共和国成立以来，尤其是改革开放后，我国国有企业发展较快，在社会经济发展中发挥了重要作用。根据天眼查数据显示，1978年，国有企业总数量不足万家，到2019年9月，已经达到了46万家。从1978—2018年的40年间，我国国有企业的年均营业收入增长率和年均利润总额增长率分别为11.9%和10.3%；2018年我国国有企业资产总额和所有者权益总额分别为178.7万亿元和63.1万亿元，分别是1978年的247.1倍和130倍。在2016年美国《财富》公布的世界500强名单中，中国内地企业有106家，而国有企业的比例达到了90%。这也印证了国有企业在我国国民经济发展中占有重要地位。但是随着我国改革开放的深入和市场经济的进一步发展，国有企业的经营管理体制暴露出一系列问题，产权责任不清晰、所有者监管缺位、政府干预过多、政企不分、内部人控制加剧、国有资产流失严重、腐败高发、经营效率低下、行政负担过重等经营弊端日益凸显。因此，国有企业改革的呼声日益高涨。

我国自改革开放以来就不断探索国有企业改革的具体方略，从尝试扩大企业经营自主权开始，然后通过建立现代企业制度、实施"抓大放小"战略，到推行战略性改组、完善国有资产管理体制等改革策略，国有企业改革成效显著，但是并没有从根本上解决国有企业发展过程中的痼疾。直至1999年，党的十五届四中全会提出发展混合所有制经济和国有企业股份制改革的决策部署，我国国有企业混合所有制改革的大幕正式拉开。随后，我国政府部门陆续出台和颁布相关政策制度，积极推动国有企业混合所有制改革。2003—2005年，不少国有企业初步尝试推行混合所有制改革，通过对产权结构和股权结构的调整，取得了一定成效。2013年11月中共中央十八届三中全会明确提出，通过鼓励国有资本与非公有资本等交叉持股推动国有企业混合所有制改革，为我国国有企业全面深化改革指明了方向。2014年《政府工作报告》进一步提出"加快发展混合所有制经济"。2015年8月24日，中共中央、国务院印发了《关于深化国有企业改革的指导意见》，这是新时期指导和推进中国国有企业改革的纲领性文件，指出国有企业应在实施分类改革的基础上发展混合所有制经济。2017年10月，党的十九大报告中指明，深化国有企业改革，发展混合所有制经济，培育具有全球竞争力的世界一流企业。国有企业混合所有制改革的政策部署正紧锣密鼓地推行着。因此，新一轮国有企业改革的重中之重是推进国有企业混合所有制改革。

从根本上来看，国有企业运营困境源自国有股"一股独大"及由此产生的所有者缺位、委托代理问题严重和内部人控制问题，而混合所有制改革就是通过引入非国有股东，实现产权结构多元化和股权结构制衡，将市场竞争机制引入国有企业，激发国有企业市场活力。国有企业混合所有制改革不是简单的不同所有制经济的加总，而是通过将国有资本和民营资本、国外资本的有机融合，使得非国有股东在国有企业经营中享有"话语权"和投票权,甚至可以直接对国有企业派遣董事或经理等高级管理人员参与国有企业经营管理。一方面,通过引入非国有大股东改变国有企业"一股独大"的现状,形成对国有大股东的有效制衡,减少国有企业大股东对中小股东的利益侵占行为,缓解国有企业大股东和中小股东之间的第二类代理问题;另一方面,根据资本逐利天性,混合所有制改革引入的非国有大股东比较关心投资收益和资本保值增值情况,会更加积极行使股东投票权,减少"搭便车"行为,缓解国有企业所有者缺位导致的"内部人控制"问题,在一定程度上有助于解决国有企业股东和管理者之间的第一类代理问题。

然而,国有企业混合所有制改革过程中的争议一直存在,实务界和理论界尚未达成共识。实务界,国有企业混合所有制改革利在何处?混合所有制改革现状及成效如何?未来何去何从?理论界,国有企业混合所有制改革是我国特有的经济现象,国外学者研究较少,而国内学者主要针对国有企业混合所有制改革的某一方面的问题及经济影响进行研究,尚缺乏对国有企业混合所有制改革过去、现状和具体经济影响的系统梳理。因此,本书采用规范研究和实证研究相结合的方法,系统梳理了国有企业混合所有制改革的历程,并分析了国有企业混合所有制改革的现状、取得的成效及存在的问题,通过收集近8年来国有企业混合所有制改革的数据,构建实证模型,全面检验国有企业混合所有制改革的经济效应,即国有企业混合所有制改革对国有企业盈余管理、资本成本、公司治理、风险承担水平、投资效率、创新能力和公司绩效等方面的影响,最后提出国有企业混合所有制改革的对策建议。具体来说,本书主要梳理和解决了如下问题:第一,我国国有企业混合所有制改革具体经历了哪些阶段?第二,国有企业混合所有制改革现状如何?取得了哪些成果?存在的问题有哪些?第三,国有企业混合所有制改革的经济影响有哪些?国有企业混合所有制改革程度不同,影响又有何差异?第四,国有企业混合所有制改革的未来发展方向和建议是什么?本书将对这些问题进行深入的理论分析和实证检验,以对我国国有企业混合所有制改革形成全面、深入、系统的认识。

1.1.2 研究意义

目前，学者主要从宏观政策层面或某个特定的微观层面分析国有企业混合所有制改革的经济影响，很少有学者对国有企业混合所有制改革的历程、现状和经济效应进行全面分析。然而，要全面认识我国国有企业混合所有制改革，需要结合其改革历程，分析其现状、取得的成就和存在的问题，并对其经济影响进行全方位分析。因此，本书将结合我国新兴市场经济发展现状，从公司治理和财务管理视角出发，从微观层面全面分析我国国有企业混合所有制改革的发展历程、现状及问题，并全面分析国有企业混合所有制改革对国有企业盈余管理、资本成本、公司治理、风险承担水平、投资效率、创新能力和公司绩效等方面的经济影响，最后提出国有企业混合所有制改革的具体对策建议，研究具有重要的理论意义和实践意义。

（1）理论意义。

第一，进一步充实了委托代理理论的相关研究。目前大多数学者研究了国有企业混合所有制改革对股东与管理者之间的第一类委托代理问题的缓解效应。本书指出，国有企业混合所有制改革不仅有助于抑制管理者代理问题，解决"内部人控制"问题，通过引入非国有大股东，实现股权制衡，有助于减轻大股东掏空行为，缓解大股东和中小股东之间的第二类代理问题。

第二，完善了国有企业混合所有制改革方面的相关研究。目前学者主要分析国有企业混合所有制改革的宏观政策层面的影响，本书系统梳理国有企业混合所有制改革的历程、现状，并对其经济效应进行实证回归检验，有助于全面了解国有企业混合所有制改革的过去、现状和未来，掌握国有企业混合所有制改革从产生、发展到各种经济影响的来龙去脉，形成对国有企业混合所有制改革的全面认识，进而做到以史为鉴、不断改进。

第三，丰富了中小投资者利益保护的相关研究。以往研究主要分析国有企业混合所有制改革对国有企业自身发展和市场竞争力的影响，很少关注混合所有制改革对中小投资者利益保护的作用。本书则通过分析国有企业混合所有制改革引入非国有股东，形成对国有控股股东的利益牵制和股权制衡，加强对控股大股东监督制约，进而减少控股大股东牟取私利的掏空行为，实现对中小投资者的利益保护，为中小投资者保护理论的研究提供新的视角。

第四，补充了公司治理领域的相关研究。很少有学者研究国有企业混合所有制改革对公司治理的影响。本书从企业股权结构的多元化、会计信息质量的改善、管理者激励约束机制的完善等角度，全面分析国有企业混合所有制改革对公司治理的影响，使得公司治理领域的研究更加完善。

第五，创新了公司投资效率影响因素研究的新思路。目前，很多学者从公司的内外部环境角度研究公司投资效率的影响因素，比如从外部制度环境、市场竞争环境、内部融资约束、管理者特质等方面展开研究，很少学者研究国有企业混合所有制改革对投资效率的具体影响。本书分析国有企业混合所有制改革对公司投资效率影响的原理及作用机制，并进行实证检验，丰富了投资效率影响因素的研究。

第六，开发了企业创新影响因素研究的新视角。目前学者主要从宏观政策层面、微观企业特质层面研究企业创新的影响因素，很少关注混合所有制改革对企业创新的影响。本书分析国有企业混合所有制改革对其创新的具体影响并进行实证分析，丰富了企业创新能力影响因素的相关研究。

（2）实践意义。

混合所有制改革要求将国有资本与非国有资本相融合，在同一个企业中，充分发挥国有资本与非国有资本各自优势，取长补短，实现优势互补，无论对国有企业还是对于非国有企业来说，都具有重要的实践意义。对于国有企业来说，通过混合所有制改革，引入非国有股东，实现股权牵制和利益均衡，激发国有企业经营活力；对于非国有企业来说，拓宽了投资渠道，可以逐渐加入国民经济发展的重大战略性产业领域，在提高自身收益的同时，逐渐提高非国有资本的重要性。具体来说，本书研究国有企业混合所有制改革的实践意义如下：

第一，为国有企业混合所有制改革提供实践指导，积极推进国有企业改革发展步伐。国有企业混合所有制改革的初衷是改变国有企业落后的管理模式和经营方式，通过混合所有制改革引入具有市场竞争力的非国有资本，逐渐促使国有企业转型，加快建立现代企业制度，提高公司治理水平，完善国有资本资源配置效率，提高国有企业运营效率和市场竞争力，促进公有制经济和非公有制经济的融合发展，发挥各种所有制经济的优势，实现多种所有制经济优势互补，体现我国社会主义基本经济制度的优越性。

第二，有助于推动各类所有制经济共同发展。改革开放以来，我国社会经济各领域都得到了飞速发展，其中包括民营资本在内的非国有资本的作用功不可没。本书研究国有企业混合所有制改革问题，在深入探讨国有企业发展过程中吸收非国有资本的重要性和具体经济影响，拓展了非国有资本的投资领域，有助于提高民营资本参与国有企业经营的积极性，最大程度发挥非国有股东的监督管理作用，促进非公有制经济的发展。

第三，为促进我国社会主义市场经济的发展提供参考。国有企业混合所有制改革要求打破国有股"一股独大"的固有格局，引入非国有资本股东，有助于打破行业垄断，增加市场竞争程度，降低国有企业经营过程中的政府干预程度和政策性负担，减少国有企业对政府的过度依赖性，将市场竞争机制引入国有企业经营过程中，激发国有资本经营活力，减少国有性"僵尸企业"数量，提高国有企业自身市场竞争力，为进一步发展我国社会主义市场经济提供借鉴。

第四，有助于完善国有企业公司治理制度。混合所有制改革对国有企业的影响是在国有企业单一的国有产权结构中加入非国有股成分，改变国有股"一股独大"现状，增加非国有股东的话语权，实现对国有股东的权力制衡，缓解两类委托代理问题，完善公司治理结构，提高董事会决策效率，有助于解决内部人控制问题，提高公司治理水平。

第五，有利于提高国有企业投资效率。国有企业混合所有制改革不仅要求在国有产权中引入非国有股东，还要真正发挥非国有股东的作用，使得非国有股东拥有一定的投票权和话语权，直接参与国有企业经营投资决策，甚至要让非国有股东向国有企业派遣董事或经理等高管间接参与国有企业运营，打破内部人控制和实际控制人"一言堂"局面，提高投资决策效率和科学性，减少无效率投资，避免过度投资行为和投资不足现象，提高国有企业投资效率和国有资本经营效率及获利水平，提高国有资本保值增值率。

第六，有助于提高国有企业创新能力。国有企业的高管大部分是上级政府部门直接委派，而不是竞争上岗，一方面，导致国有企业高管带有更多的政治色彩，更加注重自身政治晋升，在国有企业经营过程中带有强烈的政绩观，在进行经营决策时不是看重国有企业自身竞争能力和经营绩效的提高，而是更加偏向上级政治任务的落实，在经营过程中求稳发展，缺乏市场竞争意识，没有大刀阔斧投资创新的勇气和魄力；另一方面，国有企业高管薪酬绩效敏感性低，高管缺乏市场洞察力和对利润的敏感性，不能及时发现市场新的利润点，不能及时创新，这些都导致国有企业创新能力不足。通过混合所有制改革，引入具有逐利天性的非国有资本，国有企业的创新能力直接影响其市场竞争力和盈利能力，进而影响非国有股东的资本收益。因此，非国有股东的加入会促使国有企业更加注重创新投入，进而有助于提高国有企业创新能力。

第七，为国有企业混合所有制改革相关政策制定提供指导。本书通过系统梳理国有企业混合所有制改革的历程，分析国有企业混合所有制改革现状和存在的问题，为未来国有企业混合所有制改革提供对策建议，有助于发现国有企业混合所有制改革政策的优势和不足，为未来完善相关政策提供借鉴和参考。

1.2　主要研究内容

本书以我国国有企业为研究对象，以国有企业混合所有制改革为研究主线，围绕国有企业混合所有制改革的历程、现状和具体经济效应展开研究，共包括理论研究、现状和问题研究、实证研究、案例研究、政策建议与结论五部分。具体内容安排如下：

第一部分是理论研究，主要包括第 1~3 章导论、文献综述和理论基础研究。

第 1 章，导论。介绍了研究背景和意义、研究内容和方法、研究创新之处、研究思路与框架及相关概念界定。

第2章，文献综述。主要总结了国内外相关研究的主要观点并进行评论，一是混合经济内涵及发展的研究；二是国有企业股权结构安排及影响的研究；三是国有企业混合所有制改革存在问题的研究；四是国有企业混合所有制改革的影响研究；五是国有企业混合所有制改革对策建议研究；六是文献述评，总结现有研究的主要观点和取得的成果，指出现有研究的不足之处和本书研究切入点。

第3章，理论基础研究。总结国有企业混合所有制改革研究的理论基础，包括契约理论、制度成本理论、产权理论、委托代理理论、信息不对称理论、利益相关者理论、控制权理论等基本理论，为后续研究奠定理论基础。

第二部分是现状和问题研究。该部分主要介绍国有企业混合所有制改革的历程、现状和存在的问题，包括第4~6章。

第4章，国有企业混合所有制改革的历程回顾。本章系统梳理了国有企业混合所有制改革从概念提出到进一步强化发展和深化实施的全部历史进程，具体分析每个阶段的相关政策法规和具体要求及国有企业混合所有制改革的实施状况。我国国有企业混合所有制改革的历程包括如下阶段：国有企业混合所有制改革探索起步阶段（1978—1999年）和国有企业混合所有制改革发展阶段（2000年至今）。

第5章，国有企业混合所有制改革的现状分析。本章具体分析了我国国有企业混合所有制改革目前的实施状况和取得的成就，包括：梯次展开国有企业混合所有制改革试点；推进国有企业与其他所有制资本有序混合；创新使用多种方式推进混合所有制改革；国有企业混合所有制改革工作不断深入；国有企业混合所有制改革在数量和规模上成效显著；国有企业混合所有制改革的成功案例。

第6章，国有企业混合所有制改革存在的问题分析。本章具体分析了我国国有企业混合所有制改革过程中存在的问题，包括宏观制度层面的问题分析、中观市场层面的问题分析和微观企业层面的问题分析，全面认识国有企业混合所有制改革过程中存在的外部制度性、环境性问题及国有企业内部自身存在的问题。

第三部分是实证研究。该部分以 2011—2018 年我国沪深 A 股国有上市公司为研究对象，构建实证回归模型并进行回归分析，研究了国有企业混合所有制改革的各种经济效应，即混合所有制改革对国有企业盈余管理、资本成本、公司治理、风险承担水平、投资效率、创新能力和公司绩效等方面的影响，并对国有企业混合所有制改革经济效应进行模糊综合评价，包括第 7~14 章。

第 7 章，实证检验了我国国有上市公司混合所有制改革对盈余管理的影响。我国国有上市公司混合所有制改革有助于弱化公司应计盈余管理行为，且国有上市公司混合所有制改革程度越深入，对应计盈余管理的弱化效应越明显；我国国有上市公司混合所有制改革对真实盈余管理的作用受混合所有制改革程度的影响，在国有企业混合所有制改革程度低时，国有上市公司混合所有制改革对真实盈余管理不会产生显著影响，而当国有企业混合所有制改革程度高时，国有上市公司混合所有制改革对真实盈余管理会产生显著负面影响，且国有企业混合所有制改革程度越大，对真实盈余管理的抑制作用越强。研究表明，我国国有上市公司混合所有制改革在抑制公司盈余管理行为，改善会计信息质量方面发挥了积极作用。

第 8 章，实证检验了国有上市公司混合所有制改革对权益资本成本和债务资本成本的影响。研究结论包括：我国国有上市公司混合所有制改革与权益资本成本和债务资本成本都显著负相关，说明在降低国有公司权益资本成本和债务资本成本方面，我国国有上市公司混合所有制改革发挥了积极作用；我国国有上市公司混合所有制改革程度与权益资本成本和债务资本成本的关系存在内部差异性。当我国国有上市公司混合所有制改革程度低时，国有上市公司混合所有制改革程度无论对权益资本成本，还是对债务资本成本，都没有显著影响，而当我国国有上市公司混合所有制改革程度高时，国有上市公司混合所有制改革程度与权益资本成本和债务资本成本都显著负相关，说明只有当我国国有上市公司混合所有制改革深度和广度达到一定水平时，才能在降低公司权益资本成本和债务资本成本方面发挥积极作用。

第9章，实证检验了我国国有上市公司混合所有制改革对国有企业公司治理的影响，并进一步进行分组检验，探讨国有企业混合所有制改革程度对公司治理水平的影响。研究证明，国有企业混合所有制改革有助于提高国有企业公司治理水平，且当国有企业混合所有制改革程度低时，国有企业混合所有制改革对公司治理水平没有显著影响，但是当国有企业混合所有制改革程度高时，国有企业混合所有制改革程度对公司治理水平有显著正向影响。

第10章，实证检验了我国国有上市公司混合所有制改革对国有企业风险承担水平的影响，并进一步进行分组检验，探讨国有企业混合所有制改革程度对企业风险承担水平的影响。通过中介效应检验，分析国有上市公司混合所有制改革对其风险承担水平的作用机制，并提出相应的对策建议。研究证明，国有企业混合所有制改革有助于提高国有企业风险承担水平，且当国有企业混合所有制改革程度低时，国有企业混合所有制改革对风险承担水平没有显著影响，但是当国有企业混合所有制改革程度高时，国有企业混合所有制改革程度对风险承担水平有显著正向影响。中介效应检验证明，国有企业混合所有制改革分别通过改善公司会计信息质量和提高公司治理水平，进而对企业风险承担水平产生积极正面影响。

第11章，实证检验了我国国有上市公司混合所有制改革对国有企业投资效率的影响，并进一步探讨国有企业混合所有制改革对过度投资和投资不足的影响，然后通过分组检验研究国有企业混合所有制改革程度对企业投资效率的影响。研究证明，国有企业混合所有制改革有助于提高国有企业投资效率，且国有企业混合所有制改革对过度投资和投资不足都有一定的抑制作用。分组检验表明，国有企业混合所有制改革程度的不同会对企业投资效率产生不同的影响，当国有企业混合所有制改革程度低时，国有企业混合所有制改革对投资效率没有显著影响，但是当国有企业混合所有制改革程度高时，国有企业混合所有制改革程度对投资效率有显著正向影响。

第12章，实证检验了我国国有上市公司混合所有制改革对国有企业创新能力的影响，并分别从创新投入和创新产出角度研究了我国国有企业混合所有制改革对创新能力的具体影响，然后通过分组检验研究国有企业混合所有制改革程度对企业创新能力的影响。研究证明，国有企业混合所有制改革有助于增加国有企业创新投入和创新产出，进而提高国有企业创新能力。分组检验表明，国有企业混合所有制改革程度的不同会对企业创新能力产生不同的影响，当国有企业混合所有制改革程度低时，国有企业混合所有制改革对创新能力没有显著影响，但是当国有企业混合所有制改革程度高时，国有企业混合所有制改革程度对创新能力有显著正向影响。

第 13 章，实证检验了我国国有上市公司混合所有制改革对国有企业绩效的影响，然后通过分组检验研究国有企业混合所有制改革程度对企业绩效的影响。研究证明，国有企业混合所有制改革有助于提高国有企业绩效水平。分组检验表明，国有企业混合所有制改革程度的不同会对企业绩效产生不同的影响，当国有企业混合所有制改革程度低时，国有企业混合所有制改革对企业绩效没有显著影响，但是当国有企业混合所有制改革程度高时，国有企业混合所有制改革程度对企业绩效有显著正向影响。

第 14 章，构建模糊综合评价模型，对国有企业混合所有制改革的经济效应进行模糊综合评价。在合理界定国有企业混合所有制改革经济效应综合评价概念及特点、评价目标、评价主体和客体、评价原则的基础上，以平衡计分卡BSC 为基础，从财务、客户、内部治理、发展潜力四个维度构建国有企业混合所有制改革经济效应综合评价指标体系。然后，通过模糊综合评价法，确定业绩评价因素集、权重集和评价集，构建国有企业混合所有制改革经济效应模糊综合评价模型及公式，对国有企业混合所有制改革经济效应做出综合评价。以A 国有企业为例，通过案例分析来验证国有企业混合所有制改革经济效应模糊综合评价体系的可行性。

第四部分是案例研究。以滨州市国有企业为例，结合经济新常态背景，研究了国有企业混合所有制改革的现状、问题及具体路径，包括第 15 章。

第 15 章，通过实地调研，深入研究了滨州市国有企业混合所有制改革取得的成绩及存在的问题，进而探究经济新常态下滨州市国有企业混合所有制改革的具体对策和路径。近年来，滨州市委、市政府认真贯彻中央、省委关于深化国有企业改革的决策部署，先后出台了加快国有资产国有企业改革发展的一系列政策措施，并提出要积极发展混合所有制经济，把"混合所有制改革"作为国有企业改革的重点任务。滨州市国有企业"三个一批"深化改革的全面实施标志着滨州市国有企业混合所有制改革进入新的历史时期，但目前仍存在相关法律法规不健全、国有企业混合所有制改革认识不到位、国有企业治理结构不健全、国有企业混合所有制改革的潜在成本居高不下、国有企业混合所有制改革模式不恰当等问题。因此，提出滨州市国有企业混合所有制改革的具体对策建议：应加快完善颁布国有企业混合所有制改革的具体法律法规；树立正确的国有企业混合所有制改革思想；明确产权问题，完善国有企业治理结构；完善员工激励约束制度；创新体制，不断加强国有资产国有企业监管。在此基础上，进一步提出优化滨州市国有企业混合所有制改革的模式和路径，包括董事会试点改革模式及路径、对外兼并收购模式及路径、引入战略投资者或民营资本模式及路径、公司制改革重组实现上市模式及路径、员工持股计划模式及路径、合资合营模式和资产证券化模式及路径。最后，以山东鲁北企业集团为例进行案例分析，回顾了山东鲁北企业集团混合所有制改革历程及成效，并总结了山东鲁北企业集团混合所有制改革成功经验。

第五部分是政策建议、研究结论与展望，主要包括第 16~17 章。

第 16 章，针对目前我国国有企业混合所有制改革存在的问题，提出完善国有企业混合所有制改革的具体政策建议，具体包括：完善我国国有企业混合所有制改革的政策制度环境；加快建设国有企业混合所有制改革的产权交易市场；减少国有企业政府干预和政策性负担；加大国有企业混合所有制改革后企业整合力度。

第 17 章，总结了本书研究的主要内容及研究结论，并进一步指出未来的研究方向。

1.3 研究方法

本书以所有制理论、委托代理理论、信息不对称理论等为理论基础，吸收制度经济学中产权理论和制度变迁理论的部分内容，同时综合运用经济学、管理学、统计学、财政学等多学科的基本理论和方法，并借用 Stata 统计分析软件作为辅助研究手段。具体来说，本书研究方法包括：

（1）文献资料法与实地调查法相结合。

通过查阅梳理文献资料对国有企业、混合所有制改革等的内涵与特征进行详尽阐释，从公司治理、投资效率和成本效应等视角，运用委托代理理论、信息不对称理论、创新发展理论、资源配置理论等论证我国国有企业混合所有制改革对国有企业盈余管理、资本成本、公司治理、风险承担水平、投资效率、创新能力和公司绩效的具体影响；通过调查问卷、实地调查和面对面访谈方式对我国国有企业混合所有制改革现状进行实地考察，收集整理我国国有企业混合所有制改革的大量相关数据资料，深入分析我国国有企业混合所有制改革的现状及存在的问题。

（2）实证研究与规范研究相结合。

从国家统计局网站、国泰安数据库、WIND 数据库和证券交易所披露的年报及公告等搜集关于我国国有企业混合所有制改革的大量相关数据资料，构建统计指标体系，构建评价模型，利用 Stata 统计分析软件进行描述性统计分析（OLS 回归），以检验我国国有企业混合所有制改革的经济效应，并有针对性地提出了我国国有企业混合所有制改革的政策建议和相应保障措施，以期加快推进我国国有企业混合所有制改革进程，实现国有企业做大做强发展目标，使得研究有理有据。

（3）宏观研究和微观研究相结合。

本书从宏观政策制定的角度切入，研究国有企业混合所有制改革的政策制度的实施状况、取得的成效和不足之处，同时从微观角度考察国有企业混合所有制改革对国有企业的具体影响，宏观政策要结合国有企业自身特点落实到对微观企业混合所有制改革的影响，以实现激发微观企业竞争活力的目的。

（4）历史研究与逻辑分析相结合。

采用历史研究法，在系统梳理国有企业混合所有制改革历程的基础上，对国有企业混合所有制改革现状和问题进行逻辑分析，采用历史研究与逻辑分析相结合的研究方法，在汲取相关文献研究成果的基础上，通过对国有企业混合所有制改革的历史回顾和借鉴，提出未来加快推进国有企业混合所有制改革的具体对策建议。

（5）定性分析与定量分析相结合。

采用定性分析与定量分析相结合的研究方法，通过定性分析法研究国有企业混合所有制改革现状及存在的问题，在此基础上，收集整理相关数据，采用定量分析法研究了国有企业混合所有制改革对国有企业盈余管理、资本成本、公司治理、风险承担水平、投资效率、创新能力和公司绩效等各方面的具体影响，用数据说话，提高研究的科学性和可信性。

1.4　研究创新之处

国有企业混合所有制改革的研究文献较多，也取得了丰富的研究成果。本书从新的视角全面审视国有企业混合所有制改革问题，同时结合我国国情和国有企业自身特点展开研究，具有如下创新之处：

（1）研究视角的创新。

在政府部门颁布多项法律规章制度推动国有企业混合所有制改革的背景下，结合我国国情和国有企业自身特点，从公司治理、投资效率和成本效应等视角，研究国有企业混合所有制改革的历程、现状和经济效应，拓展了国有企业混合所有制改革的研究视角。

（2）研究具有一定的历史逻辑性。

本书系统梳理了我国国有企业混合所有制改革的历史进程，全面探讨我国国有企业混合所有制改革理论和实践的演进变革情况，从对国有企业混合所有制改革进程的系统梳理中把握国有企业改革发展的历史规律和未来发展趋势，体现了研究的历史逻辑性。关于国有企业混合所有制改革的质疑声从未中断，只有通过客观审视国有企业混合所有制改革的历史进程和具体现状，从理论上追根溯源，国有企业混合所有制改革才能从根本上做到正本清源、去粗取精、去伪存真。结合我国社会主义初级阶段的具体国情，通过全面分析国有企业混合所有制改革的历程、现状和未来发展趋势，将历史逻辑性一以贯之，有助于全面认识国有企业混合所有制改革的历史轨迹、内在规律和演化趋势，这是本书的一大特色。

（3）构建了关于国有企业混合所有制改革的完整框架。

目前研究主要从宏观政策层面或某个特定的微观层面分析国有企业混合所有制改革的经济影响，缺少对国有企业混合所有制改革过去、现状和未来整个发展进程和历史轨迹的全面分析。本书将结合我国新兴市场经济发展现状，对国有企业混合所有制改革的历程、现状和经济效应进行全面分析，有助于全面把握国有企业混合所有制改革的前世今生。同时，国内学者分别研究了国有企业混合所有制改革的某一方面的经济效应，研究具有一定的片面性，本书则从国有企业盈余管理、资本成本、公司治理、风险承担水平、投资效率、创新能力和公司绩效等方面全面分析国有企业混合所有制改革的经济效应，并提出相应的对策建议，构建了关于国有企业混合所有制改革历史演进和经济效应的完整分析框架。

（4）丰富了宏观政策对微观经济主体影响的理论研究。

本书从宏观政策制定的角度切入，首先站在政策综合效应的角度分析了国有企业混合所有制改革的历程、现状和取得的成绩，以及对国有企业盈余管理、资本成本、公司治理、风险承担水平、投资效率、创新能力和公司绩效等方面的影响，并进一步考察微观企业混合所有制改革程度不同对经济效应的影响差异，最终宏观政策要结合企业内外部环境特点落实到对微观企业混合所有制改革的影响，以实现激发微观企业市场竞争活力的目的，并借助委托代理理论、信息不对称理论、创新发展理论、资源配置理论等分析国有企业混合所有制改革对国有企业盈余管理、资本成本、公司治理、风险承担水平、投资效率、创新能力和公司绩效等方面的影响机理，丰富了宏观政策对微观经济主体影响的理论研究，不仅具有宏观政策层面的指导意义，还具有实际操作层面的指导和借鉴意义。

（5）研究结论具有一定的现实针对性。

本书通过系统梳理国有企业混合所有制改革的历史演进轨迹，得出国有企业混合所有制改革发展的内在规律和发展趋势，以及国有企业混合所有制改革的必然性，并通过实证分析验证了国有企业混合所有制改革有助于抑制国有企业盈余管理水平、降低资本成本、促进国有企业创新、改善投资效率和提高公司治理水平的结论，具有一定的现实针对性，有助于平息国有企业混合所有制改革进程中的各种争论和质疑，明确混合所有制经济是实现社会主义初级阶段经济全面发展的重要途径，为国有企业混合所有制改革发展扫清社会舆论障碍。

（6）丰富了国有企业混合所有制改革经济影响的相关研究。

目前研究主要分析国有企业混合所有制改革的某一特定方面的经济影响，缺少对国有企业混合所有制改革经济效果的全面分析，研究结论有一定局限性。本书基于我国是新兴市场国家的实情，通过实地调研和数据库资料收集获取国有企业混合所有制改革的相关数据，对国有企业混合所有制改革的经济影响进行全面研究，并提出具体建议，使得研究结论具有更广的适用性，对今后的相关理论研究和推进国有企业混合所有制改革均有重要作用。

1.5　研究思路与框架

（1）研究思路。

本书遵循提出问题、分析问题、解决问题的研究思路，在我国社会主义初级阶段和新兴市场经济转轨发展的特定国情和历史背景下，以我国国有企业混合所有制改革政策为契机和研究切入点，在已有的关于国有企业混合所有制改革促进经济发展的委托代理理论、信息不对称理论、创新发展理论、资源配置理论基础上，以国有企业混合所有制改革历程、现状和经济效应为研究主线，从公司治理、融资效应和成本效应的视角，研究国有企业混合所有制改革对国有企业盈余管理、资本成本、公司治理、风险承担水平、投资效率、创新能力和公司绩效的经济影响。首先站在政策综合效应的角度系统梳理了国有企业混合所有制改革的历史轨迹、演进过程和内在规律，然后分析了国有企业混合所有制改革的现状和存在的问题。在此基础上，进一步考虑国有企业混合所有制改革程度的不同，借助 OLS 回归等方法用实证数据验证国有企业混合所有制改革对国有企业盈余管理、资本成本、公司治理、风险承担水平、投资效率、创新能力和公司绩效的具体影响及差异，进而探求国有企业混合所有制改革的有效途径，并提出推进国有企业混合所有制改革的具体对策建议。因此，本书的研究具有坚实的理论基础，研究思路清晰、研究目标明确、研究视角新颖、研究路径可行、具有较强的科学性与可行性。

（2）研究框架。

国有企业混合所有制改革研究是一个现实社会经济问题，通过文献资料法夯实理论基础，通过实地调查获得相关数据资料，对国有企业混合所有制改革的现状进行分析，利用 Stata 统计软件作为辅助技术手段，从宏观政策层面和微观企业层面实证分析国有企业混合所有制改革对国有企业盈余管理、资本成本、公司治理、风险承担水平、投资效率、创新能力和公司绩效的具体影响，在实证研究的基础上，开展规范性研究，探究国有企业混合所有制改革的具体路径和保障措施，该研究方法与研究手段是开展本研究所必需的，也是取得研究预期性成果的必要研究路线。因而，本书所选取的研究方法与研究手段、所采取的研究路线是适用的，在具体研究过程中是具备可操作性的。其具体研究框架如图 1-1 所示。

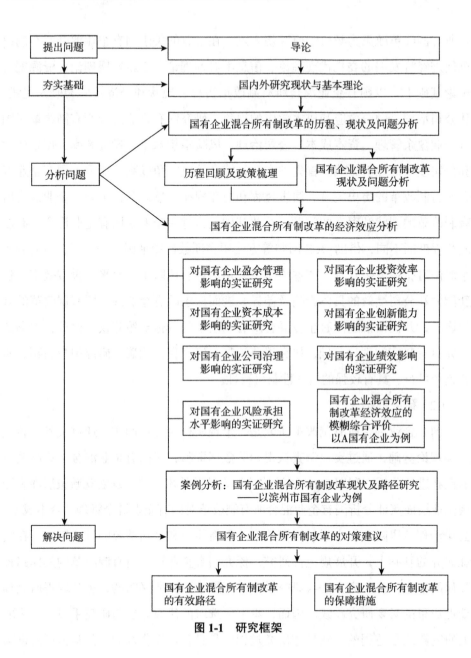

图 1-1 研究框架

1.6 相关概念界定

1.6.1 国有企业

国有企业是一种特定的社会生产组织形式，是指由国家出资设立的企业，其实际控制人为各级政府部门，并委托国有资产监督管理委员会（简称"国资委"）履行出资人职责，既具有商业营利性，也具有一定的社会公益性，其既要作为一个企业参与市场竞争追求利润最大化以实现国有资本保值增值，又要在经营中贯彻促进国家社会经济发展的理念，承担一定的行政职能，如尽量提高社会就业率、满足国家宏观调控和经济发展的需要等。国有企业按照行政级别划分为中央国有企业和地方国有企业，两者的上级监督管理部门不同，中央国有企业直接接受中央政府的监督管理，地方国有企业接受各级地方政府的监督管理。因此，国有企业在我国社会经济发展中具有举足轻重的地位和影响力，体现了我国社会主义市场经济发展特色。

1.6.2 国有资本

国有资本是指国家出资或国有企业出资形成权益资本，由各级政府或国有企业代表全体人民享有出资人权益，并且可以行使出资人权力的资本形式，包括国有独资企业资本、国有控股企业国家出资部分、国有参股企业国家出资部分。国有企业经营的重要目标就是要减少国有资本流失，实现国有资本保值增值。

1.6.3 混合所有制改革

混合所有制改革是在 20 世纪 90 年代出现的一个经济概念，顾名思义，就是要在经济发展过程中兼顾不同的所有制形式，使得各种所有制形式相兼容，并做到优势互补发展。混合所有制改革包括宏观层面和微观层面的定义。宏观层面来说，混合所有制改革指的是公有制经济和非公有制经济的融合发展，要求在我国社会主义经济体系中同时涵盖公有制经济和非公有制经济形式，并且要促进两者的兼容和共生共存，实现多种所有制经济形式共同发展的目标。微观层面来说，混合所有制改革指的是在一个企业组织中，既要有国有资本出资形式，又要有非国有资本形式，就是企业的资本形式要包括国有资本、民营资本、外商资本等多种资本形式，实现企业产权形式多元化。同时，企业的经营过程要促进各种股权利益的均衡发展，实现多种所有制资本形式相互促进和补充发展。

本书研究的是微观层面的混合所有制改革。同时，混合所有制改革既可以是国有企业的发展过程中吸收非国有资本出资，也可以是民营企业发展中吸收国有资本出资。本书研究国有企业混合所有制改革指的是前者。

第 2 章　文献综述

本章主要对国有企业混合所有制改革的国内外研究进行系统梳理。目前，关于国有企业混合所有制改革的相关研究主要包括五方面内容：一是关于混合经济内涵及发展的研究；二是国有企业股权结构安排及影响的研究；三是国有企业混合所有制改革存在问题的研究；四是国有企业混合所有制改革的影响研究；五是国有企业混合所有制改革对策建议研究。本章在归纳混合经济内涵及发展相关研究的基础上，分别从这五个方面总结相关研究，并进行文献述评。

2.1　关于混合经济内涵及发展的研究

混合经济最早由国外的经济学家华格纳提出，并认为混合经济涵盖私营经济、国营经济和慈善经济。凯恩斯（1981）进一步发展了混合经济理论，并指出资本主义的发展需要将国有资本和私有资本整合化并做到优势互补。萨缪尔森等（1992）认为切实可行的经济发展模式是自由市场机制和命令经济融合发展模式，资本主义混合经济体现了私有资本与公有资本的融合发展，并能同时发挥政府调控和市场机制的作用。

孙裕生（1987）认为我国经济发展应该在坚持以公有制为主体的前提下，由传统的单一公有制过渡为以公有制为主体的多种所有制结构。罗节礼（1989）认为社会主义和资本主义都需要发展混合经济，通过公营和私营企业结合，实现政府发展计划和社会经济发展的有机协调。晓亮（1986）提出混合经济包括宏观层面和微观层面的定义，宏观层面指的是多种所有制并存和共同发展，微观层面则是指不同产权性质企业的融合发展。朱光华（2004）指出在社会主义国家，混合经济要坚持以公有制为主体，多种所有制经济共同发展。厉以宁（2004）认为我国混合所有制的发展格局为国有独资和国家控股少数企业，其余大部分企业应为混合所有制企业。

2.2 国有企业股权结构安排及影响的研究

国有企业混合所有制改革最直接的影响就是在国有企业产权结构中引入非国有资本，改变国有企业的股权结构安排。学者们对国有企业混合所有制改革中的股权结构安排及影响进行了大量研究，具体研究内容可以分为构建理论模型研究和实证检验研究。

（1）国有企业混合所有制改革股权结构理论模型研究。

国有企业混合所有制改革股权结构理论模型研究中最广泛和深入的内容是构建寡头垄断竞争模型的研究。寡头垄断竞争模型通过分析在市场竞争中不同所有制企业通过博弈对社会产出及福利的影响，推导出混合所有制改革中的最优国有股比例。孙群燕等（2004）研究了外部开放程度对国有企业混合所有制改革股权结构的影响，并认为不同性质企业生产成本产出替代关系和就业压力会影响国有股最优比例。黄金树（2005）构建了混合寡占模型，推导出混合所有制经济中国有股最优比例，并指出该比例受到企业生产成本和不同类型企业数量的影响。学者赵等（Chao et al.,2006）构建了社会总福利最大化的目标函数，并借助该函数模型进行研究，认为降低国有持股比例，有助于减少最优关税税率。叶光亮和邓国营（2010）构建产品差异的混合寡头模型，研究了国有股权结构对社会福利以及最优关税的影响，认为国有持股比例与社会总福利和最优关税之间存在非线性关系。谢迟和向洪金（2015）利用混合寡占理论分析了生产性补贴和进口关税对于国有企业混合所有制改革中国有股权最优比例的影响，并指出生产性补贴和进口关税越多，国有股权最优比例就会越高，两者存在正相关关系。殷军等（2016）构建混合寡占模型，分析了国有企业混合所有制的内在机制和最优比例，并认为社会性负担大小和承担能力会对国有股权最优比例产生一定影响。陈俊龙和汤吉军（2016）构建双寡头垄断竞争模型，研究国有企业混合所有制分类改革与国有股最优比例问题，指出国有股权最优比例不是一成不变的，而是动态变化的，其变化受到政府目标函数、企业生产效率和市场竞争程度的影响。

（2）国有企业混合所有制改革股权结构及影响实证检验研究。

国有企业混合所有制改革股权结构及影响的实证研究结论存在较大差异。

有的研究认为国有资本持股比例对企业绩效有显著负面影响。李向荣（2018）以 A 股上市混合所有制企业为样本，实证研究混合所有制企业国有股比例对公司绩效的影响，并指出国有持股比例与企业绩效存在显著负相关的线性关系。

有的研究认为国有持股比例与企业绩效存在非线性关系。曹廷求等（2007）通过构建实证模型研究发现，国有持股比例与企业绩效存在正 U 形曲线关系，分别体现了国有控股股东与非国有股东之间的"隧道效应"和"利益趋同效应"。陈艳利等（2019）研究了国有持股比例对国有上市企业并购绩效的影响，指出两者存在 U 形曲线关系，随着国有持股比例的提高，国有上市企业并购绩效呈现先降后升的变化趋势。

有的学者研究了国有股占比和非国有股占比的最优区间问题，如刘汉民等（2018）、马连福等（2015）的研究。刘汉民等指出国有持股比例和非国有持股比例过高都会对企业绩效产生消极影响。马连福等通过实证研究发现，当非国有股东持股比例处于 30%~40% 时，非国有性质股权对公司绩效的改善作用最大。

有的学者研究了国有股权集中度对公司业绩的影响。杨金磊等（2019）通过实证检验发现，股权集中度对公司业绩的影响受到企业产权性质的影响，并指出在国有企业中，股权集中度负向调节了高管薪酬差距对企业绩效的影响。

刘诚达（2019）选取国有竞争类公司为研究对象，构建门槛模型进行实证检验，认为国有股权集中度与公司业绩之间的关系存在明显的门槛效应，对于大部分国有企业来说，股权集中度与公司业绩存在显著正相关关系，但是当国有企业规模超出一般水平时，两者呈显著负相关。

有的学者研究了国有企业混合所有制改革过程中的股权制衡的具体影响，且大部分研究肯定了股权制衡的积极作用。谢海洋等（2018）通过实证研究发现，国有企业混合所有制改革引入的非国有股东通过委派董事参与企业经营管理，发挥对国有股权的制衡作用，从而改善了国有企业公司绩效。周军和张钦然（2019）实证研究发现，股权制衡度的提高有助于改善国有上市企业的管理层薪酬激励现状，从而提高公司业绩水平。李春玲和任磊（2018）以 2010—2016 年沪深两市国有上市公司为研究样本，发现国有企业混合所有制改革提高了国有企业股权制衡水平，进而促进国有企业研发投入，最终有助于提高公司绩效。

此外，少数学者研究了国有企业混合所有制改革过程中行业因素与地区因素对股权结构作用的影响。杨典（2013）研究了行业因素对股权结构与公司业绩之间关系的影响，并指出行业的竞争性程度影响国有股权结构与公司业绩之间的关系，在行业竞争性程度高的企业中，国有股与企业绩效负相关，在行业竞争性程度低的企业中，国有股与企业绩效不相关。贺炎林等（2014）研究了地区因素对股权结构与公司业绩之间关系的影响，并指出与西部地区相比，东部地区外部治理环境较好，股权集中度对企业绩效的促进作用相对更小。

2.3 国有企业混合所有制改革存在问题的研究

有的学者研究了混合所有制发展过程中遇到的一些实际问题。有的国外研究学者采用案例研究法研究了混合所有制改革存在的问题，如斯蒂芬和布鲁克斯（Stephen et al., 1987）选取部分英国和加拿大公司为研究对象，认为混合所有制企业成为政府执行公共政策的工具，政府会对混合所有制企业施加压力，迫使混合所有制企业承担过多的政策性负担，从而会削弱其营利性。

国内学者主要从公司治理角度研究了国有企业混合所有制改革过程中存在的问题。姚圣娟和马健（2008）认为，股权结构相对集中的企业混合所有制改革会面临国有股东对中小股东的利益侵占问题，第二类委托代理问题比较严重。郑海航（2010）认为混合所有制改革过程中需要解决的一大难题是内部人控制的问题。谢军和黄建华（2012）认为混合所有制企业的公司治理问题比较独特，因为混合所有制企业的运作涉及政府和企业角色定位与权力配置、股东利益差异性等问题，导致混合所有制企业的公司治理问题更加复杂。谢军（2013）研究了国有控股的混合所有制企业公司治理的影响因素，并认为这些影响因素包括股权结构、董事会的构成、经理薪酬、公司控制权的竞争和财务透明度等多个因素。尤利平（2014）认为，国有企业混合所有制改革过程中的障碍包括不同所有制资本的管理模式冲突、国有资产流失、不同资本合作的积极性不高等。张文魁（2010）构建了 SCORE 框架进行研究，发现混合所有制企业的公司治理水平不高，没有建立现代企业制度，内部人控制问题没有得到根本解决。后来，张文魁（2017）进一步研究认为，很多企业混合所有制改革存在只追求外在形式混合的问题，虽然国有企业引入了非国有资本，但是非国有股东在公司治理中的作用不大，没有实现实质上的混合所有制改革。

2.4　国有企业混合所有制改革影响的研究

国外学者关于国有企业混合所有制改革的影响的评价并不统一。有的学者认可国有企业混合所有制改革的影响。瓦尔斯滕（Wallsten，2004）选取欧洲电信行业的数据进行实证研究，发现政府部门通过垄断行业提供的产品、服务、质量比私人部门的供应要差。伯拉迪等（Beladi et al.，2006）认为混合所有制改革程度越深化，即国有企业私有化程度越高，越有利于经济的长期发展和就业问题的解决。郭绍佳和赵志宏（Guy et al.，2014）研究了中国大型国有企业的混合所有制改革问题，认为大型国有企业混合所有制改革有助于改善公司治理，提高自身市场竞争力和市场活力。有的国外学者则不认可国有企业混合所有制改革的影响，如斯蒂格利茨（1987）认为政府控股企业的经营会优于私有企业，因为国有企业承担了更多的社会目标，不能仅仅根据企业亏损情况判断企业经营好坏，需要考虑企业的社会责任承担情况。

　　国内大多数学者认为国有企业混合所有制改革的影响是积极的。黄颖丽（2019）认为国有企业混合所有制改革过程中通过股份化实现不同所有制资本的相互渗透、相互牵制，有利于提高董事会决策效率，完善国有企业管理体制。何立胜和管仁勤（1999）通过理论分析认为，混合所有制有助于国有企业逐步融入市场经济，而纯粹的国有企业与市场经济的兼容性较差。郭克莎（1998）选取 1980—1995 年企业数据为研究对象，研究了不同所有制结构变动的经济影响，发现非国有企业的经济增长率高于国有企业，而私有企业的经济效益最高，其次是集体企业，最差的是国有企业，因此，需要对国有企业进行混合所有制改革以促进其发展。张文魁（2003）等研究了混合所有制产生的宏观背景、历史必然性、理论基础和实践依据，指出混合所有制是发展我国社会主义市场经济的必然要求。宋立刚和姚洋（2005）选取 1995—2001 年 683 家国有企业为研究对象发现，公司混合所有制改革对企业绩效水平产生显著的正面影响。胡一帆等（2006a）选取 1996—2001 年 299 家国有企业为样本进行实证研究发现，国有企业混合所有制改革程度越高，企业成本越低，盈利能力越强，绩效水平越高。李正图（2005）认为混合所有制企业的股东类型和资本性质多样化，促使其制度安排不同于一般企业，更能兼顾多类利益相关者的利益诉求。姚圣娟和马健（2008）通过实证分析比较研究了不同类型混合所有制企业的绩效水平，并认为混合所有制企业股权制衡程度越高，公司绩效越好。陈闯和杨威（2008）采用案例研究法，研究了混合所有制企业股权投资者的异质性对董事会治理效率的影响，并认为产业投资者的治理效应最强，而财务投资者的治理效应较弱。

　　只有少数国内学者认为混合所有制的经济影响是负面的，如王永年等

（2011）选取 2000 年安徽省 1106 家混合所有制企业进行实证研究，发现混合所有制企业的盈利能力指标、全员劳动生产率、销售利税率等指标都低于单纯国有企业和私有企业。

2.5　国有企业混合所有制改革对策建议的研究

有的学者针对国有企业混合所有制改革过程中的问题，提出了国有企业混合所有制改革的对策建议。姚圣娟和马健（2008）认为，在股权结构相对集中的企业混合所有制改革过程中，可以通过增加引入的外部投资者及扩大外部投资者的权力来形成对国有股东的有效制衡。郑海航（2010）认为解决国有企业混合所有制改革过程中面临的内部人控制问题的有效途径是通过优化董事会结构实现权力制衡，并且采用市场竞聘机制择优聘用经理人，以完善混合所有制企业的激励与约束机制。石予友（2010）以利益相关者理论为基础，指出混合所有制企业必须兼顾不同利益相关者的利益诉求，充分考虑其权利义务的对等性。谢军和黄建华（2012）认为应该通过合理界定混合所有制企业中的政府和企业角色，并进行企业控制权的合理分配，以及兼顾不同股东利益的差异性等措施来解决混合所有制企业公司治理中的难题。黄速建（2014）、杨红英和童露（2015）认为提高混合所有制企业的治理水平，需要完善资本进入和退出机制，此外，还应完善由股东、董事会、经理人组成的治理结构，提高监督机制的透明度和规范性。张文魁（2017）指出，国有企业混合所有制改革应该引入持股比例较大的非国有股东，并让持股比例较大的非国有股东真正参与企业经营管理，国资监管体系也应该随之调整，以适应国有企业混合所有制改革的需要。乔惠波（2017）认为混合所有制企业的发展过程中应充分考虑股东发展目标一致性、股权结构的均衡性、董事会运行机制的稳定性以及外部治理环境等因素。

2.6　文献述评

通过对混合所有制改革国内外研究现状的系统梳理，可以发现，国外国有企业数量相对较少，国外的研究文献不多，而国内学者进行了大量研究。目前学者主要从混合经济内涵及发展、国有企业股权结构安排及影响、国有企业混合所有制改革存在问题、国有企业混合所有制改革的影响、国有企业混合所有制改革对策建议等方面展开研究，学者利用理论研究、构建博弈模型进行演化推导、选取样本数据进行实证研究等方法从不同角度、不同层面展开了丰富研究，并取得了可喜成果，为后续研究提供了理论依据和基础。但是，目前研究也存在一定的不足之处：

第一，目前很少有学者对国有企业混合所有制改革的经济效应进行系统、全面研究。大多研究从目前国有企业经营过程中存在的问题出发，探讨国有企业混合所有制改革的意义或作用，且相关研究主要关注国有企业混合所有制改革对国有企业绩效和效益的影响，很少有研究深入剖析其内在根源，或者很少有学者研究国有企业混合所有制改革通过缓解两类委托代理问题改善公司治理进而对公司绩效产生影响的作用机制。此外，有少数学者研究了国有企业混合所有制改革对公司治理某一方面的影响，没有对国有企业混合所有制的经济效应进行全面研究。

第二，目前研究主要关注国有企业混合所有制改革对国有企业股权结构或大股东地位的影响，缺乏关于国有企业混合所有制改革对非控股大股东地位和作用的研究。国有企业混合所有制改革的重要作用是通过引入非国有股东实现对原有控股大股东和管理者权力的有效制衡，目前学者主要关注形式上国有企业混合所有制改革的影响，没有深入探讨国有企业混合所有制带来的实质性变化，即引起国有企业内部控制权配置的变化问题。

第三，很少有研究全面分析国有企业混合所有制改革的历程、现状和未来发展趋势问题。国有企业混合所有制改革是一个长期的、历史性的问题，其产生、发展演进都有一定的内在规律性，需要用历史的眼光进行全面审视，才能掌握其发展规律，但是目前演进仅仅局限在国有企业混合所有制改革的某一特定历史时期，难以把握国有企业混合所有制改革的整个历史发展过程和内在规律。

第四，目前研究分别从宏观层面和微观层面分析国有企业混合所有制改革问题。国有企业混合所有制改革既涉及宏观政策层面的影响，又有微观企业层面的各种具体经济效应，且宏观层面到微观层面的影响具有一定的内在联系，不能人为割裂，需要将宏观层面和微观层面相结合进行全面研究。

鉴于以上不足，本研究从宏观政策制定的角度切入，首先站在政策综合效应的角度分析国有企业混合所有制改革的历程、现状和取得的成绩，以把握国有企业混合所有制改革的内在演进规律；其次考虑微观企业混合所有制改革程度不同对经济效应的影响差异，及宏观政策要落实到对微观企业混合所有制改革的影响，对国有企业混合所有制改革的经济效应进行系统、全面研究，分析国有企业混合所有制改革对国有企业盈余管理、资本成本、公司治理、风险承担水平、投资效率、创新能力和公司绩效等方面的影响，并探讨内在的根本原因及国有企业混合所有制带来的实质性变化，以形成关于国有企业混合所有制改革研究的完整框架，丰富混合所有制理论的相关研究。

第 3 章　理论基础研究

本章总结了国有企业混合所有制改革研究的理论基础，包括契约理论、制度成本理论、产权理论、委托代理理论、信息不对称理论、利益相关者理论、控制权理论七种基本理论，为后续研究奠定理论基础。

3.1　契约理论

"契约"的概念来自法学，后来在经济学领域得到广泛应用。经过多年发展，契约理论经历了古典契约理论、新古典契约理论和现代契约理论这三个发展阶段。

3.1.1　关于契约的概念

法学中的契约明确了契约达成人应该具有合同的能力和享有合同的合法权利，且强调契约的法律效力。法学家梅因（1984）认为，契约是建立在双方意愿一致基础上的，并且具体约定具有法律效力。经济学中的契约包括"显性契约"和"隐性契约"，其中"显性契约"具有明确的法律约束力，"隐性契约"是非真实法律意义上的契约关系。制度经济学认为，契约就是协议、合同，规定了自愿双方产权交换的具体细节。法学中的契约强调了订立契约各方的权利和义务及其法律约束力，是狭义的契约概念。而经济学中的契约不仅强调对契约各方责任、权利和义务的法律规制和约束，也涵盖契约带来的经济后果问题，其概念范围更为宽泛，是广义的契约概念。

3.1.2　契约的种类

按照形式不同，契约分为显性契约、隐性契约、关系契约、单边强制契约。

（1）显性契约。

显性契约指的是订立契约各方在自由、自愿、平等的基础上，将各方的权力、义务和责任等详细信息列示在合同中，明确说明契约各方的责权利及违约责任，属于明确的要约，一般比较正式，且具有法律效力。如果违约要承担法律责任，是法学意义上的契约，也是在现实生活中通常所说的契约类型，属于正式契约。显性契约一般应用于经常的、大宗的买卖交易，当某一方违约时往往通过法院介入来解决违约纠纷。

（2）隐性契约。

隐性契约是指没有在合同中明文规定，仅仅凭借契约各方隐含的行为或意思表示达成的长期合同关系，隐性契约按照一般理性原则推定在特定的商业环境下，契约对方会做出某种特定行为，往往建立在契约各方相互信任基础上。隐性契约的内容没有在合同中具体落实，因此，出现经济纠纷时很难通过法律途径加以解决，隐性契约建立在对契约对方信任基础上，以对方的信誉和实力为担保，如果违约会对其信誉产生较大的负面影响。因此，达成隐性契约的各方往往建立在互相认可对方价值观、企业文化的基础上。同时，隐性契约不需要契约各方讨价还价，节省了订立契约的时间和人力成本。

（3）关系契约。

关系契约是指为了维持契约各方长久、持续的合作关系而订立的契约，属于一种特殊的隐性契约。关系契约适用于契约各方无法准确把握未来交易的时间、金额等内容，从而只能对契约各方的权力、义务和责任进行原则性规定，但不需要落实到细节。契约各方更注重彼此的合作关系及整体利益，希望通过关系契约实现双赢或多赢。

（4）单边强制契约。

法学中的契约要求建立在契约各方自愿、平等基础上，但是单边强制契约是一种例外。单边强制契约是指由于契约各方拥有的资源、所处的社会阶层的不同，使得契约的订立没有建立在公平、平等基础上，而是具有垄断性、强制性和不平等性的一种合同形式。

3.1.3　古典契约理论

古典契约理论是在自由主义理念之下，对契约达成方责任、权利和义务进行界定的一种理论。古典契约理论强调了契约的天赋权利，其假定条件是不存在交易成本和市场摩擦，并且契约各方能够合理预见未来交易的各种情形及后果，履行契约的各种成本是零，因此，关于交易的各种细节都可以在合同中明文规定，且出现违约的概率几乎为零。古典契约理论建立在一种理想的假设前提之上，虽然理论完备，但现实中不可行，无异于"空中楼阁"，但是该理论仍然具有重要意义，为后续新古典契约理论和现代契约理论的提出奠定了基础。

3.1.4　新古典契约理论

瓦尔拉斯、艾奇沃斯、罗斯等经济学家在古典契约理论基础上进一步研究，发展了新古典契约理论。新古典契约理论对契约理论进行了规范化和形式化的经济学研究，无论在研究方法还是在研究内容上体现了更多的经济学色彩。新古典契约理论利用信息经济学构建多种契约模型进行数量研究，明确了不同条件下的最优契约的成立前提。新古典契约理论与古典契约理论一脉相承，所研究的契约概念指的都是完全契约。但是与古典契约理论不同的是，新古典契约理论在古典契约理论基础上进行了研究内容的深化和拓展，并且更多地将契约理论应用到经济学领域，体现了更多的制度和经济因素，减少了古典契约理论中的人性等哲学方面的思想和内涵。新古典契约理论仍然没有脱离古典契约理论研究完全契约的范围，在理论上存在较大局限性。

3.1.5　现代契约理论

现代契约理论突破了古典契约理论和新古典契约理论的研究局限，考虑了现实交易中的各种具体情形，更加符合实务需求。同时，现代契约理论将契约分为完全契约和不完全契约，注重长期持续的商业契约关系，并认为长期合作关系应适用不完全契约形式，通过明确长期交易关系的一般原则性要求来实现约束效应。现代契约理论打破古典契约理论理想化交易状态，考虑了现实交易中普遍存在信息不对称问题，并分别针对信息不对称导致的逆向选择和道德风险建立相应的契约模型。现代契约理论更加符合现实交易的需要，应用更加广泛。

3.2　制度成本理论

3.2.1　交易的内涵

制度成本理论建立在交易基础之上，并认为交易是社会经济关系产生的基础和基本单元。因此，首先需要明确交易的内涵。马克思在《资本论》中体现了交易的重要性，认为通过交易可以获取商品的使用价值。米塞斯认为通过交易可以提高自身心理上的满足程度。新制度主义的代表威廉姆森（1985）认为交易是供求双方建立在自愿基础之上的带有技术性或金钱性的交换，也体现了交易对交易者的效用满足功能。

在制度经济学家看来，交易是权利的转移，体现了一定的制度属性。康芒斯（1994）最早将交易与制度进行联系，认为交易不仅是供需双方商品和价值的交换，也包括了产权的转移。因此，交易具有一定的制度意义，是通过契约权的界定实现财产权的让渡。此后，更多学者研究了交易和制度的内在关系，形成了制度经济学的重要组成部分。制度经济学家认为与交易有关的制度因素主要包括：法律制度、政治制度、社会制度和组织制度等因素。法律制度是交易契约成立的根本保障，只有完善的法律制度才能为交易的顺利实施提供法律保护力和约束力，保障交易各方的权益。政治制度决定了交易的开放程度及范围。社会制度主要指的是社会伦理道德对交易具有一定的引导作用和隐性约束力。组织制度会对交易的效率和效益产生重要影响。

经济学家保罗·米尔格罗姆和约翰·罗伯茨（2004）的研究表明，交易和交换不同，交换具有偶然性，而交易具有经常性，交换发展到交易离不开社会分工和专业化发展，是社会技术进步和经济效率提高的表现，也反映了制度的变迁。马歇尔（1890）认为，交易适用于具有更大不确定性的市场环境。青木昌彦（2001）认为交易顺应社会发展和技术进步的需要扩展了人类的合作秩序。因此，经济学家认为交易不仅与制度有关，还与社会技术进步有关。我国学者高帆研究了与交易有关的技术因素，认为交易活动离不开物质性和技术性基础，与交易有关的技术因素包括：与物流基础设施有关的物流技术、与信息流有关的信息技术、与资金流有关的资金支付技术、与劳动流有关的人力资本技术等，交易的速度和效率离不开这些技术因素的支持，技术进步越快，交易效率越高。

3.2.2　交易的类型

经济学家科斯、威廉姆森等将交易分类为市场交易、组织交易和混合型交易三种类型。

市场交易出现在市场经济比较发达的阶段。早期交易建立在交易双方彼此信任和熟悉的基础上，只发生在特定的关系网络内。随着市场经济的发展，交易范围需要突破狭小的关系网，需要在更大的领域进行交易才能满足需求，因而产生了市场交易。市场交易借助外部制度作为约束条件，发生在没有任何关系的交易各方之间。因此，市场交易建立在平等、自愿基础上，更注重交易的公平性和效率性。组织交易是一种高度集中的、等级制下的交易，交易各方之间存在一定的经济联系，且希望在交易中达成长期合作关系。混合型交易是介于市场交易和组织交易之间的一种交易类型，既具有市场交易的特点，也具有组织交易的特点。

3.2.3　交易成本的内涵

1937 年，罗纳德·科斯在《厂商的性质》一文中最早提出了交易成本的概念。科斯认为，交易成本是使用价格机制的成本。之后交易成本被用于解释多种经济现象，许多经济学问题迎刃而解。但是，关于交易成本的质疑声也从未中断。这主要是因为现实经济生活中的交易类型复杂多变，交易环境也存在较大差异，因此，交易成本的衡量和计算存在较多复杂的影响因素，难以全面掌握交易成本的全部影响因素，很难对交易成本进行准确计算。

3.2.4　制度成本理论主要内容

制度成本理论认为人们在交易当中需要有共同的信息和制度约束以达成共识并对交易各方的行为进行约束，以保障交易契约的成立，维护交易各方的合法权益，而形成共同信息和制度约束需要付出一定的代价，这种代价就是制度成本。同时，制度成本理论认为在形成制度之后会因为制度自身存在的缺陷、交易各方的机会主义行为及外部环境的变化导致制度运行无效或低效率，由此产生的制度运行过程中的效率损耗也是制度成本。制度成本可以分为宏观层面和微观层面的制度成本两类。宏观层面的制度成本是指制度缺陷对整个国民经济运行和社会发展带来的阻碍。微观层面的制度成本是指制度因素对企业发展形成的拖累。比如，营业税改增值税之前企业存在重复纳税，高税费提高了其经营成本，降低了其盈利能力，那么营业税改增值税之前的税费制度对企业形成了一定的制度成本。另外，目前普遍存在的中小企业融资难、融资贵的问题使得中小企业面临融资困境，且融资成本居高不下，由此产生的负面影响也是一种制度成本。要降低企业的制度成本需要政府部门改变原有制度不合理成分，因此，我国政府提出"降成本"发展要求，并且通过实施营业税改增值税进行税费制度改革和供给侧结构性改革，使得企业的税费压力减小，并且降低了融资成本。这就是通过完善相关制度来降低制度成本的具体体现。

3.3 产权理论

产权制度是社会经济发展最基本的制度之一，任何经济活动的展开都离不开产权制度。

3.3.1 产权的内涵

产权是关于财产的权力，包括财产的所有权、控制权、使用权、收益权和处置权等内容。财产的所有权描述了产权性质问题，说明财产的归属，由谁拥有这项财产，小到某一项特定财物的归属，大到整个企业的归属，甚至整个国家的经济属性（巴曙松 等，2017）。比如，某项机器设备、某栋厂房由 A 企业购买，属于具体 A 企业，那么这个企业就拥有这项机器设备和这栋厂房的所有权，而 A 企业的出资人是国家，那么 A 企业的所有权就归国家享有，国家是这个企业的股东，A 企业的产权性质就是国有企业；如果 A 企业的出资人是个人或其他非国有法人单位，那么 A 企业的所有权就归私人部门享有，个人或其他非国有法人单位是这个企业的股东，A 企业的产权性质就是非国有企业。从大的方面来讲，我国是社会主义国家，所有制方面是以公有制为主体，就是说全国人民共同拥有着所有的国有资产的所有权，包括大量的国有企业，还包括全国所有土地等资产的所有权。

财产的控制权指的是有权决定财产的使用和处置情况的权力，享有财产的所有权不一定就拥有控制权。比如，我国国有企业由国家或各级政府部门享有其所有权，但是我国很多国有企业委托代理链条过长，存在所有者缺位问题，导致内部人控制现象。就是说很多国有企业实际控制人是经理层，那么此时作为出资人享有所有权的国家或各级政府部门就没有对国有企业的控制权，而总经理等高管则享有对国有企业的控制权，产生了国有企业所有权和控制权分离的问题，加大了管理者的权力，加之信息不对称，容易加剧国有企业管理者侵害股东利益的第一类委托代理问题。

财产的使用权指的是通过占有、利用财产为己所用，是财产发挥作用的具体表现形式之一。享有财产的所有权一般就会拥有其使用权，但是财产的所有权和使用权是可以分离的，就是财产所有权人可以将财产的使用权转借其他主体享有。比如，A 企业自己的厂房由 A 企业享有所有权，那么 A 企业也就享有该厂房的使用权，A 企业可以利用厂房来生产产品，但是 A 企业也可以将厂房出租，就是转移厂房的使用权，出租期间 A 企业就不再享有厂房的使用权。

财产的收益权指的是享有财产带来的各种经济利益，一般财产的收益权归财产所有权人享有。比如，A 企业购买的股票，股票的所有权属于 A 企业，A 企业持有股票期间不仅享有股票产生的股息、红利的权利，同时也拥有股票升值带来的资本利得收益。

财产的处置权指的是通过出售、变卖或报废等方式改变财产归属或所有权的权利，一般由财产的所有权人享有。比如，A 企业可以将不再具有使用价值的机器设备进行报废处理，可以将厂房、股票出售转移其所有权，当然前提要求是 A 企业享有处置这些财产的所有权。

3.3.2 产权的基本特性

产权的基本特性包括排他性、收益性、可分割性和可转让性。

产权的排他性是产权的根本属性和基本特征，产权产生的原因就是要界定自有或他有的权利边界，一旦某一方取得财产产权，那么其他各方就无权侵犯，并且享有产权的权利主体会得到法律的保护，体现了"私有权力神圣不可侵犯"

的理念。产权的排他性体现了对产权主体利益的保护，但是也要产权享有者付出一定的成本代价才能取得，称之为排他性成本。比如，A 企业通过购买交易支付 100 万元获取某项专利权，那么 A 企业就是这项专利权的享有者，享有该专利的财产权利，并且受到法律保护，一旦其他企业使用该专利权就要受到法律制裁，体现产权的排他性，A 企业支付的 100 万元就是排他性成本。

产权的收益性是产权存在的最终目的，只有产权能够给享有者带来收益，产权才具有价值。产权的收益性表现在两个方面：一是享有财产产权期间获取的持有收益，比如 A 企业购买的股票、债券在持有期间获取的股利、利息等收益，A 企业将自有厂房出租获取的租金收益等；二是处置财产产权产生的资本利得收益，具体表现为财产价值升值带来的收益，比如，A 企业持有的股票价格上涨时将其出售获取的股票售价高于购入时股票购买价格产生的收益，或者 A 企业出售厂房时厂房价格上涨，厂房出售价高于购买价的差额都属于资本利得收益。

产权的可分割性一方面表现为产权根据享有的财产权益的不同可以进行具体的划分，产权包括财产的所有权、控制权、使用权、收益权和处置权等内容；另一方面，产权的所有权、控制权、使用权、收益权和处置权等内容可以由不同主体享有，甚至可以通过交易进行转移，比如，有些国有企业的所有权和控制权是分离的，分别由政府部门和企业高管享有，而有的企业可以将自己拥有的资产出租赚取租金，体现的是所有权和使用权的分离。产权的可分割性是顺应社会经济发展要求而出现的产权属性，体现了资本逐利天性。

产权的可转让性指的是可以将财产的所有权、控制权、使用权、收益权和处置权等全部权力或部分权力通过交易进行转移的特征。产权的可转让性体现了产权的流通性和自由性特征，只有具有可转让性，产权的价值才能得到公允反映和体现。一般比较常见的是产权使用权的转让和产权的整体转让。产权使用权的转让就是常见的租赁，企业暂时闲置不用的资产可以进行使用权的转让以获取租金收益，同时满足承租方低成本使用资产的需求。产权的整体转让就是指财产出售交易，如果享有获取财产资本利得收益，可以将产权出售，转让财产所有权等全部产权。产权的可转让性满足了市场经济商品流通性的要求。

3.3.3 产权与效率

产权理论的核心内容是关于产权与效率关系的研究。科斯（1960）最早对产权与效率之间的数量关系进行计算推演，并形成了著名的"科斯定理"。科斯定理通过计算方式描述推导了产权的流动趋势、流动成本及对资源分配的影响。此后，经济学家对产权与效率的关系问题进行了大量研究，形成了新制度经济学的重要研究分支，科斯理论也是转轨国家企业改制的重要理论依据。

科斯定理分别研究了不同外部条件下产权与效率之间的关系，并分别形成了科斯第一定理、科斯第二定理、科斯第三定理。科斯第一定理研究了在没有交易成本的理想状态下，产权无论如何分配，都能通过市场机制实现资源的有效配置和高效率利用。由于现实经济中都存在交易成本，交易成本为零只是一种理想状态，因此，科斯第二定理则研究了存在交易成本的条件下，产权与效率的关系，并认为此时产权的配置状况会对资源的利用效率产生重要影响。科斯第三定理进一步研究了产权制度对效率的影响，认为明确且规范的产权制度是市场交易顺利进行的前提条件，而交易影响资源配置效率，因此，产权制度的完善程度影响资源配置效率，产权制度越完善，交易越能有效进行，资源配置效率也越高。

3.4 委托代理理论

3.4.1 委托代理理论的主要内容

现代企业发展的重要特征是所有权和经营权分离。20 世纪 30 年代，美国经济学家伯利和米恩斯指出，企业所有者集所有权和经营权于一身，存在许多弊端，并因此主张将所有权和经营权分离，即所有者只享有企业所有权，把企业经营权委托管理者行使，产生了"委托代理理论"。因此，委托代理理论最早研究的是企业所有者和管理者之间的委托代理关系，并认为管理者接受所有者的委托，承担经营管理好企业的受托责任，所有者根据管理者受托责任履行情况给予管理者一定的回报，而企业经营赚取的利润仍归所有者享有，即所有者仍然保留剩余索取权。在此过程中，管理者承担了对企业的经营管理权，直接参与企业的运营管理并直接决定企业的各类重大经营投资决策，对企业掌握的情况比较真实和全面，而企业所有者只能通过财务报表等财务信息了解企业运营状况，并根据企业业绩水平对管理者支付相应报酬。那么，管理者的利益点和所有者的利益点出现差异，两者追求的目标不一致，并且两者掌握的关于目标企业的信息也是不一致的，导致了管理者可能存在牟取私利进而损害所有者和企业价值的经济行为。

3.4.2　委托代理理论的前提条件

委托代理理论的成立离不开两个前提条件。一是信息不对称。古典经济学认为交易双方掌握的信息量和信息内容是一致的，或者信息获取成本为零，因此，交易双方是信息对称的，这是一种理想状态，现实经济中并不存在。新古典经济学则面对现实，指出现实经济生活中，交易双方掌握的信息是不一致的，存在不同程度的信息获取成本。因此，对于企业的所有者和管理者来说也是如此。企业的所有者将经营管理权委托管理者行使，所有者只享有剩余索取权，而管理者直接参与企业经营管理过程，对企业的运营情况比较熟悉，了解企业真实的盈利状况和未来发展前景，而企业所有者只能通过财务报表等财务数据了解企业运营状况和盈利水平，而这些信息主要是管理者提供和负责编制的。由于管理者的报酬直接和企业业绩水平挂钩，为了获取较高的薪酬，管理者存在提供虚假财务信息的动机。同时，与所有者相比，管理者具有信息优势，并且在企业中具有一定的话语权，具有提供虚假业绩信息的能力和条件。因此，管理者可能会刻意隐瞒关于企业经营状况不利的信息,或者直接提供虚假的业绩信息。所有者根据管理者提供的不实业绩信息,往往会做出错误的投资决策,损害所有者利益甚至对企业发展也会产生不利影响,从而产生了所有者和管理者之间的利益冲突和委托代理问题。二是理性经济人假设。理性经济人假设认为经济交易中的个人都是经济人,追求的是自身效应最大化或个人利益最大化,同时交易人也是理性的,能够在经济活动中做出最优经济决策。据此,委托代理理论认为承担受托责任的管理者和所有者都追求的是自身效应最大化,尤其是管理者占有信息优势,在追求自身利益最大化的同时容易做出损害企业价值和所有者利益的行为,加剧了所有者和管理者之间的委托代理冲突。

3.4.3　委托代理理论的经济后果

委托代理理论的经济后果主要有两种：

一是加剧了委托人和受托人双方的信息成本。作为受托人的管理者,享有对企业的经营管理权,对企业的经营过程全程参与,掌握的信息比较全面,但是为了追求其私人利益最大化,也需要花费一定的信息成本收集更加有利于自身的信息。而企业所有者将企业经营管理权委托管理者行使,所有者并不参与企业生产经营过程,而是通过管理者提供的财务信息了解企业运营状况和业绩信息。根据委托代理理论,管理者为了自身利益最大化可能提供虚假的财务信息,而所有者也知道委托代理问题的存在,并且也知道从管理者那里得到的财务信息可能是虚假不实的信息,因此,为了了解企业真实的经营状况,所有者需要从其他渠道获取更加有用和真实的信息,从而产生信息成本。

二是道德风险问题。根据委托代理理论和理性经济人假设,在管理者接受所有者委托经营管理企业过程中,会追求自身利益最大化,为了追求自身利益最大化,管理者需要对企业的现状和未来做出判断,但是局限于有限理性和有限认知,管理者只能在经济决策中选择最满意决策而不是最优决策。信息不对称是管理者道德风险产生的前提条件。具体来说,管理者道德风险的具体表现就是可能会利用职务便利追求过高的在职消费、公款吃喝等，甚至利用信息优势提供虚假财务信息，从而损害所有者利益和企业价值。

3.4.4 委托代理理论的发展和分类

随着企业发展壮大，内部利益关系更加复杂化，委托代理理论也随之出现新的内容。具体来说，委托代理理论可以分为四类。最早出现的委托代理理论指的是所有者和管理者之间的第一类代理问题，由于信息不对称的存在，所有者和管理者掌握的信息不一致，而根据理性经济人假设，管理者存在追求自身利益最大化的动机，信息不对称又为管理者提供了外部条件，因此，产生了管理者道德风险问题，损害所有者利益，加剧了所有者和管理者之间的代理冲突。

大股东与中小股东之间也存在委托代理问题，即为第二类代理问题。随着公司制的发展，我国很多上市公司产生了对公司拥有绝对控制权的控股股东，控股股东往往持股比例最高，拥有最大投票权，并且控股股东能够向公司派出更多的高管人员，从而在公司拥有绝对话语权。根据理性经济人假设，控股股东为了追求自身利益最大化，往往利用手中的控制权做出攫取私利的掏空行为，比如无偿占用公司资产、通过关联交易进行利益输送、联合管理层操纵盈余抬高股价、利用私有信息进行股权交易等，这些行为满足了大股东个人私利需求，但是却损害了公司价值和中小投资者利益。然而，中小投资者由于持股比例低，在公司的投票权较少，没有话语权且不能参与企业经营管理，这就导致一方面中小投资者存在"用脚投票""搭便车"行为，很少真正行使投票权；另一方面中小投资者处于信息劣势地位，不能了解企业真实的盈利状况和未来发展前景，在进行投资决策时存在追涨杀跌、盲目跟风等羊群效应，不能做出科学的投资决策。这些都导致大股东和中小股东之间的利益冲突问题更加严重，产生大股东对中小股东的利益侵占，从而使得中小投资者的利益难以得到有效保护，形成了大股东与中小股东之间的第二类代理问题。

第三类代理问题为股东和债权人之间的代理问题。股东和债权人追求的利益目标不同。股东对企业享有所有权、收益分配权和剩余索取权。股东对企业的出资形成权益资本，是永久性投资，且股东可以按照持股比例参与公司利润分配，并且公司经营过程赚取的利润都属于全体股东所有，对股东进行分配的利润形成了股东的股利收入，而没有对股东进行分配留存在企业的利润形成留存收益，同样是所有者权益的组成部分，也是由所有者享有。而债权人对企业的投资属于债权投资，具有特定的到期日，到期需要收回投资本金，并且债权人可以按期收取固定的利息收入。股东和债权人投资性质不同，决定了两者承担风险和获利程度不同。由于债权人可以按照合同约定按期收取股东的利息收益，到期会收回全部本金，而股东是否能够分得股利及分配多少股利取决于企业经营状况和盈利水平，且股东投资的本金不能收回，因此，股东承担的风险水平要高于债权人。根据风险收益对等原则，债权人只能收取相对较低的固定的利息，而企业经营赚取的净利润全都归股东享有，因此，股东的收益水平也高。此外，股东根据其持股比例对企业享有相应的投票权，有权参与企业经营管理，尤其是控股股东对企业拥有投资决策权。但是债权人无权参与企业经营管理，无权决定企业投资领域。根据高风险伴随高收益原则，大股东为了提高自身收益水平，倾向将债权人投入的资金投资在高风险领域。这样，一旦投资项目成功，企业和股东可以赚取较高的投资回报，但是债权人只能获得固定的利息；一旦投资失败，损失的是债权人的资金和利息。因此，形成了股东和债权人之间的第三类委托代理问题。

第四类代理问题为不同层级管理者之间的代理问题。随着企业规模的不断发展壮大，企业的委托代理链条也不断变长，形成了多个层级的管理者。在企业内部组织结构中，最高级别的管理层是董事会，董事会接受股东大会的领导，执行股东大会的决议，并委托总经理及其班子执行相关决策，从而产生了董事会和总经理及其班子之间的委托代理关系。总经理再将具体决策委托下级职能部门、子（分）公司等分支机构具体执行，于是产生了总经理与下级分支结构之间的代理问题。最后就是职能部门、子（分）公司等分支机构与下属基层机构和职工之间的委托代理问题。

3.5 信息不对称理论

信息不对称理论认为，经济交易的双方掌握的信息不一致，一般提供产品或服务的卖方掌握关于产品或服务的全部真实信息，处于信息优势地位，而购买产品或服务的买方仅凭个人主观判断和卖方提供的信息进行决策，往往不能了解产品或服务等交易标的真实信息，处于信息劣势地位。对于企业来说，信息不对称存在于不同的利益相关者之间，并且产生了不同层面的委托代理问题。首先，所有者和管理者之间存在信息不对称。管理者直接参与企业经营管理，掌握企业真实状况，而所有者掌握的信息较少，导致发生管理者利用自身掌握的信息优势牟取私利的行为,损害股东利益。因此,产生了第一类委托代理问题。其次，大股东和中小股东之间存在信息不对称。大股东对公司拥有绝对控制权，可以联合管理层进行盈余操纵，而中小股东只能掌握较少信息甚至是不实信息并进行决策，导致发生大股东为了牟取私利，利用信息优势地位发布不实盈余信息，隐藏不利信息，以抬高股价误导中小投资者的行为，产生大股东对中小股东利益侵占的第二类委托代理问题。再次，大股东和债权人之间存在信息不对称。大股东掌握企业偿债能力和投资项目风险及收益的真实信息，而债权人不了解企业偿债能力、投资项目的真实风险水平，仅仅根据企业提供的财务信息进行判断，而大股东为了低成本筹集资金，会联合管理层提供虚假的关于企业偿债能力的信息，以骗取债权人的投资资金，当债权人资金到位后，还会将债权人资金投资在高风险的投资领域以获取高额收益，但是一旦项目失败，损失的是债权人的投资资金。因此，产生了大股东和债权人之间的利益冲突，形成第三类委托代理问题。最后，随着企业规模的壮大和委托代理链条的延长，不同层级管理者之间也存在信息不对称问题，下级管理者掌握的信息更为真实全面，而上级管理者没有直接参与下级机构的经营管理，掌握的信息相对较少，下级管理者为了粉饰业绩提高个人收益水平，存在瞒报、漏报甚至谎报财务信息的行为，产生了不同层级管理者之间的委托代理问题。

信息不对称带来的经济影响主要包括两个方面：一是事前的信息不对称导

致产生逆向选择问题。逆向选择是指由交易双方信息不对称和市场价格下降产生的劣质品驱逐优质品，进而出现市场交易产品平均质量下降的现象，逆向选择发生在签订交易协议之前。对企业的利益相关者来说，就是指处于信息优势的一方利用掌握的私有信息做出的对自身有利但是却损害他人利益的行为，导致信息劣势的一方进行决策时做出异常行为决策。比如，在股票市场交易中，当股价下跌时，投资者并不会增加对股票的购买量，而当股票价格上涨时，投资者也并不会减少对股票的购买量甚至会增加对股票的购买量，即产生股市上常见的"追涨杀跌"现象，违背了价格与供求变化之间的内在规则。信息不对称导致的逆向选择问题会使交易价格发生扭曲，并失去了平衡供求、促成交易的作用，降低市场效率。二是事后的信息不对称导致产生道德风险问题。企业管理中的道德风险问题主要是达成协议形成委托代理关系之后，管理者在企业经营过程中做出的追求自身利益而损害股东利益的行为。

3.6　利益相关者理论

1963 年，斯坦福研究所首次提出利益相关者概念，并指出利益相关者是组织存在的基础。弗里曼（Freeman，1984）认为利益相关者与组织相互依存、相互影响，利益相关者影响组织目标的实现，而组织目标的实现也会影响利益相关者利益。唐纳森等（Donaldson et al.，1995）认为利益相关者是公司的行为会对其利益产生一定影响的主体。国内研究学者杨瑞龙和周业安（2000）认为利益相关者是与企业的生产经营活动相互影响的个人或团体，主要包括股东、管理层、员工和外部金融机构等。

利益相关者理论认为，企业经营目标应该是利益相关者价值最大化，也就是说，企业经营过程中要充分考虑股东、债权人、管理者、员工、客户、供应商等所有利益相关者的利益，实现利益相关者权益的均衡，企业才能获得各类利益相关者的支持，企业才能实现可持续发展。企业利益和利益相关者的利益密切相关，企业目标也会影响利益相关者利益的实现。传统的企业经营目标是股东财富最大化，即企业在经营过程中应充分考虑股东利益保障情况，一切经营决策坚持"股东利益至上"原则，使得企业在经营过程中可能做出只顾股东利益而损害其他利益相关者利益的行为，引起其他利益相关者的不满。比如，有的企业将债务资金投资在高风险领域，满足了股东获取高额回报的要求，但是却损害了债权人的利益，引起债权人不满，导致企业后续借款难、借款贵；有的企业生产的产品或提供的服务质量较差，导致客户满意度下降，降低了企业以后产品的销售量和市场份额；有的企业长期拖欠供应商货款，影响了企业的信誉；有的企业随意排放生产垃圾，破坏环境，引起社会公众的不满；有的企业为了增加自身利润，偷税漏税，从而受到税务部门的处罚；等等。这些企业经营过程中只考虑自身或股东的利益，忽视其他利益相关者的利益，最终也给企业带来了负面的影响。因此，利益相关者理论认为当今企业的发展离不开利益相关者的支持，企业自身利益和利益相关者的利益密切相关，企业的发展应充分考虑各类利益相关者的利益诉求。

3.7 控制权理论

3.7.1 控制权的内涵

控制权是公司治理领域应用较多的专业术语，指的是能够决定企业经营管理决策的权力，一般拥有控制权的主体被称为实际控制人。企业的实际控制人一般是高管或控股大股东。对民营企业来说，一般控股大股东拥有对企业的控制权，是企业的实际控制人，控股大股东凭借对企业相对较高的出资额享有最大的投票权，并且可以向民营企业直接派遣董事、总经理等高管人员，从而控股大股东对企业拥有绝对控制权。对国有企业来说，出资人是国家，控股大股东也是各级政府部门，国家委托国有资产监督管理委员会行使国有资产经营管理职责，并且一般国有企业的委托代理链条较长，导致所有者缺位问题产生，使得国有企业的控制权旁落，产生内部人控制问题。也就是说，国有企业的控制权一般掌握在高管手里，实际控制人是公司的管理层，导致国有企业剩余索取权和实际控制权的不对称，产生了国有企业双重委托代理问题。由此可见，控制权的产生主要有两条路径：一是在公司股权集中度较高的情况下，一般存在控股大股东，控股大股东由于对企业出资额最多，拥有最多的股权份额，从而享有最大的投票权，可以直接参与公司的经营管理，并且一般持股 10% 以上的股东可以向公司派出董事成员，从而可以间接参与公司经营管理，控股大股东直接投票权和间接的经营管理权使得其对公司的经营决策拥有控制权，这种情况一般存在于股权集中度较高的民营企业；二是企业股权集中度不高的情况下，一般不存在控股大股东或者股东数量比较多且分散，股东之间的力量势均力敌，公司经营管理权通常全权委托给管理层，管理者掌握公司的所有重大决策权，从而就成为公司内部控制人，对公司享有控制权。此外，对国有企业来说，出资人是国家，存在所有者缺位问题，此时控制权也掌握在公司管理层手中。

3.7.2　控制权机制

控制权机制可以从控制权的产生和具体运作机制来分析。控制权主要产生于对公司股权投资形成的投票权。此外，控制权还与掌握的公司急需的稀缺资源有关，这些稀缺资源包括人力资源、信息资源、技术资源、资金资源等。比如，在公司股权分散的情况下，公司急需有能力的管理人员行使经营管理权，而此时管理者可以凭借其自身的人力资源和管理能力取得公司决策权，此时，管理者全权负责公司的经营管理，对公司情况比较熟悉，从而又具有了宝贵的信息资源，使得管理层掌握了公司控制权。而当公司需要某项新技术或投资资金时，拥有技术或资金的一方在向企业提供技术或资金时可以附加一定的条件，从而拥有部分控制权。

从控制权运作机制来看，控制权主要通过董事会治理发挥作用。因为董事会是公司治理的核心组成部分，董事会执行股东大会决议，并拟定公司预算、利润分配方案，对公司日常经营管理有决策权，并且有权决定公司经理等高管人员的聘任和报酬事项。因此，在董事会中占有的席位决定了对公司的控制程度，进而决定在公司享有的控制权大小。董事会权力掌握情况分两种情形：一方面，董事会的权力可能掌握在大股东手中。在公司股权比较集中的情况下，或者公司存在控股大股东时，由于第一大股东的持股比例远远超出其他股东，不仅在投票权上占有绝对优势，而且能够向董事会派出较多的董事，从而在董事会决策中占有绝对投票权优势，从而取得公司控制权。另一方面，董事会的权力也有可能掌握在管理者手中。当公司股权比较分散时，股东数量较多，且股东持股比例都较低，此时公司的经营管理权都委托管理者行使，管理者对公司拥有控制权。国有企业由于所有者缺位，管理者也掌握公司控制权。

3.7.3　控制权分配机制及其影响

控制权分配机制是指公司控制权由谁掌握及其权力制衡情况。当公司的控制权归管理者享有时，一方面，管理者掌握较大权力会对其产生较大的激励作用，管理者可以充分发挥自身管理才能，促使管理者努力改善公司业绩，但是另一方面，公司经营决策权全部由管理者掌控，根据理性经济人假设，管理者和股东利益目标不一致，管理者会利用职务之便为个人牟取私利，而此时一般存在股权分散或所有者缺位问题，导致对管理者约束不足，股东之间存在"搭便车"行为或者管理者利用手中的权力提供虚假财务信息，蒙蔽中小投资者，从而容易产生严重的管理者委托代理问题。

当公司的控制权归控股大股东享有时，一方面，大股东对公司的经营管理享有绝对的话语权，会对公司的经营管理投入更多的时间和精力，并加强对管理者的监督约束，降低了管理者牟取私利的行为，从而有助于缓解第一类代理问题。但是另一方面，大股东对公司拥有绝对控制权，有权决定公司的投资、运营和利润分配等重大决策，较大的权力加之缺乏有效监督制约，容易滋生腐败心理，比如，有些大股东无偿占有公司资产、通过关联交易转移利润等，满足了个人利益最大化需求，但是却损害了公司价值和中小投资者利益。

　　为了降低绝对控制权带来的负面影响，比较有效的方式是通过混合所有制改革引入非关联大股东，形成对公司实际控制人的有效制衡。通过混合所有制改革引入非关联大股东，一方面，非关联大股东一般持股比例较高，拥有相对较高的投票权，并且可以向董事会派出董事，从而可以参与企业经营管理，在一定程度上形成对实际控制人的权力制衡，并且可以加强对管理者或控股大股东的监督制约，减少其牟取私利的掏空行为，保护中小投资者利益；另一方面，非关联大股东往往是一些持股比例较高的机构投资者，与个人投资者相比，机构投资者往往具有丰富的管理经验，并能做出更加科学的投资决策，因此，可以对公司的经营管理提供比较专业、科学的指导。

第二部分

历程回顾、现状和问题研究

第4章 国有企业混合所有制改革的历程回顾

根据企业演化理论，企业的生存发展也和生命体一样，存在生命周期，国有企业混合所有制改革也具有一系列发展变化的演进逻辑。因此，需要用历史的、演进的、逻辑的观点看待国有企业混合所有制改革问题，才能发现其中的规律性。本章系统梳理了国有企业混合所有制改革，从概念提出到进一步强化发展和深化实施的全部历史进程，具体分析了每个阶段的相关政策法规和具体要求及国有企业混合所有制改革的实施状况。

4.1 国有企业混合所有制改革探索起步阶段（1978—1999 年）

1978 年 12 月，党的十一届三中全会在北京举行，全会的中心议题是讨论把全党的工作重点转移到社会主义现代化建设上来。在会议上，对"文化大革命"结束后两年来党的领导工作中出现的失误提出了中肯的批评，做出党的工作重点转移到经济、政治方面的重大决策。十一届三中全会的召开，标志着我国改革开放大幕的正式拉开。改革开放以来，我国不断探索经济发展新模式，努力改变以往高度集中的计划经济管理体制的弊端，市场经济发展模式逐渐引起重视。在改革开放过程中，国有企业改革是经济体制改革的核心内容。此时，国有企业改革先后经历了放权让利、两权分立、承包制、成立国家国有资产管理局、提出混合所有制概念等改革阶段。

（1）放权让利改革阶段（1978—1983 年）。

计划经济时期高度集权的发展模式使国有企业丧失了发展活力和市场竞争力，因此，改革开放初期国有企业改革的主要工作是放权让利，目的是扩大企业自主经营权，以激发国有企业发展活力。1979 年，国务院出台《关于扩大国营工业企业经营管理自主权的若干规定》，使国有企业在生产销售、资金运用及职工福利等方面拥有自主权，政企关系得到改善。放权让利改革最先在四川省的部分国有企业试点实施，最终取得良好效果，大大激励了国有企业改革和员工生产的积极性，为后续改革发挥了示范带头作用。此后，政府出台了"十四条"，进一步在基金提取、生产组织、劳动人事管理、利润分配等方面给予企业一定的自主权，以激发企业活力。此后，进一步推行利润分成、经济责任制等改革新举措，取得了积极效果，充分调动了员工生产热情和生产积极性，进一步提高了国有企业的产值和利润水平。但是，这一时期的国有企业改革并不彻底，没有从根本上改变原有计划经济管理体制，并且放权让利改革以利润分成为主，改革过于简单和肤浅，政府对国有企业的干预仍然较重，政府部门仍然采用计划手段管理国有企业，并没有从根本上解决政府与企业之间的关系问题，企业之间实际存在的级差收益也没有得到有效处理，亏损企业无须承担任何责任、吃国家的大锅饭，市场经济发展举步维艰。

1979 年我国试行"拨改贷"政策，在全国统一计划的前提下，确定计划与贷款的关系。通过"拨改贷"政策，国家不再对国有企业进行财政拨款。"拨改贷"政策产生了正面的积极影响，改变了投资无偿划拨的种种弊端，通过资金有偿使用，促使国有企业更加重视项目的投资获利水平，提高了国有企业投资效率。但是"拨改贷"也导致了非生产性投资膨胀、单位投资规模小型化、基础设施投资下降等问题。

1983 年中央决定实行"利改税"政策，即改变过去利润上缴国家的规定，而是要求企业向国家交税即可，剩余利润归属企业自己支配。"利改税"政策有助于进一步理清国家和企业之间的利益关系，使国有企业成为自负盈亏和独立核算的经营主体，有助于调动国有企业增产增收的积极性。但是，"利改税"政策下盈利较高的企业承担的税收负担过重，产生"鞭打快牛"现象，挫伤了盈利能力强的企业的生产积极性。

（2）两权分立和承包制改革阶段（1984—1987 年）。

这一阶段的主要特征是，沿着所有权和经营权分离的思路探索国有企业改革模式。1984 年 10 月召开中国共产党第十二届三中全会，讨论并通过《中共中央关于经济体制改革的决定》，要求按照政企职责分开、简政放权的原则推进国有企业改革，明确各级政府原则上不再直接经营管理企业。

1986 年 12 月，国务院发布了《关于深化企业改革增强企业活力的若干规定》，正式推行承包责任制，以解决"利改税"政策存在的问题。1987 年，改革的重点是完善国有企业经营机制，探索实行多种形式的承包经营责任制。承包经营责任制通过试点逐步在全国范围推广实施。承包经营责任制按照政企职责分开、企业所有权和经营权适当分离的思路，以提高经济效益为目标，以责任制为核心，对国家和企业责权利关系进行了明确划分。承包经营责任制取得了明显成效，既保证了国家利益，又使企业有了相对独立的经济权力和经济利益，激发了企业生产创利积极性，推动了国有企业经营机制的改革。但是承包制也有一定的弊端，如承包技术不科学、包盈不包亏、短期行为严重等。

与此同时，国有企业改革也在进一步摸索中前行。1987 年 10 月，党的十三大报告指出："除了全民所有制、集体所有制以外，还应发展全民所有制和集体所有制联合建立的公有制企业，以及各地区、部门、企业互相参股等形式的公有制企业"，并指出私营经济"是公有制经济的必要的和有益的补充"，"对于城乡合作经济、个体经济和私营经济，都要继续鼓励它们发展"。虽然此时还没有明确提出混合所有制改革的概念，但是关于国有企业混合所有制改革的初步设想已初露端倪，为后来国有企业混合所有制改革的实施奠定了基础。

（3）成立专职管理机构的改革阶段（1988—1991 年）。

承包制改革取得了显著成效，但也存在一些弊端。为了进一步解决承包制实施过程中存在的问题，1988 年国务院设立了国有资产专职管理机构——国家国有资产管理局，从国有资产监管体制的组织机构建设方面推进国有企业改革。

我国对于国有企业和国有资产管理，开始实行的是由不同政府部门分管的多元化管理体制，政府既是国有企业的所有者，又是国有企业的管理部门，政企不分。随着国有企业所有权与经营权两权分离的实施，要求有专门的职能机构代表国家行使出资人权力。在此背景下，1988 年 1 月，我国成立了国有资产专职管理机构——国家国有资产管理局，主要任务是代表国家行使所有者职权，监督管理国有资产。国家国有资产管理局的成立标志着我国国有资产所有权管理职能与政府行政管理职能的分离，有利于降低国有企业政府干预程度，转变政府职能，降低国有企业政策性负担。

国家国有资产管理局成立以后，按照国家统一部署，积极开展国有资产管理工作。各级国有资产管理机构通过调查研究，摸清国有企业发展存在的问题，积极对国有企业进行清理整顿，认真抓好国有资产发包和保值增值指标的审核工作，认真做好国营小型商业租赁企业的产权管理和产权登记工作，进行国有企业清产核资试点和行政事业单位财产清查登记工作，使得资产评估工作取得明显成效，国有资产统计报表工作也逐步完善。国家国有资产管理局在引导国有企业发展步入正轨的同时，还根据各地实际情况，积极推动闲置资产的调剂利用，促进存量国有资产的合理流动，开展国有资产抵押贷款审批工作，努力开创国有资产管理工作新局面。另外，国家国有资产管理局还成立了资产经营公司，在产权转让、投资、合资、兼并等经济活动中献计献策，发挥了重要作用。

（4）国有企业混合所有制改革概念提出阶段（1992—1999 年）。

1978 年改革开放以前，我国经济发展中公有制经济占有绝对主导地位，非公有制经济只是占辅助地位。改革开放促进了市场经济的开放发展，并为各种经济形势发展提供了有利条件。实际上，早在 1979 年就开始出现个人、私人、外国合资、合作等非公有制经济组成部分。改革开放为混合所有制经济发展和国有企业混合所有制改革提供了政策和制度背景，并且国有企业改革经过放权让利、两权分立、承包制、成立国家国有资产管理局等实践摸索，为国有企业混合所有制改革的提出提供了实践基础。

1992 年 10 月，党的十四大报告第一次提出"联合经营"概念，鼓励发展公有制经济为主体，多种经济成分长期共同发展的所有制结构，不同经济成分还可以自愿实行多种形式的联合经营，使国有企业、集体企业和其他企业都参与平等的市场竞争，并为混合所有制改革概念的提出奠定了基础。

1993 年 11 月，党的十四届三中全会通过《中共中央关于建立社会主义市场经济体制若干问题的决定》，进一步强调指出：在积极促进国有经济和集体经济发展的同时，鼓励个体、私营、外资经济发展，随着产权的流动和重组，"财产混合所有的经济单位越来越多，将会形成新的财产所有结构"。此时，我国已经意识到产权多元化发展的重要性，并积极鼓励非公有制经济发展，但是当时并没有广泛推行股份制，只是讲求财产的混合发展，并没有从根本上解决产权领域的各种问题。

1997 年 10 月，党的十五大报告指出："公有制经济不仅包括国有经济和集体经济，还包括混合所有制经济中的国有成分和集体成分。"十五大报告第一次明确提出"混合所有制经济"概念，并确立了我国公有制经济发展中混合所有制经济的重要性和地位。

1999 年 9 月，党的十五届四中全会通过《中共中央关于国有企业改革和发展若干重大问题的决定》，第一次明确提出发展"混合所有制经济"，并指出国有企业混合所有制改革的重要途径是实行股份制。从此，我国国有企业混合所有制改革正式推广实施，国有企业的发展焕然一新。

从微观角度来分析，这个阶段的国有企业改革开始触及企业的剩余控制和剩余索赔的分配问题，且开始推行股份制试点和股份合作制，但是，这个阶段的改革还没有涉及国有企业的所有权问题，因此，这一阶段属于国有企业混合所有制改革的探索起步阶段。

4.2 国有企业混合所有制改革发展阶段（2000 年至今）

进入 21 世纪，我国国有企业混合所有制改革进入发展新阶段。党中央和国务院多次强调国有企业混合所有制改革的重要性，国有企业混合所有制改革工作也不断深化。

2002 年 10 月，党的十六大报告提出："除极少数必须由国家独资经营的企业外，积极推行股份制，发展混合所有制经济。"十六大进一步肯定了国有企业股份制改造的重要作用，并明确股份制是发展混合所有制经济的重要内容。

2003 年 10 月，党的十六届三中全会通过的《中共中央关于完善社会主义市场经济体制若干问题的决定》提出："进一步增强公有制经济的活力，大力发展国有资本、集体资本和非公有资本等参股的混合所有制经济。"第一次对"混合所有制经济"给予明确界定。

2007 年 10 月，党的十七大报告提出："以现代产权制度为基础，发展混合所有制经济。"

2008 年，根据《国务院关于机构设置的通知》，设立国务院国有资产监督管理委员会，为国务院直属特设机构。国务院国有资产监督管理委员会根据国务院授权，依照法律规定履行出资人职责,监管中央所属企业（不含金融类企业）的国有资产，加强国有资产的管理工作；承担监督所监管企业国有资产保值增值等职责。国有资产监督管理委员会指导推进国有企业改革和重组，推进国有企业现代企业制度建设。自此，我国国有企业改革工作有了明确的领导监督机构，为有效推进国有企业改革奠定了组织基础。

2013 年 11 月，党的十八届三中全会通过的《关于全面深化改革若干重大问题的决定》明确指出了发展混合所有制经济的作用，会议提出："积极发展混合所有制经济。国有资本、集体资本、非公有资本等交叉持股、相互融合的混合所有制经济，是基本经济制度的重要实现形式，有利于国有资本放大功能、保值增值、提高竞争力，有利于各种所有制资本取长补短、相互促进、共同发展。"

2014 年 3 月，李克强总理在《政府工作报告》中提出："优化国有经济布局和结构，加快发展混合所有制经济"，增强经济活力。

2015 年 3 月，李克强总理在《政府工作报告》中提出："有序实施国有企业混合所有制改革，鼓励和规范投资项目引入非国有资本参股。"

2015 年 9 月，中共中央、国务院发布《关于深化国有企业改革的指导意见》，提出：对加快推进国有企业混合所有制改革进行全面部署和安排，以促进国有企业转换经营机制，放大国有资本功能，提高国有资本配置和运行效率，实现各种所有制资本取长补短、相互促进、共同发展为目标。

2015 年 9 月，国务院发布的《关于国有企业发展混合所有制经济的意见》指出，"发展混合所有制经济，是深化国有企业改革的重要举措"，"国有资本、集体资本、非公有资本等交叉持股、相互融合的混合所有制经济，是基本经济制度的重要实现形式"。

2016 年 3 月，李克强总理在《政府工作报告》中提出要推进股权多元化改革，开展落实企业董事会职权、市场化选聘经营者、职业经理人制度、混合所有制、员工持股等试点。

2016 年 6 月，国务院决定在电力、石油、天然气、铁路、民航、电信、军工等七大领域加快推进混合所有制改革，选择一批国有企业开展混合所有制改革试点示范。

2016 年 9 月，国家发改委召开专题会研究部署国有企业混合所有制改革试点工作，将东航集团、联通集团、南方电网、哈电集团、中国核建、中国船舶等中央企业纳入七大领域的试点企业。

2016 年 7 月，中央公布了 9 家第一批混合所有制改革试点企业名单。之后，我国大部分省市自治区都制定颁布了有关国有企业混合所有制改革的具体方案和政策，包括推进市属企业上市及资产证券化、进行员工持股试点等。

2017 年 4 月，中央公布了 10 家第二批混合所有制改革试点企业名单。

2017 年 10 月，党的十九大报告提出要完善各类国有资产管理体制，促进国有资产保值增值，有效防止国有资产流失，并指出要"深化国有企业改革，发展混合所有制经济，培育具有全球竞争力的世界一流企业"。

2017 年 11 月，中央公布了 31 家第三批混合所有制改革试点企业名单。

2018 年 9 月，由 8 个部委联合制定《关于深化混合所有制改革试点若干政策的意见》并颁布实施，指出要积极探索中央企业集团公司层面开展混合所有制改革的可行路径，积极支持各地省属国有企业集团公司开展混合所有制改革。

总的来说，针对国有企业混合所有制改革工作，国家根据现实需要，不断调整优化改革政策，创新改革手段。国务院国有资产监督管理委员会在指导国有企业混合所有制改革方面发挥了重要作用，国有企业股份制改革成效显著。目前，股份制已成为国有企业混合所有制改革的重要形式。根据国资企业的物业登记资料，截至 2013 年年底，全国 90% 以上的国有企业实现了公司制和股份制，国有企业引进的非公有制资本比例达到了 42%。我国国有企业混合所有制改革大事年表如表 4-1 所示。

表 4-1 我国国有企业混合所有制改革大事年表

时间	事件
1992 年 10 月	党的十四大报告第一次提出"联合经营"概念
1993 年 11 月	党的十四届三中全会通过《中共中央关于建立社会主义市场经济体制若干问题的决定》，积极鼓励非公有制经济发展
1997 年 10 月	党的十五大报告第一次明确提出"混合所有制经济"概念
1999 年 9 月	党的十五届四中全会通过《中共中央关于国有企业改革和发展若干重大问题的决定》，指出国有企业混合所有制改革的重要途径是实行股份制
2002 年 10 月	党的十六大报告提出，"除极少数必须国有独资的企业外，积极推行股份制，发展混合所有制经济"
2003 年 10 月	党的十六届三中全会通过《中共中央关于完善社会主义市场经济体制若干问题的决定》，第一次对"混合所有制经济"给予明确界定
2007 年 10 月	党的十七大报告提出，"以现代产权制度为基础，发展混合所有制经济"
2008 年	设立国务院国有资产监督管理委员会，国有企业混合所有制改革有了明确的领导监督机构
2013 年 11 月	党的十八届三中全会通过《关于全面深化改革若干重大问题的决定》，明确指出了发展混合所有制经济的作用

续表

时间	事件
2015 年 9 月	中共中央、国务院发布《关于深化国有企业改革的指导意见》，对加快推进国有企业混合所有制改革进行全面部署和安排
2015 年 9 月	国务院发布的《关于国有企业发展混合所有制经济的意见》指出，"发展混合所有制经济，是深化国有企业改革的重要举措"
2016 年 3 月	李克强总理在《政府工作报告》中提出：推进国有企业股权多元化改革
2016 年 7 月	公布了 9 家第一批混合所有制改革试点企业名单
2017 年 4 月	公布了 10 家第二批混合所有制改革试点企业名单
2017 年 10 月	党的十九大报告指出，"深化国有企业改革，发展混合所有制经济，培育具有全球竞争力的世界一流企业"
2017 年 11 月	公布了 31 家第三批混合所有制改革试点企业名单
2018 年 9 月	《关于深化混合所有制改革试点若干政策的意见》指出，要积极探索中央企业集团公司层面开展混合所有制改革的可行路径，积极支持各地省属国有企业集团公司开展混合所有制改革

第 5 章　国有企业混合所有制改革的现状分析

自改革开放以来，我国国有企业改革工作不断推陈出新，尤其自 20 世纪 90 年代提出国有企业混合所有制改革以来，国有企业的发展取得了显著成效。本章具体分析我国国有企业混合所有制改革目前的状态，包括实施状况和取得的成就。

5.1　梯次展开国有企业混合所有制改革试点

我国国有企业混合所有制改革遵循循序渐进、梯次发展、逐步推广的发展模式，并采用试点施行的方式进行改革经验的借鉴和成功案例的模仿推广。2014 年，国务院国家资产监督管理委员会选择中国建材集团、国药集团开展混合所有制改革试点。截至 2017 年年底，两家集团各自 70%、90% 的营业收入来自混合所有制企业。2016 年以来，国家在电力、石油、天然气、铁路、民航、电信、军工等重要行业领域，先后选择三批 50 家国有企业开展混合所有制改革试点，其中中央管理企业（以下简称"中央企业"）28 家。2016 年 8 月，混合所有制企业员工持股试点正式启动，目前全国已有近 200 家企业开展试点。由此可见，政府部门在推进国有企业混合所有制改革方面不是一蹴而就，而是先通过选取少数试点推行，再逐步扩大试点范围，并及时总结成功经验和改革规律加以推广，梯次开展国有企业混合所有制改革试点，发挥以点带面的作用，从而达到了预期效果。

5.2 推进国有企业与其他所有制资本有序混合

国有企业混合所有制改革过程中，优先选择优质资产进行混合所有制改革，在此基础上，再逐步扩大混合所有制改革的范围，促进国有资本与非国有资本的混合所有制改革有序进行。目前，国有企业主要优质资产都已实现混合。2012 年底，国务院国资委监管的中央企业只有 54% 的资产属于上市公司，而推行混合所有制改革后，截至 2017 年年底，中央企业 54.5 万亿总资产中，大约 65% 已进入上市公司行列，增长幅度比较显著。地方层面，一些省份的国有企业，超过 45% 的总资产已进入上市公司。除了提高混合所有制改革广度外，各国有企业还大力提高了贴近市场一线、充分竞争企业的混合程度，以提高这些企业的市场竞争力。

5.3 创新使用多种方式推进混合所有制改革

政府部门不断创新混合所有制改革方式，积极引导国有企业采取多样化形式开展混合所有制改革。其中，改制上市属于国有企业混合所有制改革的重要创新方式。在改制上市过程中，不同国有企业可根据自身特点和需要，选择不同的上市模式、发行比例，完成混合所有制改革目标。随着近年来定向增发的快速升温式发展，国有企业混合所有制改革过程中也将这一方式加以有效利用，比如，有的国有企业改制上市后，通过定向增发引入机构投资者等非国有股东，进一步优化了股权结构，改善了公司治理水平。除了改制上市和定向增发等混合所有制改革方式外，国有企业还采用了股权转让、增资扩股、兼并收购、合资新设等方式，引入战略投资者、民营企业等外部股东，这些外部股东都具有某方面的独特优势，包括技术水平先进、管理经验丰富、市场竞争力强等，可以发挥技术引领、改善管理水平、业务协作等方面的协同作用，帮助国有资本做大做强。此外，国有企业混合所有制改革还包括基金投资等方式，各类所有制资本共同出资成立股权投资基金开展项目投资，充分发挥社会资本的作用，增强资本流动性，促进国有经济战略性调整。

5.4 国有企业混合所有制改革工作不断深入

20 世纪 90 年代，国有企业通过股份制改造进行了初步的混合所有制改革，出现了一批混合所有制企业。此后，党中央和政府部门多次召开会议，都强调了发展混合所有制经济的必要性，比较重要的包括：2013 年党的十八届三中全会提出混合所有制经济正式成为中国基本经济制度的重要实现形式，并鼓励更多的国有资本和非国有资本通过交叉持股等方式形成混合所有制企业；2017 年党的十九大报告也强调要通过发展混合所有制经济来深化国有企业改革，打造出具有全球竞争力的优秀企业。这些改革工作都是从宏观角度提出发展混合所有制经济。而党的十八届三中全会则从微观角度提出了国有企业进行混合所有制改革的必要性及具体改革方向，即通过"国有资本、集体资本、非公有资本等交叉持股、相互融合"形成混合所有制企业，并提出员工持股政策以促进"资本所有制和劳动者利益共同体"的建立。党的十九大进一步提出要"深化国有企业改革，发展混合所有制经济，培育具有全球竞争力的世界一流企业"。

随着国资国有企业改革"1+N"文件体系基本定型，改革路径和框架都已基本明确。各项改革各有侧重，又有内在联系。区域性国资国有企业综合改革试点要将混合所有制改革列为重点内容，加强基础关键领域改革协同，打造国有企业改革"区域高地"。中央企业综合改革等试点中，也要统筹考虑、重点推进混合所有制改革，保质保量地推出一批混合所有制改革先进范例。

在党中央和各级政府的积极推动下，当前我国国有企业混合所有制改革取得显著成效，已经进入全面深化改革的新时期。在国有企业混合所有制改革过程中，通过交叉持股、相互投资等方式实现国有资本、集体资本、非公资本等多种经济形式的融合发展。国有企业在混合所有制改革过程中广泛运用股份制改革、上市、兼并收购、定向增发、员工持股、资产重组等多种方式实现混合所有制改革目标，并坚持"完善治理、强化激励、突出主业、提高效率"的混合所有制改革方针，改善了混合所有制改革企业总体经营状况，提高了混合所有制改革企业的经营绩效和经济效益，实现了国有资产保值增值目标。

5.5　国有企业混合所有制改革在数量和规模上成效显著

自 2013 年以来，开展混合所有制改革的国有企业数量不断增加，规模不断扩大。根据国务院国资委公布的相关数据，2016 年中央企业集团及下属企业中混合所有制企业的数量占比，由 2013 年的 65.7% 提高到了 68.9%。到 2017 年，中央企业二级子企业中就有超过 50% 的企业是混合所有制企业，并新增了 700 多家混合所有制企业，引入了 3386 亿元以上的社会资本。到 2017 年年底，就有 50 家中央企业分三批进行了混合所有制改革的试点，其中前两批的企业已经取得一定的成效，通过产权转让、增资扩股等多种方式，引入非公有制资本超过 900 亿元。同时，在中央企业集团的下属企业中，混合所有制企业所占比例更高，二级子企业以下的企业中就有 50% 以上属于混合所有制企业，而四级以下的子企业中混合所有制企业的占比高达 90%。

在产权层面和资本形式上，大多数国有企业已经进行了混合所有制改革。截至 2017 年年底，国资委监管的中央企业及各级子企业中，混合所有制企业总数量占比达到 69%，省级混合所有制国有企业总数量占比达到 56%。统计显示，2013—2017 年，民营资本以各种方式参与国有企业混合所有制改革，投资金额超过 1.1 万亿元，省级国有企业引入非公有资本超过 5000 亿元；同期，国有企业积极投资入股非国有企业，其中省级国有企业投资参股非公有企业金额超过 6000 亿元。

从当前中国国有企业混合所有制发展的企业类别来看，贴近市场一线、充分竞争领域的国有企业混合程度更高。不同的国有企业类别，混合所有制改革程度不同。按照市场竞争程度不同，国有企业可分为商业类国有企业和公益类国有企业，商业类国有企业又分为商业一类企业和商业二类企业。商业一类企业的主要经营业务处于充分竞争行业；商业二类企业的主要经营业务处于关系国家安全、国民经济命脉的重要行业和关键领域，市场竞争程度较低。公益类国有企业主要承担社会经济发展的公益性任务，营利性最低，市场竞争程度最小。截至 2017 年年底，商业一类企业混合程度最高，混合所有制企业户数占比达 73.6%；商业二类企业次之，占比为 62.6%；公益类企业最低，占比为 31.1%。显而易见，国有企业营利性越强、市场竞争程度越高，混合所有制改革的力度越大。

从当前中国国有企业混合所有制发展的行业布局来看，截至 2017 年年底，中央所属国有企业，房地产、建筑、建材、通信、矿业 5 个行业企业混合程度较高，混合所有制企业户数占比分别为 88.3%、86.3%、78.3%、77.9% 和 76.8%。这表明我国加大了对垄断性行业国有企业改革的力度。

2018 年，中央企业和地方企业又新增了 2880 户混合所有制改革的企业。2019 年，国务院国资委将继续扩大重点领域的混合所有制改革，推出第四批、100 家以上的国有企业混合所有制改革试点。

5.6　国有企业混合所有制改革的成功案例

我国国有企业混合所有制改革期间，涌现出了很多国有企业通过混合所有制改革取得成功的典型案例。尤其自党的十八大以来，国有企业混合所有制改革进入新的阶段，呈现出步伐加快、领域拓宽的良好态势，创造了一批可复制、可推广的典型经验，取得了积极的进展和显著的成效。如中国巨石股份有限公司通过混合所有制改革引入战略投资者和外资股东，由中国建材集团与民营企业振石控股集团联合组建，发展为混合所有制企业，1999 年国有资本投入 0.84 亿元，到 2016 年年底，国有资本达 6.56 亿元，保值增值率达 780.95%，通过混合所有制改革发展壮大了国有资本，实现了国有资产的保值增值。中国建材股份累计获得分红 4.57 亿元，持有中国巨石股票市值 98 亿元。泰山石膏股份有限公司，截至 2016 年 9 月，按账面值计算，国有资本享有净资产 30.1 亿元，累计取得分红 11.5 亿元，享有增值 41.6 亿元，保值增值率达 1795.82%。通过发展混合所有制，提高了国有资本的控制力、影响力、带动力。中国建材集团混合所有制的覆盖面达到 85%，实现了用 400 亿元国有资本控制吸引 1000 多亿元社会资本，撬动近 6000 亿元总资产，显著放大了国有资本功能。国家开发投资公司 80% 的项目都是投资主体多元化企业，其中混合所有制企业占 80%，每一元钱的投资，就能带动 3 元钱的社会资本投入，带动、影响作用明显。通过发展混合所有制，企业市场活力和竞争优势大为增强。江西建工集团是一家有60 多年历史的省属国有企业，混合所有制改革前连续亏损 13 年，2008 年开始混合所有制改革，形成了国有控股、战略投资者和经营团队参股的混合所有制企业，建立起有效的激励机制，大大激发了企业内生动力。2016 年实现营业收入 365.8 亿元、利税总额 22.6 亿元，分别比改制前增长 7 倍、15 倍。南方水泥联合重组不同所有制企业超过 300 家，2008—2016 年累计实现税收 296 亿元，税后净利 170 亿元，支付利息 221 亿元，股东分红 77 亿元，成为我国东南区域水泥行业排头兵企业。通过发展混合所有制，推动了行业供给侧结构性改革。中国建材集团立足我国水泥行业产能严重过剩突出矛盾，进行了大规模战略性重组，成为全球最大的水泥集团（艾青，2012）。在它的引领下，国内水泥行业集中度从 2007 年的 12% 提高至 2016 年的 63%，市场价格理性回升，行业去产能取得明显成效。通过发展混合所有制，加强了党对企业领域的领导。国有企业通过与民营企业"混合"，把党的政治优势、组织优势延伸至混合所有制企业，把党的政治文化、政治生态扩散到混合所有制企业，党的领导和党的建设在企业里得到了加强、发挥了优势。国有企业混合所有制改革的具体实践证明，混合所有制改革通过引入具有竞争力和创新意识的非国有资本，为国有企业发展注入新的活力，有助于增强国有企业市场竞争力。同时，国有企业混合所有制改革可以进一步发挥国有企业的政治优势，为民营企业发展提供更多的资源条件，提高混合所有制企业整体竞争力，国有资本和非国有资本融合共生、共生共赢成效初步显现。

经过 40 多年改革创新，国有企业改革效果显著，经营效率不断提高，市场竞争力不断增强。尤其是国有企业混合所有制改革以来，国有企业各方面经济效益显著提升，国有资产保值增值率大幅度提高，上缴利税显著增加，一批国有大型企业已跻身于世界一流或知名企业行列。国有企业作为我国经济社会发展的重要支柱和中坚力量的地位更加巩固。进入新时代，我们要深入贯彻习近平新时代中国特色社会主义思想和党的十九大精神，从战略高度正确认识深化国有企业混合所有制改革的重大意义，继续推进国有企业混合所有制改革，聚焦重点，统筹推进，使有企业混合所有制改革在新的历史条件下承担新使命、展现新作为、做出新贡献。

第6章 国有企业混合所有制改革存在的问题分析

我国国有企业混合所有制改革经过几十年的发展，取得了明显的成效。但是我国国有企业混合所有制改革在发展过程中仍存在一些问题。本章具体分析我国国有企业混合所有制改革过程中存在的问题，包括宏观制度层面的问题分析、中观市场层面的问题分析和微观企业层面的问题分析，全面认识国有企业混合所有制改革过程中存在的外部制度性、环境性问题及混合所有制改革企业内部自身存在问题。

6.1 国有企业混合所有制改革的政策制度困境

国有企业混合所有制改革的制度困境是指国有企业混合所有制改革对制度环境的适应性问题，或者说外部制度环境因素对国有企业混合所有制改革产生的不利影响。这里所说的制度环境包括宏观层面的政策规定、政治法律制度和社会文化、道德规范等，既包括硬性制度环境，也包括软性制度环境。硬性制度环境指有法律约束力的政策制度等，而软性制度环境指没有法律约束力，但是会对人们和企业行为产生约定俗成的影响的文化、道德规范等。

（1）国有企业混合所有制改革相应的配套法律制度不完善。

国有企业混合所有制改革引入了民营资本、外商资本等非国有资本，涉及国有企业和引入的非国有股东的重组、融合等问题，往往具有一定的复杂性、敏感性和不确定性，而且国有企业混合所有制改革只有三十多年的历程，随着企业的发展和经济的进步，国有企业混合所有制改革过程中随时会出现新的问题，但是相关配套法律制度却难以做到及时更新，且不能针对每个复杂问题都给予具体明确的指导。

一是关于国有企业混合所有制改革后产权的法律界定较为笼统。国有企业产权问题本身就存在一定的复杂性，而加之通过混合所有制改革引入不同性质的产权资本后，混合所有制国有企业的产权问题就更加复杂，相关法律并没有对混合所有制改革后国有企业产权的变更事项做出明确要求，并没有明确界定国有企业产权性质发生改变的具体判断标准和具体界限。

二是关于国有企业混合所有制改革的资产评估的法律制度尚不完善。确保国有资产保值增值、严防国有资产流失是国资监管的主旨，因此无论是通过老股转让，还是通过增值扩股引进战略投资人，法定资产评估都是必须履行的程序，法定资产评估值都是国有企业估值的基准。从资本市场角度来看，战略投资人通常也会按照国内外资本市场上通用的估值方法和估值模型对于该国有企业的估值进行测算，而资本市场通行的估值方法和模型与法定资产评估的方法和模型不尽相同，因此我们经常能看到两套标准测算出来的估值存在相当大的偏差。因此，关于国有企业混合所有制改革的资产评估的法律制度需要进行调整优化，并对混合所有制国有企业的资产评估进行明确要求，避免国有资产评估的混乱，以做到兼顾国资监管与资本市场的判断，并在二者之中寻求平衡点。

三是关于国有企业混合所有制改革后公司治理的法律规定欠缺。国有企业实行混合所有制后的公司治理问题呈现一些新的特征和新的问题，与一般企业公司治理问题不同，公司法、经济法等已有法律法规并没有单独对其做出明确指引。比如，关于股东大会权力和表决方式的规定、关于董事会选举及表决、关于管理者聘任与激励约束的问题等，混合所有制改革后的国有企业在这些方面都具有一定的特殊性，混合所有制改革后是采用国有企业治理方式还是民营企业治理方式等问题，都没有单独的法律制度进行明确规定。

四是国有企业混合所有制改革过程中的税收法律规定不完善。国有企业混合所有制改革过程中经常涉及企业重组或业务重组，在重组过程中通常会产生各种税负，如土地增值税、契税、所得税、增值税、印花税等，巨额的税负不可避免地增加了国有企业混合所有制改革的成本，同时，相当多的国有企业还存在因各种历史原因而产生并累计的税务风险，如何匡算与处理这些潜在的税务风险，也会直接影响参与混合所有制改革的机构投资者的风险判断和投资决策，从而影响国有企业混合所有制改革成败。这些税负是在国有企业混合所有制改革过程中产生的，具有一定的特殊性。但是，并没有专门明确的针对国有企业混合所有制改革的税收法律规定，不能针对国有企业混合所有制改革过程中出现的新的税务问题提供明确解决方法，也不能解决国有企业混合所有制改革过程中潜在税务风险的衡量问题。

五是缺乏相应的法律制度以解决国有企业混合所有制改革过程中的职工安置问题。国有企业混合所有制改革中的职工安置问题直接关系到企业的稳定性，以及国有企业改革是否能够顺利实施，因此，无论国有企业方面，还是战略投资人方面，都会非常关注此类问题是否能够妥善处理。比如企业是否存在冗员，冗员问题是否能够在一定时间内妥善处理，处理的成本大小以及该成本由谁承担或如何分担；又如国有企业已退休或者拟退休员工的各项补贴构成、金额、计提及承担问题。但是，针对这些问题，都没有单独的法律制度进行明确规定，导致国有企业混合所有制改革过程中的职工权益很难得到有效保障，影响了国有企业职工参与混合所有制改革的热情。

六是对国有企业混合所有制改革过程中的中小投资者利益保护的法律制度不健全。国有企业经营管理中出现的第一类管理者代理问题、第二类大股东代理问题等都涉及对中小股东利益的侵害，可以说，中小投资者是国有企业各类代理问题的最大受害者。我国资本市场发展不成熟，不能完全依靠资本市场资源配置解决中小投资者利益保护问题，需要有相应的法律制度对中小投资者利益进行保护，但是目前我国法律法规对中小投资者利益保护程度较低，尤其是国有企业混合所有制改革过程中新出现的中小投资者利益侵害问题并没有引起足够重视，也没有相应的法律制度对国有企业混合所有制改革过程中的中小投资者利益保护做出明确规定。

七是国有企业混合所有制改革的退出通道与回购担保法律制度不完善。市场化投资人特别是财务投资人在参与国有企业混合所有制改革时通常会要求有明确的退出机制或要求原国有股东提供回购担保，因为目前并没有关于国有企业混合所有制改革的退出通道与回购担保的法律制度，如涉及此类回购担保或业绩承诺的问题，则导致其中关于退出方式与通道、回购担保或业绩承诺等协议条款可能无效或无法履行。

八是有的国有企业混合所有制改革的政策法规过于笼统。有的国有企业混合所有制改革的政策法规只是对国有企业混合所有制改革中的问题做出原则性指引或提出建议性意见，这就导致对于国有企业混合所有制改革的政策法规，不同的地方政府、监管部门或企业对其有不同的解读，在实际落地过程中的细节处理上会存在一定差异，从而增加了国有企业混合所有制改革的复杂性。

（2）政策的理解存在误区。

在国有企业混合所有制改革过程中，不同的学者、专家等从不同的角度解读国有企业混合所有制改革的政策制度，产生了一些不同的观点甚至是认识上的误区。一是对于国有企业混合所有制改革政策实施效果问题存在质疑，有的专家认为我国国有企业混合所有制改革取得了显著成果，有利于国有企业积极参与市场竞争，提高国有企业经营效率，实现国有资产保值增值，但是有的专家则认为国有企业混合所有制改革在国有企业中引入非国有资本，将会分散国有股东的控股权及其收益，导致国有资产流失，并且将会减弱国家在一些关系国民经济发展的重大领域的控制力等。实际上，有质疑国有企业混合所有制改革效果的声音是由于我国国有企业混合所有制改革从提出到现在的推广，只有三十多年的历程，属于国有企业改革的新尝试，从一开始摸着石头过河到中间不断调整优化改革方案才发展到现在，期间有质疑声音是正常的，因为任何新生事物的发展都是遵循历史的、曲折的、螺旋上升式的过程。因为我国改革开放前一直推行计划经济发展模式，国有企业属于国家所有和控股成为不争的事实，然而国有企业混合所有制改革则是要打破这种局面，要在突破原有历史状况基础上进行创新，必然是对过去国有企业发展理念和经营模式的一种冲击，社会和人们接受这一变革需要一个过程。二是盲目将国有企业混合所有制改革等同于私有化。这是在国有企业混合所有制改革过程中出现的认识上的误区。该种观点深受西方国家经济学理论和企业发展实务的影响，认为我国国有企业混合所有制改革的最终走向是将国有企业全盘私有化，并认为只有私有化才是国有企业改革的有效路径，这种观点忽视了我国实际国情，我国是社会主义国家，经济发展始终坚持以公有制为主体，国有企业混合所有制改革只是在坚持公有制为主体的情况下，引入其他产权形式，实现多种所有制经济的共同发展，而不是纯粹的私有化。事实证明，全盘私有化是国有企业改革不符合社会主义国家经济发展目标，也偏离了国有企业改革的初衷，如俄国和东欧一些国家全盘私有化最终不仅没有促进国民经济发展，反而导致社会经济陷入混乱局面。

6.2　国有企业混合所有制改革的产权交易市场不成熟

国有企业混合所有制改革的产权交易市场尽管在近年来得到了较大的发展，也在一定程度上发挥了资源配置、价格发现、资产保值增值等功能，但其在发展过程中也暴露出一些问题。

（1）国有企业混合所有制改革产权交易市场性质、功能定位不清。

国有企业混合所有制改革的产权交易市场主要是一些产权交易所，这些产权交易所有的属于自收自支事业单位性质，有的具有国有性质，有的属于民营性质，有的既是事业法人又是企业法人。根据中国企业国有产权交易机构协会2011 年对全国的 56 家产权交易机构的调查，其中 26 家为事业法人单位，32 家为企业法人单位，有两家既是事业法人又是企业法人。而现行法律对国有企业混合所有制改革产权交易所的性质定位没有明确规定，缺少产权交易所属于服务机构还是营利机构的划分标准，导致其所从事的业务范围界限不明、功能不一，阻碍了产权交易市场的健康发展，导致产权交易所违法、违规现象频发。比如，有的产权交易所越权经营，从事超出授权范围的业务，有的产权交易所甚至规避现行法律规定，默许小额产权交易和连续竞价交易。

（2）国有企业混合所有制改革产权交易市场存在体制政策的约束。

第一，我国国有企业混合所有制改革产权交易市场存在行政管理体制障碍。国有经济多层行政委托代理关系，使国有企业产权关系模糊，一方面存在地方保护主义行为，在涉及税收、人事等地方利益时，可能导致产权跨地区、跨部门、跨所有制流动的障碍；另一方面政府干预过多，导致产生产权重组交易过程中的"拉郎配"现象。此外，产权不清晰纵容了产权代理者责任不到位或以权谋私行为的出现，导致国有资产流失。

第二，我国国有企业混合所有制改革产权交易市场存在金融制度约束。现行金融体制对企业并购和重组缺乏有效的融资渠道。在市场经济国家，企业并购有许多融资渠道，包括金融机构贷款、发行企业债券，杠杆收购等，其中，金融机构贷款是企业兼并的一个重要来源。在我国，目前兼并企业还无法通过直接借贷去兼并其他企业。

第三，我国国有企业混合所有制改革产权交易市场存在配套工程方面的约束。社会保障和再就业工程尚处于起步发展阶段，还不能满足资产重组的需要；财务会计制度上，目前国有企业混合所有制改革兼并后，许多企业还没有做财务合并报表，由此造成国有企业混合所有制改革并购过程中的重复征税问题，不利于国有企业混合所有制改革中的资产重组和结构调整。

（3）国有企业混合所有制改革产权交易市场发育机制不健全。

目前我国有利于高新科技风险投资的投资银行和二板市场建设滞后，不能为国有企业混合所有制改革产权交易提供更优质的平台。由于受到行政区划干预，产权交易所交易量增长受阻，企业产权进场进行公开、公正、规范交易缺乏法规强制性，且对违规交易行为处罚不力，助长违规交易蔓延。

此外，国有企业混合所有制改革还存在产权交易市场的组织协调不力和信息流通不畅、中介机构发育滞后等问题。一是国家没有一个强有力的统筹中央与地方关系、部门之间利益矛盾的机构来推进产权交易和资产重组工作，国有企业重组没有一个战略性统筹规划，缺乏宏观指导。二是国有企业混合所有制改革中各地区、各企业产权交流供求信息闭塞，尤其是有些交易主要是企业领导人或其主管部门领导凭自己的关系或直接掌握的有限对象进行交易选择，难免信息不足，选择范围过窄，既不利于国有资产的最优化组合和产权公平交易竞争，更限制了许多企业产权转让交易机会。三是国有企业混合所有制改革产权交易中介机构发育滞后，缺乏专门的信息服务企业提供兼并策划、并购咨询和合并财务报表等服务。

（4）国有企业混合所有制改革产权交易市场人才短缺。

我国国有企业混合所有制改革产权交易市场中的资本运营和产权运作人才缺乏。由于许多经理人员和国有资产管理领导人不了解资本运营业务，不熟悉如何通过资本运作，改善国有企业产业结构、资产结构，盘活闲置资产，不知如何策划上市，搞活国有经济，因而制约国有企业混合所有制改革产权重组进程。有的国有企业管理人员只是赶时髦，盲目重组、盲目改制，不了解重组作为国有企业混合所有制改革途径应具备的前提条件，不懂得并购重组与搞活国有企业的关系，不了解资产重组与管理重组的关系，没有充分估计国有企业混合所有制改革过程中的并购重组可能带来诸如观念整合、机构整合、人员整合的困难性，不能科学估计重组成本及有关负面影响，盲目投资并购。

（5）国有企业混合所有制改革产权交易市场法规体系不完善。

国有企业混合所有制改革产权交易市场法规体系不完善主要表现在：一是有些产权交易法规没有及时根据产权交易形式和内容的变化进行补充、修改，陈旧过时，不符合现实需要；二是产权法规缺乏统一规范性，多数是地方性规章，且各地做法不一；三是在资产评估确认的规范和监管方面缺乏科学性、严密性，容易造成国有资产低评或交易流失；四是国有企业混合所有制改革中的产权界定程序及标准不够细致、明确，不能适应现实改革需要，导致一些操作无法可依，出现随意行为；五是产权转让审批主体不明确，导致所有者缺位和各部门"甩包袱"推脱责任行为屡有发生。

（6）国有企业混合所有制改革产权交易市场缺乏统一的监管机制。

国有企业混合所有制改革产权交易市场监管存在两个极端问题，要么属于多重监管，要么属于无人监管。有的产权交易市场由多个机构共同监管，过多产权交易市场的存在也增加了系统运行成本和监管成本，加大了市场风险。此外，产权交易中非国有产权交易部分各地国资部门又无权对其进行监管，容易出现监管真空地带。统一的监管部门的缺乏使国有企业混合所有制改革产权信息被人为分割、产权交易分散。统一的监管制度的缺乏使产权交易没有统一、透明、科学的交易模式，使国有企业混合所有制改革交易过程中出现颇多问题，包括交易信息不公开、产权交易定价机制不合理、产权管理混乱等。

6.3 政府干预多，政策性负担重

国有企业混合所有制改革过程中存在政府干预过多、政策性负担较重的问题，具体表现如下：

（1）政府"拉郎配"和"一刀切"问题。

混合所有制改革，对于一部分企业固然是有好处的，但并不适用于所有企业。理论上，混合所有制改革本身应该是企业内生的需求，但在现实中，地方政府往往有着强烈的"过程干预冲动"。一方面，一些地方政府在短期政绩考核下往往急于求成，希望把某一个行业做大做强，通过兼并重组等混合所有制改革手段使得企业规模迅速变大，从而实现"世界五百强""中国五百强"企业等政绩目标和面子工程，有着强烈的内在冲动；另一方面，混合所有制改革中的一些企业往往是绩效表现相对较差的，这部分企业需要政府的救助，通过混合所有制改革可以使部分财政紧张的地方政府摆脱直接救助的责任，将之转嫁给绩效较好的混合所有制改革方。因此，政府官员常会为了实现政绩目标和个人意志，通过简单的行政命令来"强行撮合"企业混合所有制改革，采用"拉郎配"的方式对企业进行重组合并，甚至通过"无偿划拨"、不顾情况直接插手经营管理层任命等方式来推进，往往导致国有企业混合所有制改革效果较差。因此，在混合所有制改革过程中，一定要避免"拉郎配"式的改革。

（2）民企国有化和国有企业之间混合持股问题。

混合所有制改革的一个重要目的就是要在国有企业里引入民营资本，通过民营资本的进入和现代公司治理结构的改造，实现对国有企业运行体制的市场化改革。但现实中，可能会存在两个问题：第一，在经济下行期，民营企业普遍陷入信贷紧张和亏损的情形，而国有企业资金相对充裕，从而出现国有企业对于民营企业收购的情形；第二，一旦国有企业的混合所有制改革变成了一种任务，不得不进行，而政府官员和国有企业又预期到体制机制不健全可能会引发的国有资产流失的质疑。因此，为了既避免国有资产流失的责任，又避免不能完成任务考核的责任，所以采取国有企业之间互相持股的方式来实现混合所有制改革。表面上看，这两种方式也是混合所有制改革的一种形式，但是并不能够实现预想的改革国有企业体制、激发企业活力的目的。因此，混合所有制改革一定要注重民营资本的引入和现代公司治理结构的改造，真正实现市场化改革。

（3）国有企业混合所有制改革后陷入战略目标之争。

在国有企业进行了混合所有制改革之后，面临一个非常突出的难题，就是国有企业成分和民营企业成分之间的战略目标之争。在一个市场经济体系下，民营企业的资本是逐利的，其最主要的任务就是保证利润的最大化，保证资本的回报。但是国有企业可能会承担利润之外的责任和义务，一方面，国有企业可能会被要求承担政策性的负担，执行一些战略性的任务；另一方面，国有企业要承担一些社会性的负担，例如经济下行周期承担就业、社会保障等社会性功能。混合所有制企业因为既有民营资本的成分，又有国有资本的成分，这就导致其在具体执行的过程中，会产生企业战略性目标的分歧。如果这些目标是兼容的，那么尚且有可能设计出一套相对完善的体系兼顾多重目标。但是，从现实来看，这些目标之间往往有诸多冲突，导致混合所有制企业不可能同时完成多种目标，陷入发展战略的不确定性中。因此，在混合所有制改革前，就应尽量明确混合所有制企业的定位，如果混合所有制改革后的企业以战略性任务为主，则应保持国有的绝对控股地位，如果以国有资产收益为主，则国有持股比例不宜过大。

6.4 国有企业混合所有制改革后企业整合难度较大

国有企业混合所有制改革将不同性质的资本融入同一个企业，股权性质具有多元化特征，股东类型也更加复杂，如国有企业通过混合所有制改革引入民营资本、国外资本等，国有股东、非国有股东共同持股，而国有企业、民营企业等的经营模式、公司治理、文化氛围等存在较大差异，国有企业混合所有制改革后要将不同性质的资本和产权组合在一起，将全体股东拧成一股绳，为了企业共同的经营目标而努力，将存在较大难度。

（1）国有企业混合所有制改革后陷入控制权和利益分配之争。

混合所有制改革以后，除了战略目标之争外，还面临着另外一个问题，就是控制权和利益分配之争。产权的权益要依赖于控制权才能实现，脱离了控制权，使用权、经营权、转让权、收益权等权益都无从谈起，因而，企业中谁掌握了实际控制权，往往也就掌握了企业的实际产权。如果在混合所有制改革的同时，没有引入现代企业治理结构来实现对于权力的制衡，那么，混合所有制改革以后，企业团队就往往面临内部的控制权之争和利益之争。混合所有制改革后，新的经营团队究竟代表哪部分股权的利益？究竟应该谁说了算？如何形成互相之间的制衡、达成共识？如何处理国有股与民营股"同股不同权"的问题？获益后利益如何分配？所有这些问题，一旦处理不好，反而有可能使得混合所有制改革后企业的"内生交易成本"上升，绩效不升反降。因此，混合所有制改革的一个关键就是现代公司治理结构的改造，避免内部交易成本的上升。

（2）国有企业混合所有制改革后陷入国有企业、民营企业体制之争。

混合所有制改革之所以要被推出，一个重要的背景是国有企业内部体制相对僵化，在市场竞争中处于劣势，因此，混合所有制改革的目的在于通过引入民营资本，激活国有体制，实现效率的提升。但是，这并不意味着这样一个目的能够自动实现，恰恰相反，因为混合所有制改革后依然有相当大的国有股权成分，经营团队也会存在原来的国有企业运营团队，在混合所有制改革以后，如果不能实现机制的合理设计，企业经营难免会延续过去国有体制的一些做法。而传统国有企业的福利体制对员工具有相当大的吸引力，如果不能打破"铁饭碗""大锅饭"体制，真正实现"员工能进能出、岗位能上能下、薪酬能增能减"，那么，很有可能混合所有制改革后，会出现民营体制向国有企业体制靠拢，这反而有可能会使得生产效率下降，取得和预想相反的结果。因此，混合所有制改革的同时必须推进配套制度改革，通过市场化运行机制来保证混合所有制改革的绩效。

（3）国有企业混合所有制改革后文化整合难度大。

国有企业混合所有制改革完成了不同产权形式的融合，实现了股权结构多元化，但是，这只是完成了国有企业混合所有制形式上的改革。改革后的混合所有制企业将原来国有企业、民营企业等融合为一个新的企业，而原来的国有企业、民营企业等在经营理念、价值观取向、文化氛围等方面存在较大差异，如国有企业在经营过程中不单纯追求利润最大化，还会兼顾社会就业、社会保障等社会责任目标，而民营企业更加讲求的是效益最大化。此外，国有企业有一定的政治背景，对政府部门的依赖性较强，缺乏市场竞争力和市场活力，创新动力和能力均不足，缺乏竞争意识。而民营企业缺少政治背景，能够接受的政府部门的扶持相对较少，只有依靠自身竞争力才能在激烈的市场竞争中取得立足之地，民营企业具有更强的创新动力，创新意识和竞争意识更强。因此，国有企业和民营企业在经营目标、经营理念、管理方式、文化价值观等方面存在较大差异。改革后的混合所有制企业需要将具有不同文化背景的企业进行融合，为了改革后的混合所有制企业共同经营目标而努力。在此过程中，会产生不同价值观和文化理念的碰撞与摩擦，甚至会受到一些人员的排斥等。

第三部分

实证研究

第三部分

文书制度

第7章 国有企业混合所有制改革对盈余管理的影响研究

本章采用规范研究和实证研究相结合的研究方法，以2011—2018年我国沪深 A 股国有上市公司为研究对象，通过理论分析提出研究假设，并选取数据和样本，构建实证回归模型进行实证回归分析，验证了我国国有上市公司混合所有制改革对盈余管理的影响：我国国有上市公司混合所有制改革有助于弱化公司应计盈余管理行为，且国有上市公司混合所有制改革程度越深入，对应计盈余管理的弱化效应越明显；我国国有上市公司混合所有制改革对真实盈余管理的作用受混合所有制改革程度的影响，在国有企业混合所有制改革程度低时，国有上市公司混合所有制改革对真实盈余管理不会产生显著影响，而当国有企业混合所有制改革程度高时，国有上市公司混合所有制改革对真实盈余管理会产生显著负面影响，且国有企业混合所有制改革程度越大，对真实盈余管理的抑制作用越强。研究表明，我国国有上市公司混合所有制改革在抑制公司盈余管理行为、改善会计信息质量方面发挥了积极作用。在此基础上，提出相应的对策建议。

7.1 引言

近年来，我国上市公司屡屡曝光出各类财务舞弊、财务造假行为，从早期的银广夏虚构财务报表事件，到近年来的"獐子岛"事件、康美药业巨额财务舞弊等事件，无不说明我国资本市场上公司管理者、大股东等实际控制人为了自身利益最大化而不惜践踏会计准则制度的相关规定，人为操纵企业会计信息进行各种形式的盈余管理，进而损害了中小投资者等利益相关者的利益并损害了公司利益（毕金玲 等，2016）。企业盈余管理指的是公司管理层出于自利动机，在编制财务报表时，利用选择性会计准则、制度或者直接运用真实经济活动，来影响财务报表中的收入费用等盈利项目、资产负债等财务状况项目的确认与计量，以向外界披露管理层期望的财务信息，从而影响利益相关者对企业的价值判断及决策行为。企业的盈余管理水平反映了企业会计信息质量的高低，一直是理论界和实务界关注的热点话题。我国国有企业也不例外，国有企业由于自身特殊的制度背景，在经营过程中同时存在第一类管理者代理问题和第二类大股东代理问题，且由于所有者缺位，产生"内部人控制"问题，国有企业的实际控制人具有更大的信息优势，并且具有绝对的控制权，这就为其进行盈余管理提供了条件。

2020 年 5 月，《中共中央 国务院关于新时代加快完善社会主义市场经济体制的意见》指出要积极稳妥推进国有企业混合所有制改革，规范有序发展混合所有制经济。国有企业混合所有制改革自 20 世纪 90 年代提出，到现在的深化发展，历经三十多年的发展历程，取得了显著成效。很多研究认为国有企业混合所有制改革通过引入非国有资本，实现产权形式多元化，并在公司治理中引入非国有股东，不仅实现了产权形式的混合所有制改革，而且非国有股东可以参与国有企业经营管理，也实现了对国有控股股东的股权制衡，有助于抑制控股大股东牟取私利的掏空行为，从而降低大股东代理成本。同时，国有企业混合所有制改革引入了民营企业，在经营管理中有助于借鉴民营企业的经营管理机制，从而提高国有企业市场竞争活力。但是，目前很少有研究分析国有企业混合所有制改革对公司盈余管理的影响。国有企业混合所有制改革引入了对实际控制人具有制衡作用的非国有大股东，这些参与国有企业混合所有制改革的非国有大股东很多是机构投资者，机构投资者一般具有丰富的管理经验，可以对国有企业管理提供科学的建议和意见，且很多机构投资者是战略投资者，战略投资者往往希望通过对国有企业进行长期投资，获取长远的投资利益，因此，更加注重国有企业长远发展，会要求国有企业提供更加真实的会计信息，以避免盈余管理对国有企业市场形象和股价的负面影响。（机构投资者的专业水平更高，更容易发现国有企业的盈余管理行为。）那么，国有企业混合所有制改革是否能够降低国有企业的盈余管理水平呢？按照操作方式不同，盈余管理一般包括应计盈余管理和真实盈余管理。国有企业混合所有制改革对应计盈余管理和真实盈余管理又分别会产生什么影响呢？为了解决这些问题，本章以 2011—2018 年沪深 A 股国有企业为研究样本，专门研究我国国有企业混合所有制改革对国有企业应计和真实盈余管理水平的影响，并提出具体对策建议，以期丰富国有企业混合所有制改革经济效应的研究，并为国有企业混合所有制改革提供理论借鉴。

本章的研究贡献包括：

（1）目前国内外学者主要从公司管理者特征、内部治理、外部环境等方面研究公司盈余管理的影响因素（李远慧 等，2016；李增福 等，2012；王晓亮 等，2016；杨雪萍，2015；章卫东，2010；Barton et al.，2002；Cohen et al.，2010；Dechow et al.，2000），鲜有研究国有企业混合所有制改革对公司盈余管理的影响。本章研究国有企业混合所有制改革对公司盈余管理的影响，丰富了盈余管理影响因素的研究。

（2）以往研究大多分析国有企业混合所有制改革对国有企业股权结构、公司经营方式等方面的影响，较少研究国有企业混合所有制改革对盈余管理的影响，本章基于盈余管理视角，研究国有企业混合所有制改革的经济效应，并进一步分析国有企业混合所有制改革对不同种类盈余管理——应计盈余管理与真实盈余管理的影响，揭示了国有企业混合所有制改革对公司会计信息质量的影响，在一定程度上补充和完善了混合所有制改革经济效应的相关文献。

（3）目前对于国有企业混合所有制改革是否及如何影响盈余管理，理论界与实务界尚无定论。本章研究表明，国有企业混合所有制改革降低了公司盈余管理水平，有助于监管机构从会计信息质量的角度评估国有企业混合所有制改革的经济效应，从而制定相应的混合所有制改革政策，约束公司盈余管理行为，提高会计信息质量。

7.2 理论分析与假设提出

按照操作方式不同，盈余管理包括应计盈余管理和真实盈余管理两类。应计盈余管理指的是公司管理者为了实现特定目的，利用选择性会计政策或特定的会计处理方式对公司真实盈余状况进行调整的行为。真实盈余管理指管理层通过构造真实的交易或事项将公司盈余状况调整为自己所期望的水平，以实现特定目标的行为。无论应计盈余管理还是真实盈余管理，都没有违背会计准则或制度，但是这两种盈余管理行为却影响了企业的真实盈余状况，并且服务于管理者或实际控制人自身利益最大化的目标，在特定情况下产生对中小投资者等利益相关者不利的后果。国有企业混合所有制改革对盈余管理的影响，需要根据盈余管理类型的不同，分别进行分析。

7.2.1 国有企业混合所有制改革与应计盈余管理

我国国有企业从产权性质上属于国家出资设立，归国家所有，即归全体人民所有，全体人民不能直接行使对国有企业的经营管理权力，于是将经营权委托国务院和各级政府，而国务院和各级政府又将经营管理权委托国有资产监督管理委员会行使，最终国资委将国有企业经营管理权委托具体的管理层行使，管理层又进一步委托下级职能部门经理行使具体运营权。因此，与一般企业相比，国有企业的委托代理链条过长，股东和管理者之间的信息不对称程度更高，这就为管理者进行盈余管理提供了有利条件。同时，国有企业的股东为国家和各级政府，经营管理中存在所有者监督缺位问题，于是，国有企业的经营管理权和控制权落在了管理者手中，管理者是国有企业的实际控制人。根据理性经济人假设，管理者存在追求私人利益最大化的动机，而国有企业股东的目标是实现国有资本保值增值，股东和管理者利益目标不一致，且管理者具有明显的信息优势，国有企业股东不参与国有企业经营管理，不仅处于信息劣势地位，而且国有企业现金流权和控制权分离程度较大，国有企业股东具有剩余索取权，但是却没有实际控制权，而管理者具有实际控制权，但是没有剩余索取权，那么这种情况下，加大了管理者通过盈余管理谋取个人私利的动机。这是因为当管理者尽职尽责管理国有企业时，管理者会投入较多的时间、精力等，个人投入较大，但是最终的结果是国有企业经营业绩提升，利润增加，最大的受益方是国有企业股东，而管理者得到的只是固定的薪酬加绩效奖励，尤其国有企业很多管理者的薪酬比较稳定，通过个人努力改善公司业绩换取的奖励较少。如果管理者采取机会主义行为，即管理者利用职务之便追求过多的在职消费，也没有投入大量的时间和精力管理国有企业，此时会导致国有企业绩下滑，但是管理者具有明显的信息优势，且具有对公司的绝对控制力，那么为了掩盖个人失职导致的国有企业绩下降问题，往往就倾向采取比较方便、简单和成本低廉的应计盈余管理行为来粉饰业绩，以获取较高的业绩奖励。因此，国有企业内部人控制问题严重，往往存在不同程度的应计盈余管理行为。

国有企业混合所有制改革通过吸收非国有股东投资引入非国有投资者，一方面，实现了国有企业产权结构的多元化，股权制衡程度提高，非国有股东具有一定的投票权，改变了国有股"一股独大"的股权结构，同时非国有股东一般是民营企业或者机构投资者，资本具有逐利天性，无论是民营企业还是机构投资者投资国有企业的目的都是为了实现资本保值增值，增加投资收益。因此，民营企业股东或机构投资者股东都会积极行使手中的投票权，从而有助于国有企业做出更加科学的经营管理决策，有助于改善国有企业经营业绩水平。国有企业绩水平真正改善了，那么管理者也就不需要挖空心思进行应计盈余管理了，从而就会降低国有企业应计盈余管理水平。而且，国有企业混合所有制改革程度越大，即非国有股东持股比例越高，那么国有企业绩越好，非国有股东获利就越大，非国有股东参与国有企业经营管理的动机就越强，而此时非国有股东享有的国有企业投票权也越大，那么非国有股东参与国有企业经营管理的能力也越强，从而国有企业绩改善效果就越明显，那么管理者为了使国有企业实现预期的业绩水平所进行的应计盈余管理程度就越小。另一方面，国有企业混合所有制改革打破了原有的内部人控制局面，在公司治理中产生了不同声音，形成了对管理者的有效制衡。国有企业混合所有制改革引入的民营企业或机构投资者等非国有股东，持股比例超过 10% 就是非国有大股东，可以向公司董事会派出成员，从而非国有股东在公司经营管理中占有一席之地，改变了管理者"一言堂"局面，在一定程度上削弱了管理者对公司的控制力，管理者的应计盈余管理行为受到牵制。同时，持股比例较高的非国有股东在公司管理者中派出成员，使得非国有股东对公司经营状况有更全面、真实的了解，缓解了股东和管理者之间的信息不对称问题，降低了管理者的信息优势地位，使得管理者不能随心所欲从事应计盈余管理行为。因此，国有企业混合所有制改革有助于抑制国有企业管理者的应计盈余管理行为。国有企业混合所有制改革程度越大，即非国有股东持股比例越大，那么不仅非国有股东享有的投票权更大，而且非国有股东可以向公司派出更多的董事等管理人员，从而越能降低股东和管理者之间的信息不对称程度，对国有企业应计盈余管理的抑制程度越大。

基于此，提出如下研究假设：

假设 H1：国有企业混合所有制改革有助于抑制应计盈余管理行为，且国有企业混合所有制改革程度越高，对应计盈余管理的抑制程度越大。

7.2.2 国有企业混合所有制改革与真实盈余管理

与应计盈余管理不同，真实盈余管理通过构造真实的经济活动达到期望的盈余水平，因此，真实盈余管理的隐蔽性更强，更不容易被发现。但是要构造"完美"的交易或事项，需要企业管理当局投入较多的时间、精力，而且可能涉及更多的部门经理、业务人员等，产生的成本较高。当国有企业混合所有制改革程度不高时，引入的非国有资本数额较少，非国有股东持股比例较低，甚至不能向混合所有制改革后的国有企业派出管理人员，那么混合所有制改革引入的非国有股东一般属于中小股东。中小股东对管理层监督管理的动机和积极性，且中小股东在公司中缺少话语权，一般会采取"搭便车"行为。因此，混合所有制改革程度低时引入的非国有股东持股比例低，只能成为非国有中小股东，管理者受到的非国有股东的监督程度较小，从而不会对管理层采取真实盈余管理行为产生显著影响。而当国有企业混合所有制改革程度较大时，即引入的非国有股东持股比例较大，当持股比例超过 10% 的时候，可以向公司派出董事等管理人员，因此，可以成为非国有大股东。非国有大股东持股比例较高，对混合所有制企业的投资金额较高，一般属于机构投资者或民营企业，较高的投资金额说明投资目的不是简单获取股价溢价收益，而是希望长期持有国有企业股票，获取长久投资收益，更加关注公司长远发展。非国有大股东利益与公司价值密切相关，有更强的动机参与公司经营管理，而且非国有大股东可以向投资的国有企业派出管理人员，在企业中具有一定的话语权，能获取的信息也更全面，有能力对管理层进行全面的监督。在非国有大股东的高压监视下，管理层在公司的控制权遭到制衡，信息优势也被削弱，管理层进行复杂真实盈余管理的成本更高，被发现的风险也更大，进而使管理层进行真实盈余管理的行为减少。因此，国有企业混合所有制改革程度越大，非国有股东持股比例越高，非国有股东的投票权和话语权越大，那么非国有股东对管理层的制衡监督作用就越强，管理层进行真实盈余管理的难度就越大，此时混合所有制改革对真实盈余管理的抑制作用越强。

基于此，提出如下研究假设：

假设 H2：当国有企业混合所有制改革程度不高时，国有企业混合所有制改革对真实盈余管理行为没有显著影响，而当国有企业混合所有制改革程度较高时，国有企业混合所有制改革有助于抑制真实盈余管理行为，且国有企业混合所有制改革程度越高，对真实盈余管理的抑制程度越大。

7.3　研究设计

7.3.1　样本选择与数据来源

由于 2008 年爆发金融危机，为了避免金融危机的影响，选取金融危机 3

年之后的沪深 A 股国有上市公司样本进行研究。本章选择 2011 年 1 月 1 日至 2018 年 12 月 31 日这 8 年的沪深 A 股国有上市公司为样本，剔除金融保险类上市公司，删除 ST、PT 类上市公司，剔除财务数据异常的上市公司，手工收集补充财务数据缺失的样本，最终得到 7892 组公司 – 年度观测值数据，其中已实施混合所有制改革的为 4245 组，没有实施混合所有制改革的为 3647 组。本章国有上市公司混合所有制改革股权结构数据来自新浪财经网，财务报表数据来源于国泰安（CSMAR）、万得（Wind）数据库。采用 Excel 和 Stata14.0 软件对数据进行统计和回归分析。

7.3.2 变量定义

被解释变量是国有上市公司盈余管理，包括应计盈余管理和真实盈余管理，解释变量是国有上市公司是否进行混合所有制改革和国有上市公司混合所有制改革程度变量，控制变量有公司规模、公司成长性、偿债能力、盈利能力、流动性、审计质量及年度虚拟变量。

（1）应计盈余管理（Da）。

目前衡量应计盈余管理的模型有 Jones 模型、Healy 模型、DeAngelo 模型等。Jones 模型修正后最全面衡量了应计盈余管理的影响因素，实证研究中应用较多。因此，本章借鉴科萨里等（Kothari et al.，2005）的研究，采用修正的 Jones 模型衡量应计盈余管理水平。修正的 Jones 模型如下

$$\frac{\mathrm{Ta}_{i,t}}{A_{i,t-1}} = \beta_0 + \beta_1 \frac{1}{A_{i,t-1}} + \beta_2 \frac{\Delta \mathrm{Rev}_{i,t} - \Delta \mathrm{Rec}_{i,t}}{A_{i,t-1}} + \beta_3 \frac{\mathrm{Ppe}_{i,t}}{A_{i,t-1}} + \beta_4 \mathrm{Roa}_{i,t} + \varepsilon_{i,t} \quad （7\text{-}1）$$

$$\mathrm{Nda}_{i,t} = \beta_0 + \beta_1 \frac{1}{A_{i,t-1}} + \beta_2 \frac{\Delta \mathrm{Rev}_{i,t} - \Delta \mathrm{Rec}_{i,t}}{A_{i,t-1}} + \beta_3 \frac{\mathrm{Ppe}_{i,t}}{A_{i,t-1}} + \beta_4 \mathrm{Roa}_{i,t} + \varepsilon_{i,t} \quad （7\text{-}2）$$

$$\mathrm{Da}_{i,t} = \left| \frac{\mathrm{Ta}_{i,t}}{A_{i,t-1}} - \mathrm{Nda}_{i,t} \right| \quad （7\text{-}3）$$

其中，　$Ta_{i,t}$——国有上市公司 i 第 t 年的应计利润，应计利润是指当年净利润
　　　　　减去当年经营活动现金净流量；

$A_{i,t-1}$——国有上市公司 i 第 $t-1$ 年年末资产总额；

$\Delta Rev_{i,t}$——国有上市公司 i 第 t 年的营业收入变动额，即为当年营业收入
　　　　　发生额减去上一年营业收入发生额；

$\Delta Rec_{i,t}$——国有上市公司 i 第 t 年应收账款变动额，即为当年应收账款期
　　　　　末余额减去上一年应收账款期末余额；

$Ppe_{i,t}$——国有上市公司 i 第 t 年年末的固定资产账面价值；

$Roa_{i,t}$——国有上市公司 i 第 t 年总资产报酬率；

$Nda_{i,t}$——国有上市公司 i 第 t 年非操纵性应计利润；

$Da_{i,t}$——国有上市公司 i 第 t 年操纵性应计利润，即应计盈余管理。

将模型（7-1）分年度回归的系数代入模型（7-2），利用模型（7-2）计算
每家国有上市公司的非操纵性应计利润，将非操纵性应计利润代入模型（7-3），
计算得到每家国有上市公司的操纵性应计盈余管理。

（2）真实盈余管理（Rm）。

真实盈余管理可以从异常经营现金流、异常生产成本和异常酌量费用三个
方面来衡量。借鉴科恩和扎罗文（Cohen et al., 2010）模型来计算真实盈余管理。

① 异常经营现金流（Acfo）。异常经营现金流反映了上市公司对销售收入
的调节，计算模型为

$$\frac{Cfo_{i,t}}{A_{i,t-1}} = \beta_0 + \beta_1 \frac{1}{A_{i,t-1}} + \beta_2 \frac{Rev_{i,t}}{A_{i,t-1}} + \beta_3 \frac{\Delta Rev_{i,t}}{A_{i,t-1}} + \varepsilon_{i,t} \qquad （7\text{-}4）$$

$$Ncfo_{i,t} = \beta_0 + \beta_1 \frac{1}{A_{i,t-1}} + \beta_2 \frac{Rev_{i,t}}{A_{i,t-1}} + \beta_3 \frac{\Delta Rev_{i,t}}{A_{i,t-1}} + \varepsilon_{i,t} \qquad （7\text{-}5）$$

$$Acfo_{i,t} = \frac{Cfo_{i,t}}{A_{i,t-1}} - Ncfo_{i,t} \qquad （7\text{-}6）$$

其中，$Cfo_{i,t}$——国有上市公司 i 第 t 年经营活动现金流量净额；

$\mathrm{Rev}_{i,t}$——国有上市公司 i 第 t 年营业收入发生额；

$\mathrm{Ncfo}_{i,t}$——国有上市公司 i 第 t 年正常经营现金流；

$\mathrm{Acfo}_{i,t}$——国有上市公司 i 第 t 年异常经营现金流。

将模型（7-4）的回归系数代入模型（7-5），计算得到每家公司正常经营现金流，将每家公司正常经营现金流代入模型（7-6），计算得到异常经营现金流。

② 异常生产成本（Apro）。异常生产成本反映了上市公司对产品产量的调节，计算回归模型为

$$\frac{\mathrm{Pro}_{i,t}}{A_{i,t-1}} = \beta_0 + \beta_1 \frac{1}{A_{i,t-1}} + \beta_2 \frac{\mathrm{Rev}_{i,t}}{A_{i,t-1}} + \beta_3 \frac{\Delta\mathrm{Rev}_{i,t}}{A_{i,t-1}} + \beta_4 \frac{\Delta\mathrm{Rev}_{i,t-1}}{A_{i,t-1}} + \varepsilon_{i,t} \quad （7\text{-}7）$$

$$\mathrm{Npro}_{i,t} = \beta_0 + \beta_1 \frac{1}{A_{i,t-1}} + \beta_2 \frac{\mathrm{Rev}_{i,t}}{A_{i,t-1}} + \beta_3 \frac{\Delta\mathrm{Rev}_{i,t}}{A_{i,t-1}} + \beta_4 \frac{\Delta\mathrm{Rev}_{i,t-1}}{A_{i,t-1}} + \varepsilon_{i,t} \quad （7\text{-}8）$$

$$\mathrm{Apro}_{i,t} = \frac{\mathrm{Pro}_{i,t}}{A_{i,t-1}} - \mathrm{Npro}_{i,t} \quad （7\text{-}9）$$

其中，$\mathrm{Pro}_{i,t}$——国有上市公司 i 第 t 年营业成本；

$\mathrm{Npro}_{i,t}$——国有上市公司 i 第 t 年正常生产成本；

$\mathrm{Apro}_{i,t}$——国有上市公司 i 第 t 年异常生产成本。

将模型（7-7）回归系数代入模型（7-8），计算得到每家公司正常生产成本，将每家公司正常生产成本代入模型（7-9），计算得到异常生产成本。

③ 异常酌量费用（Aexp）。异常酌量费用反映了上市公司对酌量性销售费用和管理费用的调节，计算回归模型为

$$\frac{\mathrm{Exp}_{i,t}}{A_{i,t-1}} = \beta_0 + \beta_1 \frac{1}{A_{i,t-1}} + \beta_2 \frac{\mathrm{Rev}_{i,t-1}}{A_{i,t-1}} + \varepsilon_{i,t} \quad （7\text{-}10）$$

$$\mathrm{Nexp}_{i,t} = \beta_0 + \beta_1 \frac{1}{A_{i,t-1}} + \beta_2 \frac{\mathrm{Rev}_{i,t-1}}{A_{i,t-1}} + \varepsilon_{i,t} \quad （7\text{-}11）$$

$$\mathrm{Aexp}_{i,t} = \frac{\mathrm{Exp}_{i,t}}{A_{i,t-1}} - \mathrm{Nexp}_{i,t} \quad （7\text{-}12）$$

其中，$Exp_{i,t}$——国有上市公司 i 第 t 年销售费用与管理费用之和；

$Nexp_{i,t}$——国有上市公司 i 第 t 年正常酌量费用；

$Aexp_{i,t}$——国有上市公司 i 第 t 年异常酌量费用。

将模型（7-10）的回归系数代入模型（7-11），计算得到每家公司正常酌量费用，然后将每家公司正常酌量费用代入模型（7-12），计算得到异常酌量费用。

上市公司真实盈余管理水平就是异常经营现金流、异常生产成本和异常酌量费用的总和，而异常经营现金流和异常酌量费用与真实盈余管理水平呈反比例关系，而异常生产成本与真实盈余管理水平呈正比例关系。因此，真实盈余管理的计算公式为

$$Rm_{i,t} = Apro_{i,t} - Acfo_{i,t} - Aexp_{i,t} \qquad (7\text{-}13)$$

（3）国有企业是否进行了混合所有制改革和改革程度变量。

解释变量如下：

一是国有企业是否进行了混合所有制改革的变量（Nstate），借鉴顾妍（2017）的研究方法，若发生国有股东减持、其他资本增持进而形成股权转移，则认为已实施混合所有制改革并取值为1，否则未实施混合所有制改革并取值为0。

二是国有企业混合所有制改革程度变量，用非国有股东持股比例（PNstate）来衡量。非国有股东持股比例（PNstate）为国有上市公司前十大流通股股东中非国有股东持股比例之和，PNstate越大，说明国有企业混合所有制改革程度越大。

（4）控制变量。

很多研究证明，公司规模、公司成长性、偿债能力、盈利能力、流动性、审计质量及年度等因素都会影响盈余管理水平，因此，本章将选择这些变量作为控制变量。

各变量代码、名称及具体定义见表7-1。

表 7-1   变量名称及定义

变量	变量名称	变量定义
Da	应计盈余管理	根据修正的 Jones 模型，由模型（7-1）~（7-3）回归计算得到
Rm	真实盈余管理	根据模型（7-4）~模型（7-13）回归计算得到
Nstate	国有企业是否进行了混合所有制改革	Nstate=1，说明国有企业进行了混合所有制改革；Nstate=0，说明国有企业没有进行混合所有制改革
PNstate	国有企业混合所有制改革程度	国有上市公司前十大流通股股东中非国有股东持股比例之和
Size	公司规模	总资产期末账面价值的自然对数
Grow	公司成长性	（本年营业收入－上年营业收入）÷上年营业收入×100%
Lev	偿债能力	负债总额÷资产总额×100%
Eps	盈利能力	净利润÷总股数×100%
Cfo	经营现金流量	经营活动产生的现金流量净额÷年末总资产
Audit	审计质量	中国注册会计师协会排名前十的会计师事务所取值为1，非前十取值为0
Year	年度	年度虚拟变量

7.3.3   模型构建

为验证假设 H1，以国有企业是否进行了混合所有制改革（Nstate）和国有企业混合所有制改革程度（PNstate）为解释变量，以应计盈余管理为被解释变量，分别构建回归模型（7-14）和模型（7-15），研究国有企业混合所有制改革对应计盈余管理的影响。考虑到国有企业混合所有制改革对应计盈余管理产生影响可能具有滞后性，因此，选择国有企业混合所有制改革的下一年的应计盈余管理作为被解释变量。

$$Da_{i,t+1} = \alpha_0 + \alpha_1 Nstate_{i,t} + \alpha_2 Size_{i,t} + \alpha_3 Grow_{i,t} + \alpha_4 Lev_{i,t} + \alpha_5 Eps_{i,t} +$$
$$\alpha_6 Cfo_{i,t} + \alpha_7 Audit_{i,t} + \sum Year_{i,t} + \varepsilon_{i,t} \tag{7-14}$$

$$Da_{i,t+1} = \alpha_0 + \alpha_1 PNstate_{i,t} + \alpha_2 Size_{i,t} + \alpha_3 Grow_{i,t} + \alpha_4 Lev_{i,t} + \alpha_5 Eps_{i,t} +$$
$$\alpha_6 Cfo_{i,t} + \alpha_7 Audit_{i,t} + \sum Year_{i,t} + \varepsilon_{i,t} \tag{7-15}$$

为验证假设 H2，以国有企业是否进行了混合所有制改革（Nstate）和国有企业混合所有制改革程度（PNstate）为解释变量，以真实盈余管理为被解释变量，分别构建回归模型（7-16）和（7-17），研究国有企业混合所有制改革对真实盈余管理的影响。考虑到国有企业混合所有制改革对真实盈余管理产生影响可能具有滞后性，因此，选择国有企业混合所有制改革的下一年的真实盈余管理作为被解释变量。

$$
\begin{aligned}
\mathrm{Rm}_{i,t+1} = {} & \alpha_0 + \alpha_1 \mathrm{Nstate}_{i,t} + \alpha_2 \mathrm{Size}_{i,t} + \alpha_3 \mathrm{Grow}_{i,t} + \alpha_4 \mathrm{Lev}_{i,t} + \alpha_5 \mathrm{Eps}_{i,t} + \\
& \alpha_6 \mathrm{Cfo}_{i,t} + \alpha_7 \mathrm{Audit}_{i,t} + \sum \mathrm{Year}_{i,t} + \varepsilon_{i,t}
\end{aligned}
\tag{7-16}
$$

$$
\begin{aligned}
\mathrm{Rm}_{i,t+1} = {} & \alpha_0 + \alpha_1 \mathrm{PNstate}_{i,t} + \alpha_2 \mathrm{Size}_{i,t} + \alpha_3 \mathrm{Grow}_{i,t} + \alpha_4 \mathrm{Lev}_{i,t} + \alpha_5 \mathrm{Eps}_{i,t} + \\
& \alpha_6 \mathrm{Cfo}_{i,t} + \alpha_7 \mathrm{Audit}_{i,t} + \sum \mathrm{Year}_{i,t} + \varepsilon_{i,t}
\end{aligned}
\tag{7-17}
$$

7.4 实证检验与分析

7.4.1 描述性统计分析

通过对 7892 组观察值进行描述性统计分析，了解各变量均值、标准差、最值、中位数等基本情况（表 7-2）。

表 7-2　主要变量的描述性统计分析

变量名	均值	标准差	最小值	最大值	中位数
Da	0.0807	0.0812	0.0001	0.4509	0.1416
Rm	−0.0279	0.3771	−7.6521	0.8421	0.0089
Nstate	0.5379	0.4673	0.0000	1.0000	1.0000
PNstate	0.1452	0.1399	0.0124	0.6341	0.0926
Size	21.7231	1.1203	19.1460	26.0996	21.6654
Grow	0.1754	0.3490	−0.9134	3.0987	0.1345
Lev	0.4405	0.1762	0.0243	0.8786	0.4521
Eps	0.2909	0.3752	−1.8640	2.5080	0.2537

变量名	均值	标准差	最小值	最大值	中位数
Cfo	0.0573	0.0795	−0.2344	0.2959	0.0577
Audit	0.5897	0.4809	0.0000	1.0000	1.0000

从表 7-2 可以看出，应计盈余管理（Da）、真实盈余管理（Rm）的均值都不为 0，标准差都相对较大，说明我国国有上市公司存在不同程度的应计盈余管理（Da）和真实盈余管理（Rm）行为。国有上市公司是否进行混合所有制改革的变量 Nstate 均值为 0.5379，标准差为 0.4673，最小值为 0.0000，最大值为 1.0000，中位数为 1.0000，说明有 53.79% 的国有上市公司进行了混合所有制改革，进行了混合所有制改革的国有上市公司已经过半数。国有上市公司混合所有制改革程度的变量 PNstate 均值为 0.1452，说明进行了混合所有制改革的国有上市公司中非国有股持股比例均值为 14.52%，由于超过 10% 就可以向公司派出管理人员，说明大多数国有上市公司混合所有制改革程度深化，在公司中具有一定的话语权，标准差为 0.1399，最小值为 0.0124，最大值为 0.6341，中位数为 0.0926，说明国有上市公司混合所有制改革程度存在显著差异。公司规模（Size）均值为 21.7231，且标准差大，说明我国国有上市公司规模存在显著差异。公司成长性（Grow）均值为 0.1754，标准差为 0.3490，最小值为 −0.9134，最大值为 3.0987，中位数为 0.1345，说明我国国有上市公司平均增长率为 17.54%，大部分国有上市公司成长能力良好，但是不同国有公司之间存在较大差异，大部分是正增长，但有少数是负增长。偿债能力（Lev）均值为 0.4405，标准差为 0.1762，最小值为 0.0243，最大值为 0.8786，中位数为 0.4521，说明我国国有上市公司资产负债率平均为 44.05%，中位数低于 50%，我国国有上市公司偏好股权融资，负债融资比重稍低，最大值和最小值差异较大，我国国有上市公司偿债能力差异较大。盈利能力（Eps）均值为正且为 0.2909，中位数为 0.2537，说明我国国有上市公司平均每股收益为 0.2909 元，国有上市公司盈利能力良好，标准差为 0.3752，

最小值为 −1.8640，最大值为 2.5080，说明我国国有上市公司盈利能力之间存在不同程度的差异。流动性（Cfo）均值为 0.0573，标准差为 0.0795，最小值为 −0.2344，最大值为 0.2959，中位数为 0.0577，说明我国国有上市公司的经营活动大多都能产生正的现金流，但是有些公司的现金流是负的，国有上市公司之间的流动性差异较大。审计质量（Audit）均值为 0.5897，说明我国有58.97% 的国有上市公司由中国注册会计师协会网站上排名前十的会计师事务所审计。

7.4.2　样本均值 t 检验

为了检验我国国有上市公司是否存在应计盈余管理与真实盈余管理行为，对样本的两类盈余管理进行均值 t 检验，检验结果见表 7-3。

表 7-3　应计盈余管理与真实盈余管理均值 t 检验

变量名	均值	标准差	均值标准误	t 值	Sig 值
Da	0.0807	0.0812	0.0024	1.7103	0.0354
Rm	−0.0279	0.3771	0.0130	−2.9873	0.0087

从表 7-3 可以看出，应计盈余管理与真实盈余管理均值 t 检验结果中，应计盈余管理（Da）、真实盈余管理（Rm）的 p 值均小于 5%，说明我国国有上市公司明显存在应计盈余管理与真实盈余管理行为。

7.4.3　多重共线性检验

利用 Stata14.0 统计软件进行多重共线性检验，具体结果见表 7-4。

表 7-4 变量间的 PEARSON 相关系数及 Sig 值

变量	Da	Rm	Nstate	PNstae	Size	Grow	Lev	Eps	Cfo	Audit
Da	1.0000									
Rm	0.0988	1.0000								
Nstate	-0.0982*	-0.1327	1.0000							
PNstate	-0.1524*	-0.1136	0.0367	1.0000						
Size	-0.0321**	0.0287	0.2108*	0.1097*	1.0000					
Grow	-0.0046	-0.0623**	0.1982*	0.1328*	-0.08141**	1.0000				
Lev	0.2109*	0.0809**	-0.1021	-0.0092	0.4809***	-0.0507	1.0000			
Eps	-0.3451**	-0.3021***	0.0986	0.0076	0.1098***	0.1902***	-0.1709***	1.0000		
Cfo	-0.2103	-0.1432***	0.1097*	0.2198	0.3699***	-0.0059	0.1289***	0.2763***	1.0000	
Audit	-0.0389*	-0.0598*	0.0823	0.1562	0.0544	-0.0351	0.0231	0.0146	0.0328	1.0000

***、**、* 分别表示在 1%、5% 和 10% 的水平上显著。

根据表 7-4，各解释变量和控制变量间的 PEARSON 相关系数绝对值最大的是 0.4809，其他 PEARSON 相关系数绝对值都小于 0.4，因此，各变量间不存在多重共线性问题。国有企业混合所有制改革变量 Nstate 和国有企业混合所有制改革程度变量 PNstate 与应计盈余管理变量 Da 的相关系数分别为 −0.0982和 −0.1524，且都在 10% 的水平上显著，说明国有企业混合所有制改革和国有企业混合所有制改革程度与应计盈余管理都是显著负相关的，初步验证假设H1。国有企业混合所有制改革变量 Nstate 和国有企业混合所有制改革程度变量PNstate 与真实盈余管理变量 Rm 的相关系数都为负数，但是并不显著，说明国有企业混合所有制改革与真实盈余管理的关系可能存在内部异质性，因此，后面会通过分组进一步验证国有企业混合所有制改革和国有企业混合所有制改革程度与真实盈余管理的关系。

7.4.4　多元回归分析

（1）国有企业混合所有制改革与应计盈余管理的多元回归分析。

为了验证假设 H1，对多元回归模型（7-14）、（7-15）进行回归分析，结果见表 7-5。

表 7-5　国有企业混合所有制改革与应计盈余管理多元回归分析

变量	Da	
	模型（7-14）	模型（7-15）
Nstate	−0.0124*** (−2.79)	
PNstate		−0.1041** (−2.02)
控制变量	控制	控制
截距项	−0.2155*** (−7.51)	−0.2039*** (−9.51)
调整 R^2	0.2598	0.2677

变量	Da	
	模型（7-14）	模型（7-15）
样本量	7892	4245
F	39.33	38.21

***、**、*分别代表在 1%、5% 与 10% 的水平上显著，括号内数字为 t 值。

根据表 7-5，回归模型（7-14）、（7-15）的 F 值分别为 39.33 和 38.21，p 值为 0.0000，说明模型整体回归效果较好，调整 R^2 分别为 0.2598 和 0.2677，说明模型整体拟合程度好，模型变量具有较高解释力。国有公司是否进行混合所有制改革的变量 Nstate 的回归系数为 -0.0124，且在 1% 的水平上显著为负，说明我国国有上市公司混合所有制改革与应计盈余管理显著负相关，即我国国有上市公司混合所有制改革对应计盈余管理具有显著的抑制作用，我国国有上市公司混合所有制改革在改善公司会计信息质量方面发挥了积极作用。国有企业混合所有制改革程度的变量 PNstate 的回归系数为 -0.1041，且在 5% 的水平上显著为负，说明我国国有上市公司混合所有制改革程度与应计盈余管理显著负相关，即我国国有上市公司混合所有制改革程度越深入，对应计盈余管理的抑制作用越大，因此，应该继续深化我国国有上市公司混合所有制改革。该结果验证了前文提出的研究假设 H1。

（2）国有企业混合所有制改革与真实盈余管理的多元回归分析。

为了验证假设 H2，对多元回归模型（7-16）、（7-17）进行回归分析，结果见表 7-6。

表 7-6　国有企业混合所有制改革程度与真实盈余管理多元回归分析

变量	Rm			
	模型（7-16）	模型（7-17）		
	全样本	全样本	国有企业混合所有制改革程度低	国有企业混合所有制改革程度高
Nstate	-0.1309 （-0.0987）			

变量	模型（7-16）	模型（7-17）		
	全样本	全样本	国有企业混合所有制改革程度低	国有企业混合所有制改革程度高
		Rm		
PNstate		−0.1429 （−0.1098）	−0.1391 （−0.0981）	−0.1044** （−2.05）
控制变量	控制	控制	控制	控制
截距项	−0.1034*** （−9.58）	−0.2934*** （−7.89）	−0.2831*** （−8.02）	−0.2033*** （−6.09）
调整 R^2	0.2511	0.2494	0.2417	0.2358
样本量	7892	4245	2337	1908
F	35.81	34.37	37.61	36.76

***、**、* 分别代表在 1%、5% 与 10% 的水平上显著，括号内数字为 t 值。

根据表 7-6，首先对全体样本进行回归分析，模型（7-16）、（7-17）全样本回归结果中，国有企业混合所有制改革及程度的变量 Nstate 和 PNstate 的回归系数均不显著，说明国有企业混合所有制改革与真实盈余管理的关系可能存在内部分组差异。根据前文理论分析，国有企业混合所有制改革与真实盈余管理的关系与国有企业混合所有制改革程度有关，因此，将全样本分为国有企业混合所有制改革程度低和国有企业混合所有制改革程度高两组样本。具体区分时，由于当国有企业混合所有制改革引入的非国有股东持股比例超过 10% 的时候，可以向公司派出董事等高级管理人员，此时引入的是非国有大股东，可以实现对国有股东的有效制衡，充分发挥监督作用，因此，按照非国有股东持股比例是否达到 10% 进行分组。当非国有股东持股比例（PNstate）达到或超过 10%，则属于国有企业混合所有制改革程度高的分组，反之，则属于国有企业混合所有制改革程度低的分组。

分组后，在国有企业混合所有制改革程度低的样本组，国有企业混合所有制改革程度（PNstate）的回归系数不显著，说明国有企业混合所有制改革程度低时，国有企业混合所有制对公司真实盈余管理没有显著影响。在国有企业混合所有制改革程度高的样本组，国有企业混合所有制改革程度（PNstate）的回归系数为 −0.1044，且在 5% 的水平上显著，说明国有企业混合所有制改革程度高时，国有企业混合所有制有助于抑制真实盈余管理，且国有企业混合所有制程度越大，对真实盈余管理的抑制作用越大，验证了研究假设 H2。

7.4.5　稳健性检验

为了提高研究的可靠性，采用如下方法进行稳健性检验：

一是将解释变量滞后 2 期进行回归。在前文主回归检验中，将国有企业混合所有制改革滞后 1 期进行回归，在该部分进一步将国有企业混合所有制改革滞后 2 期，再次进行回归分析，回归结果与前文基本一致。

二是替换部分控制变量进行回归分析。用所有者权益期末账面价值的自然对数代表公司规模，将净利润增长率代表公司成长性，用权益净利率衡量公司盈利能力，用是否属于国际四大衡量审计质量，再次进行回归检验，所得结果与前文基本一致。

三是采用双向固定效应模型缓解内生性问题。由于国有企业混合所有制改革与盈余管理可能存在遗漏变量导致的内生性问题。为了缓解该内生性问题，进一步控制年度和行业虚拟变量，采用双向固定效应模型进行回归分析，回归结果没有实质性改变。

通过上述三种方法进一步验证了前文研究假设和研究结论。由于篇幅原因，不在此列出稳健性检验结果。

7.5　实证结论及政策建议

7.5.1　实证结论

本章以 2011—2018 年我国沪深 A 股国有上市公司为研究对象，构建实证回归模型考察国有上市公司混合所有制改革对盈余管理行为的影响。结论包括：

①我国国有上市公司混合所有制改革有助于弱化公司应计盈余管理行为，且国有上市公司混合所有制改革程度越深入，对应计盈余管理的弱化效应越明显；②我国国有上市公司混合所有制改革对真实盈余管理的作用受混合所有制改革程度的影响，在国有企业混合所有制改革程度低时，国有上市公司混合所有制改革对真实盈余管理不会产生显著影响，而当国有企业混合所有制改革程度高时，国有上市公司混合所有制改革对真实盈余管理会产生显著负面影响，且国有企业混合所有制改革程度越大，对真实盈余管理的抑制作用越强。该部分研究表明，我国国有上市公司混合所有制改革在抑制公司盈余管理行为，改善会计信息质量方面发挥了积极作用。

7.5.2　政策建议

根据本章研究结果，提出如下政策建议：

第一，积极推进我国国有上市公司混合所有制改革。本章从盈余管理角度验证了国有企业混合所有制改革的积极效应，而且根据该部分研究结论，国有企业混合所有制改革程度越深入，对盈余管理的抑制效应越强。因此，政府部门应继续颁布实施关于深化国有企业混合所有制改革的政策制度，为国有企业混合所有制改革提供具体的政策指引。国有企业应该认真贯彻落实政府部门混合所有制改革的政策，积极通过定向增发、股权激励、员工持股计划、并购重组等多种方式引入民营企业、机构投资者等非国有资本，实现股权结构多元化。同时，尽可能引进战略投资者，因为战略投资者资金实力雄厚，一般以长期投资为目的，会为国有企业注入大量资金，且会积极参与公司治理，具有更多的专业知识，也会对公司经营和投资决策提出更加科学的建议，会深化国有企业混合所有制改革程度。

第二，国有企业混合所有制改革要做深做细。有的国有企业混合所有制改革流于形式，只是象征性地引入非国有资本，但是引入的非国有资本有限，不能对控股股东形成有效的股权制衡。因此，国有企业应该积极引进非国有大股东，即持股比例较高的大股东，一方面，可行形成股权制衡，缓解国有股"一股独大"问题；另一方面，可以参与国有企业经营管理，打破实际控制人"一言堂"局面。

第三，完善国有企业高管选聘和激励机制。我国很多国有企业高管是上级部门直接委派，很多甚至担任行政职务，并没有经营管理企业的经验，专业能力不高，在管理国有企业时更加注重个人晋升及政治目标的实现，对国有企业经营效率、盈利能力等方面的重视不足，且职业道德水平不高，导致发生盈余管理行为。通过完善高管选聘机制，从职业经理人市场聘任职业经理人，以提高国有企业高管的专业水平，且弱化其政治目的，同时，在薪酬激励方面可以赋予经理人一定的股票期权等，采用股权激励方式，促进经理人对国有企业保值增值的重视，激励其努力工作，改善国有企业绩水平，并提高其职业道德，减少盈余管理等机会主义行为。

第 8 章　国有企业混合所有制改革对资本成本的影响研究

本章以 2011—2018 年我国沪深 A 股国有上市公司为研究对象，通过理论分析提出研究假设，构建实证回归模型进行实证回归分析，考察国有上市公司混合所有制改革对权益资本成本和债务资本成本的影响。结论包括：我国国有上市公司混合所有制改革与权益资本成本和债务资本成本都显著负相关，说明在降低国有公司权益资本成本和债务资本成本方面，我国国有上市公司混合所有制改革发挥了积极作用；我国国有上市公司混合所有制改革程度与权益资本成本和债务资本成本的关系存在内部差异性。当我国国有上市公司混合所有制改革程度低时，国有上市公司混合所有制改革程度无论对权益资本成本，还是对债务资本成本，都没有显著影响，而当我国国有上市公司混合所有制改革程度高时，国有上市公司混合所有制改革程度与权益资本成本和债务资本成本都显著负相关，说明只有当我国国有上市公司混合所有制改革深度和广度达到一定水平时，才能在降低公司权益资本成本和债务资本成本方面发挥积极作用。在此基础上，提出相应的对策建议。

8.1　引言

筹资活动作为企业的三大财务活动之一，可以为企业经营活动提供所需要的资金，筹资活动筹集的资金影响着企业的资金实力，也为企业经营活动和投资活动提供资金来源。因此，筹资活动对企业的生产发展至关重要。企业的筹资活动包括权益筹资和债务筹资两类，无论哪种筹资活动都需要企业支付一定的资金使用成本，即资本成本。企业使用权益筹资方式支付给股东的股利、红利等就是权益资本成本。企业使用债务融资方式支付给债权人的利息等就属于债务资本成本。资本成本反映了企业为了使用筹集的资金而付出的代价。资本成本属于企业的一项费用支出，不仅影响企业现金流量，而且影响企业利润。因此，如何在保证风险不变的条件下，降低企业资本成本是企业重要的财务决策。近年来，越来越多的学者研究了企业权益资本成本或债务资本成本的影响因素，包括外部制度环境（汪平 等，2020）、资本市场风险（胡松明 等，2019）、内部股权结构（邹颖 等，2020）、管理层特征（杨宝 等，2019；甘丽凝 等，2019）、公司治理（Jensen et al.，1976；孙多娇 等，2018）、内部控制（单晨萱 等，2019）等因素。目前学者的研究主要关注公司内外部的某一静态特征对资本成本的影响，很少有学者研究动态的特定事件对资本成本的影响。

资本成本的高低取决于筹资风险的大小，而筹资风险又受到企业资本结构的影响。当前国有企业如火如荼地开展的混合所有制改革就是在国有企业原有的资本结构中引入外部非国有资本，实现股权结构多元化，从而引起国有企业资本结构的变化。那么，国有企业混合所有制改革会进一步影响企业的资本成本吗？目前很少有学者研究国有企业混合所有制改革这一动态事件对其资本结构的影响。

基于以上考虑，本章以我国国有企业混合所有制改革为制度背景，研究其对国有企业权益资本成本和债务资本成本的影响。通过理论分析和实证检验证明，我国国有企业混合所有制改革有助于降低权益资本成本和债务资本成本。进一步通过分组检验证明，国有企业混合所有制改革对权益资本成本和债务资本成本的影响随着国有企业混合所有制改革程度的不同而不同。当国有企业混合所有制改革程度低时，国有企业混合所有制改革对权益资本成本和债务资本成本没有显著影响，而当国有企业混合所有制改革程度较高时，则会显著降低权益资本成本和债务资本成本，且国有企业混合所有制改革程度越高，权益资本成本和债务资本成本下降越多。

本章的研究贡献包括：

（1）目前国内外学者主要研究了外部制度环境、资本市场风险、内部公司治理、管理层特征及内部控制等静态因素对企业权益资本成本或债务资本成本的影响（单晨萱 等，2019；晏维龙 等，2016），鲜有研究动态事件对企业资本成本的影响。本章研究了我国国有企业混合所有制改革这一特定的动态事件导致的股权结构的动态调整对国有企业权益资本成本和债务资本成本的影响，丰富了国有企业权益资本成本和债务资本成本影响因素的研究。

（2）目前文献主要从公司治理、公司绩效等方面研究国有企业混合所有制改革的经济效应问题，较少研究国有企业混合所有制改革对公司权益资本成本和债务资本成本的影响。本章基于资本成本视角，研究国有企业混合所有制改革的经济效应，并进一步分析国有企业混合所有制改革对不同种类资本成本——权益资本成本和债务资本成本的影响，在一定程度上补充和完善了混合所有制改革经济效应的相关文献。

（3）目前对于国有企业混合所有制改革是否及如何影响企业资本成本，理论与实务界尚无定论。本章研究表明，国有企业混合所有制改革降低了公司权益资本成本和债务资本成本，有助于监管机构从融资成本的角度评估国有企业混合所有制改革的经济效应，从而制定相应的混合所有制改革政策，以进一步降低国有企业资本成本，提高国有企业绩效。

8.2　理论分析与假设提出

企业资本成本按照性质不同，分为权益资本成本和债务资本成本。权益资本成本是权益投资者因为向企业提供权益资金而要求的最低报酬率。债务资本成本则是债权人因为向企业提供债务资金使用权而要求的最低回报率。这两类资本成本存在本质的不同。权益融资方式下，投资者提供的权益资金可以供企业长久使用，权益投资者一旦提供权益资金就要供企业长久使用，不得撤回，而权益投资者成为企业的股东或所有者，享有企业投票权，可以参与企业的经营管理，并且具有剩余权益索取权，可以参与企业的利润分配，但是所有者要承担企业的经营风险，如果企业经营失败，投资者不仅不可能收到投资回报，而且有可能损失投资本金。然而，债务融资则不同。在债务融资方式下，债权人提供的是债务资金，需要企业按期还本付息，无论企业经营状况如何，债权人都要收取固定的利息，到期要收回本金，即使企业破产倒闭，丧失偿债能力，债权人也具有优先求偿权。在企业面临破产倒闭时，要优先满足债权人的资金需求，然后有剩余财产再满足所有者索取权要求。因此，所有者承担的投资风险高于债权人，根据资本市场风险收益法则，所有者要求的资金回报率也要高于债权人要求的回报率。对应地，企业承担的权益资本成本就要高于债务资本成本。此外，企业承担的权益资本成本和债务资本成本面向的求偿主体不同，权益资本成本和债务资本成本分别针对所有者和债权人这两类性质完全不同的资金提供方。因此，本章分别研究国有企业混合所有制改革对权益资本成本和债务资本成本的影响。

8.2.1 国有上市公司混合所有制改革与权益资本成本

与国外不同，我国国有企业更加偏好权益融资方式，因为权益融资筹集的资金可供企业永久使用，没有到期日，不需要偿还，而且权益融资方式下，是否支付股利以及支付多少股利取决于企业自身经营状况和财务实力，不具有强制性。但是权益融资成本一般较高，企业在进行权益融资时会重点考虑权益资本成本水平。投资者对企业进行权益投资后要承担企业的经营风险，而投资者对企业经营状况及未来发展风险不了解，从而要求企业为投资者承担的投资风险进行补偿，这种补偿就是权益资本成本。因此，权益资本成本的大小取决于双方之间的信息不对称程度和被投资企业的经营风险。而国有上市公司混合所有制改革具有信息治理效应和降低经营风险作用，从而在这两方面降低公司权益资本成本。

（1）国有上市公司混合所有制改革的信息治理效应。

根据信息传递理论，权益资本成本的高低受投资者和企业之间的信息不对称程度的影响。投资者和企业之间的信息不对称程度越高，说明企业的会计信息透明度越低，企业披露的会计信息质量越差。投资者对企业的经营状况知之甚少，企业在信息披露时刻意隐瞒了不利消息，甚至对外披露的是经过盈余操纵之后的虚假信息，那么就会误导投资者决策，使得投资者投资在风险较高的企业。因此，为了弥补承担的信息不确定性导致的潜在风险，投资者会提高要求的回报率。而国有上市公司进行混合所有制后，引入了具有不同产权性质的股东，产生如下三方面的信息治理效应：第一，非国有股东享有投票权，实现了股权制衡度的提高，可以参与国有公司的经营管理，从而使得非国有股东更加了解国有企业真实经营状况，改善了非国有股东等全体股东掌握的信息质量，降低了股东和国有企业之间的信息不对称程度。第二，当混合所有制改革引入的非国有股东持股比例达到 10% 的时候，可以向混合所有制企业派出董事等高管人员，从而实现对高管人员的有效监督，减少了高管人员操纵信息、盈余管理等机会主义行为，提高了国有企业对外披露的信息质量，进一步改善了潜在投资者和国有企业之间的信息不对称程度。第三，国有企业混合所有制改革引入非国有股东向外界传递了有利信息。国有企业混合所有制改革引入的非国有股东包括：民营企业、机构投资者、外商投资者、自然人股东等，且以机构投资者中的战略投资者居多。引入多种类型的股东向外界传递了国有公司通过混合所有制改革改善公司治理的决心，且说明公司的发展更多地依赖全体股东，而不是少数国有大股东。因此，向外界传递了公司兼顾全体股东利益的发展理念，提高了外界投资者对混合所有制改革国有企业的认可度和好感度，且向外部投资者传递了通过混合所有制改革引入多种类型外部股东以加强公司监督管理、提高信息披露质量的信号。因此，国有上市公司混合所有制改革有助于改善国有公司信息披露质量并向外界传递有利信息，从而降低投资者要求的权益回报率。

（2）国有上市公司混合所有制改革的降低经营风险作用。

根据风险补偿原理，投资者投资的企业经营风险越高，投资者投资的风险也越大，即投资后资本侵蚀风险越高，投资收益性越小。因此，为了弥补未来可能面临的投资损失，投资者会要求更高的权益报酬率。而国有上市公司混合所有制改革引入多种类型的非国有股东，共同参与企业经营管理，有助于改善公司经营状况，降低经营风险，从而降低投资者要求的股权回报率。首先，国有上市公司混合所有制改革引入的外部股东具有不同的经营管理优势，与国有企业实现优势互补。国有企业混合所有制改革引入的外部股东主要包括民营资本和机构投资者。民营企业具有较高的市场竞争意识和发展活力，有助于改变国有企业刻板单一的经营模式，促使国有企业积极参与市场竞争，提高自身竞争力。而机构投资者具有丰富的管理经验和较高的专业知识水平，可以为国有企业经营管理出谋划策，提高国有企业经营决策的科学性，降低经营失败风险。其次，国有企业混合所有制改革引入的外部股东有较强的动机参与企业经营管理，加强对管理者的监督，减少国有企业内部人腐败和道德风险问题，当非国有股东持股达到 10% 的时候，可以派出高管人员，提高国有企业高管团队的专业水平，弱化国有公司高管政绩观，降低国有公司政策性负担，提高国有企业经营管理水平。因此，国有企业混合所有制改革有助于降低国有公司经营风险，而经营风险降低之后，投资者要求的权益资本成本也就降低了。

鉴于上述分析，提出如下研究假设：

假设 H3：国有上市公司混合所有制改革有助于降低国有公司权益资本成本。

国有上市公司混合所有制改革涉及国有公司内部股权结构的调整和控制权的再分配，并且会形成对国有企业大股东和高管人员的监督和制衡，直接或间接地影响其利益，自然会面临一定的阻力。比如，目前有的国有上市公司混合所有制改革流于形式，进行混合所有制改革只是为了应付上级政府部门的号召，采取简单走过场的方式敷衍了事，只是象征性地引入了外部股东，但是这些股东大多属于中小股东，无权参与国有公司经营管理，混合所有制改革后实际控制人的权力和地位不受影响，只是做了些无关痛痒的表面功夫，国有公司治理和经营管理存在的问题并不能得到有效解决，改革后效果不大。因此，国有上市公司混合所有制改革的程度会影响其改革效果，进而影响其对权益资本成本的作用。国有上市公司混合所有制改革的程度包括国有上市公司混合所有制改革的广度和深度两方面。

国有上市公司混合所有制改革的广度是指国有企业混合所有制改革引入的外部股东的异质性，即外部股东的性质和类型的多寡。有的国有企业混合所有制改革只是引入其他不同层级的国有资本或者是自然人股东等散户投资者，而同类型国有股东的引入面临的经营模式类似，不能实现激发国有企业市场竞争活力的目的，而自然人等散户投资者很多处于投机动机，并不会参与国有企业的经营管理。因此，当国有企业混合所有制改革广度不大时，引入的外部股东类型同质或单一，不能实现不同所有制经营的优势互补，改革对企业经营管理状况和经营风险的影响不大。当国有上市公司混合所有制改革广度大时，引入多种产权性质的外部股东，有利于充分发挥多种所有制经营形式的优势，激发国有企业竞争活力，引导国有企业改善经营模式，降低经营风险，而且混合所有制改革广度越大，引入的外部股东类型越多，产权性质差异越大，混合所有制改革对国有企业经营状况的改善效果越好，经营风险越低。

国有上市公司混合所有制改革的深度是指混合所有制改革引入的外部股东的持股比例的高低和话语权的大小。有的国有企业混合所有制改革引入的外部股东持股比例较低，在公司中没有话语权，并不能实现混合所有制改革的效果。只有当国有企业混合所有制改革引入的外部股东持股比例达到一定水平时，比如（目前是）10%，外部股东才能向国有企业派出董事等高管人员，才能在国有公司经营管理中享有一定的话语权。此外，国有上市公司混合所有制改革深度越高，非国有股东的持股比例越高，在公司享有的投票权越大，国有公司的股权制衡程度越高，越能有效牵制控制大股东牟取私利行为，提高国有公司经营决策的科学性，降低经营失败风险。

与此同时，国有企业混合所有制改革深度越大，非国有股东在公司派出的高管人员数量也会越多，对国有企业经营管理的参与越多，了解的公司经营状况的信息越全面，越能降低国有公司信息不对称程度。因此，国有上市公司混合所有制改革的深度越大，国有公司经营风险越低，信息透明度越高，从而权益资本成本越低。

鉴于以上分析，提出如下研究假设：

假设 H4：当国有企业混合所有制改革程度低时，对权益资本成本没有显著影响，而只有当国有企业混合所有制改革程度高时，才能有效降低权益资本成本，且混合所有制改革程度越大，权益资本成本下降越多。

8.2.2　国有上市公司混合所有制改革与债务资本成本

与权益融资相比，债务融资方式具有融资成本低的优势，也是企业一种重要的融资方式。债务资本成本反映了债权人因向企业提供债务资金而承担本息风险所要求的最低回报率，影响企业对债务融资方式的选择，也反映了企业债务融资的难易程度。与所有者不同，债权人更为关注的是企业按期还本付息的偿债能力。如果企业偿债压力较大，未来经营状况不乐观，现金流短缺，那么说明企业偿债风险较大，而偿债能力较弱。此时债权人因为要承担更高的本息回收风险，因而不愿向企业提供债务资金，或者为了弥补高的本息风险而要求更高的回报率，从而加大企业债务资本成本。很多计划利用债务融资方式的企业为了能够低成本获取债务资金，会通过盈余操纵等方式粉饰财务报表，以提高报表上反映的"偿债能力"，此时也会加大债权人的投资风险。因此，如果企业信息不对称程度较高，债权人不了解企业真实经营业绩和偿债能力，则投入资金面临的不确定性风险较高，或者企业第三类代理问题严重，股东或管理者存在更大的机会主义行为或有较高的道德风险，则进一步加大了债权人损失风险，那么债权人也会要求提高债务资本成本。因此，债务资本成本的大小受到筹资企业偿债能力、信息不对称程度和企业第三类委托代理问题的影响。国有上市公司混合所有制改革有助于提高企业偿债能力，降低国有公司信息不对称程度，并缓解第三类代理问题，从而有助于降低国有公司债务资本成本。

（1）国有上市公司混合所有制改革有助于提高偿债能力。

根据资源依赖理论，企业的生存发展离不开外部环境各种资源的支持，企业的内外部资源越丰富，企业的发展越有保障，并能提高自身抵御环境变化风险的能力。国有上市公司混合所有制改革引入了外部多种类型的产权资本和不同性质的股东，有助于提高偿债能力：一方面，增加了国有公司所有者权益资金，充实了国有企业的资金实力，负债在全部资金来源中的比重下降，降低了反映企业偿债压力的资产负债率等财务指标，为偿还债务提供了资金保障，提高了国有企业的偿债能力指标，有助于低成本筹集债务资金。另一方面，国有企业混合所有制改革后增加了国有企业的各类社会资源。比如，引入其他层级国有资本，有助于更好地利用政府部门和金融部门的扶持，引入基金等具有丰富管理经验的机构投资者有助于拓展公司的管理资源和人力资源，引入更加具有市场竞争力的民营资本，有助于拓展国有企业的市场和客户资源，兼并上游供应商则有助于拓展原材料资源等。国有公司资源丰富之后，就会降低各类成本，包括生产成本、销售成本、管理费用等，从而提高公司获利水平，可以为债务的偿还提供稳定的保障，从而降低债务资本成本。此外，国有企业混合所有制改革引入的战略投资者等非国有股东，往往具有较高的专业知识和投资经验，可以为国有公司的经营管理提供更加科学合理的建议，促使企业的经营活动更加稳健，降低经营和投资失败的风险，提高国有公司收益水平，降低未来现金流风险，提高自身偿债能力，进而降低债务资本成本。

（2）国有上市公司混合所有制改革有助于降低信息不对称程度。

国有上市公司混合所有制改革引入的外部股东一方面可以直接参与企业经营管理，从而可以了解企业更加真实的经营状况，增加管理者盈余操纵的难度；另一方面，非国有股东有监督管理者的动机和能力，因为非国有股东参与国有企业混合所有制改革的目的是实现投入资本的保值增值目标，会更加积极关注国有公司的财务信息，并对财务状况、经营成果进行仔细研究，能够及时发现管理层的造假舞弊行为，从而提高国有公司会计信息透明度。此外，国有企业混合所有制改革有助于向资本市场传递有利信号，因为国有企业混合所有制改革意味着国有企业在改善公司股权结构、促进未来发展方面做出的努力，并且传达了国有公司未来具有更大发展潜力的信号，提高了债权人对公司未来经营发展和现金流价值的预期，那么债权人投入资金收回本息会更有保障，从而有助于国有公司以更低的成本筹集更多的债务资金。

（3）国有上市公司混合所有制改革有助于缓解第三类代理问题。

前文分析了我国国有企业同时存在第一类股东与管理者之间的代理问题和第二类大股东与中小股东之间的代理问题。除此之外，国有企业还存在第三类委托代理问题。第三类委托代理问题是指股东与债权人之间的代理问题，其具体表现主要包括两方面：一是关于投资领域的分歧和冲突。债权人为国有企业提供债务资金，目的是获取固定的利息收益，而且债权人并不能参与企业利润分配，没有剩余索取权，因此，债权人期望企业将资金投资在低风险领域，并保证资金的流动性和偿债现金流的稳定性。股东具有剩余索取权和利润分配权，为了提高私有收益，股东倾向投资高风险领域以获取较高的投资回报，但是投资高风险项目增加了企业未来经营的风险和现金流的不确定性，从而损害债权人利益。二是关于股利支付等影响企业现金流的分歧。股东期望将企业的现金流据为己有，因此，在企业自由现金流充裕时，倾向增加股利支付的水平或者通过股份减持套现获利，而债权人则要求企业不能支付过高的股利以避免降低企业现金流量从而影响偿债能力，且高额套现获利会导致国有公司股价下跌，对其发展产生不利影响。国有企业混合所有制改革引入非国有股东有助于缓解第三类代理问题：一方面，非国有股东有权参与国有企业经营管理，能够加强对大股东和管理者的监督，有助于抑制大股东和管理者投资高风险领域、进行高额股利分配、高额减持股份套现等牟取私利的风险行为；另一方面，混合所有制改革引入的机构投资者等非国有股东具有更加专业的管理经验和投资专业知识，能够对国有企业的投资领域和股利分配决策提供更加科学合理的建议，从而做出有利于企业长远发展的战略决策，减少企业投资风险，维护债权人利益，降低债权人承担的债务风险，进而降低债务资本成本。

鉴于以上分析，提出如下研究假设：

假设 H5：国有上市公司混合所有制改革有助于降低国有公司债务资本成本。

与权益融资类似，国有上市公司混合所有制改革程度不同，国有企业混合所有制改革对债务资本成本的影响也不同。当国有企业混合所有制改革广度和深度不够时，国有公司引入的外部股东类型较少，而且持股比例较低，国有企业混合所有制改革后引入的股东属于中小股东，投票权不高，不能实现对控股大股东的股权制衡。同时，引入的中小股东较低的持股比例不能向国有公司派出管理人员，在国有公司没有话语权，不能有效参与国有公司经营管理，往往采取"搭便车"行为，不能有效监督管理者，对内部人控制的局面没有实质性改变，不能有效约束管理者盈余操纵等机会主义行为，不能有效降低国有公司信息不对称程度，而且混合所有制改革引入的中小股东没有投资管理经营，不能改善国有公司的经营投资决策和偿债能力，从而对债务资本成本没有显著影响。当国有企业混合所有制改革程度较大时，就会通过混合所有制改革引入非国有大股东，非国有大股东一般具有专业的管理团队，能够为国有公司经营管理提供科学建议，降低投资和经营风险，提高公司偿债能力，降低债务资本成本。与此同时，国有公司引入的投资者产权性质差异性越大，且持股比例越高，形成的非国有大股东越多，形成对控股股东的权力制衡程度越大，并且能够向国有公司派出更多高管人员，参与国有公司经营管理，对大股东和管理者的监督约束力越强，从而越能抑制大股东和管理者牟取私利的机会主义行为，公司会计信息质量就会越高，越能缓解第三类代理问题，债务资本成本就会越低。

鉴于以上分析，提出如下研究假设：

假设 H6：当国有企业混合所有制改革程度低时，对债务资本成本没有显著影响，只有当国有企业混合所有制改革程度高时，才能有效降低债务资本成本，且混合所有制改革程度越大，债务资本成本下降越多。

8.3　研究设计

8.3.1　样本选择与数据来源

本章选取 2011 年 1 月 1 日至 2018 年 12 月 31 日的沪深 A 股国有上市公司为样本，剔除金融保险类上市公司，删除 ST、PT 类上市公司，剔除财务数据异常和财务数据缺失的上市公司样本，最终得到 7725 组公司 – 年度观测值数据，其中已实施混合所有制改革的国有公司为 4091 组，没有实施混合所有制改革的国有公司为 3634 组。本章数据来自新浪财经网、国泰安（CSMAR）、Wind 数据库。采用 Excel 和 Stata14.0 软件对数据进行统计和回归分析。

8.3.2　变量定义

本章研究的被解释变量是国有上市公司资本成本，包括权益资本成本和债务资本成本，解释变量是国有上市公司混合所有制改革及其改革程度变量。

（1）权益资本成本（Re）。

选取适合我国上市公司具体情况的 PEG 模型计算权益资本成本。具体计算公式如下

$$\mathrm{Re}_{i,t} = \sqrt{(\mathrm{EPS}_{i,t+2} - \mathrm{EPS}_{i,t+1})/P_{i,t}} \qquad (8\text{-}1)$$

其中，$\mathrm{Re}_{i,t}$——公司 i 第 t 期的权益资本成本；

$\mathrm{EPS}_{i,t+2}$——公司 i 第 $t+2$ 期所有分析师预测的每股收益的平均值；

$\mathrm{EPS}_{i,t+1}$——公司 i 第 $t+1$ 期所有分析师预测的每股收益的平均值；

$P_{i,t}$——公司 i 第 t 期期末的每股股价。

（2）债务资本成本（Rd）。

借鉴大多数研究采用的债务资本成本衡量方法，具体计算公式如下

$$\mathrm{Rd}_{i,t} = I_{i,t}/\mathrm{Debt}_{i,t} \qquad (8\text{-}2)$$

其中，$Rd_{i,t}$——公司 i 第 t 期的债务资本成本；

　　$I_{i,t}$——公司 i 第 t 期的利息支出总额；

$Debt_{i,t}$——公司 i 第 t 期平均的负债总额。

（3）国有企业是否进行了混合所有制改革和改革程度变量。

解释变量如下：

一是国有企业是否进行了混合所有制改革的变量 Nstate，借鉴顾妍（2017）的研究方法，若发生国有股东减持、其他资本增持进而形成股权转移，则认为已实施混合所有制改革并取值为 1，否则未实施混合所有制改革并取值为 0。

二是国有企业混合所有制改革程度变量，用非国有股东持股比例 PNstate 来衡量。非国有股东持股比例 PNstate 为国有上市公司前十大流通股股东中非国有股东持股比例之和，PNstate 越大，说明国有企业混合所有制改革程度越大。

（4）控制变量。

分别选取影响企业权益资本成本和债务资本成本的常用变量作为控制变量。当被解释变量为权益资本成本时，控制变量有公司规模、公司成长性、市净率、资产负债率、净资产收益率、经营现金流量、股权集中度、审计质量及年度和行业虚拟变量。当被解释变量为债务资本成本时，控制变量有公司规模、公司成长性、流动比率、资产负债率、净资产收益率、经营现金流量、股权集中度及年度和行业虚拟变量。

各变量代码、名称及具体定义见表 8-1。

表 8-1　变量名称及定义

变量	变量名称	变量定义
Re	权益资本成本	根据模型（8-1），即 PEG 模型计算得到
Rd	债务资本成本	利息支出总额 ÷ 平均负债总额
Nstate	国有企业是否进行了混合所有制改革	Nstate=1，说明国有企业进行了混合所有制改革；Nstate=0，说明国有企业没有进行混合所有制改革
PNstate	国有企业混合所有制改革程度	国有上市公司前十大流通股股东中非国有股东持股比例之和

变量	变量名称	变量定义
Size	公司规模	总资产期末账面价值的自然对数
Grow	公司成长性	（本年营业收入－上年营业收入）÷ 上年营业收入 ×100%
Lev	资产负债率	负债总额 ÷ 资产总额 ×100%
Roe	净资产收益率	净利润 ÷ 股东权益平均数 ×100%
Cfo	经营现金流量	经营活动产生的现金流量净额 ÷ 年末总资产
Audit	审计质量	中国注册会计师协会排名进入前十的会计师事务所取值为1，非前十取值为0
Cura	流动比率	流动资产 ÷ 流动负债
Shold1	股权集中度	第一大股东持股数量 ÷ 总股数
Year	年度	年度虚拟变量
Ind	行业	行业虚拟变量

8.3.3 模型构建

为验证假设 H3，以国有企业是否进行了混合所有制改革 Nstate 为解释变量，以权益资本成本为被解释变量，构建模型（8-3），研究国有企业混合所有制改革对权益资本成本的影响。考虑到国有企业混合所有制改革对权益资本成本产生影响可能具有滞后性，因此，选择国有企业进行混合所有制改革的下一年的权益资本成本作为被解释变量。

$$\text{Re}_{i,t\,1} = \alpha_0 + \alpha_1 \text{Nstate}_{i,t} + \alpha_2 \text{Size}_{i,t} + \alpha_3 \text{Grow}_{i,t} + \alpha_4 \text{Lev}_{i,t} + \alpha_5 \text{Roe}_{i,t} + \\ \alpha_6 \text{Cfo}_{i,t} + \alpha_7 \text{Shold1}_{i,t} + \alpha_8 \text{Audit}_{i,t} + \sum \text{Year}_{i,t} + \sum \text{Ind}_{i,t} + \varepsilon_{i,t} \quad (8\text{-}3)$$

为验证假设 H4，以国有企业混合所有制改革程度 PNstate 为解释变量，以权益资本成本为被解释变量，构建回归模型（8-4），研究国有企业混合所有制改革程度对权益资本成本的影响。考虑到国有企业混合所有制改革程度对权益资本成本产生影响可能具有滞后性，因此，选择国有企业进行混合所有制改革的下一年的权益资本成本作为被解释变量。

$$\mathrm{Re}_{i,t+1} = \alpha_0 + \alpha_1 \mathrm{PNstate}_{i,t} + \alpha_2 \mathrm{Size}_{i,t} + \alpha_3 \mathrm{Grow}_{i,t} + \alpha_4 \mathrm{Lev}_{i,t} + \alpha_5 \mathrm{Roe}_{i,t} + \\ \alpha_6 \mathrm{Cfo}_{i,t} + \alpha_7 \mathrm{Shold1}_{i,t} + \alpha_8 \mathrm{Audit}_{i,t} + \sum \mathrm{Year}_{i,t} + \sum \mathrm{Ind}_{i,t} + \varepsilon_{i,t} \tag{8-4}$$

为验证假设 H5，以国有企业是否进行了混合所有制改革 Nstate 为解释变量，以债务资本成本为被解释变量，构建模型（8-5），研究国有企业混合所有制改革对债务资本成本的影响。考虑到国有企业混合所有制改革对债务资本成本产生影响可能具有滞后性，因此，选择国有企业进行混合所有制改革的下一年的债务资本成本作为被解释变量。

$$\mathrm{Rd}_{i,t+1} = \alpha_0 + \alpha_1 \mathrm{Nstate}_{i,t} + \alpha_2 \mathrm{Size}_{i,t} + \alpha_3 \mathrm{Grow}_{i,t} + \alpha_4 \mathrm{Cura}_{i,t} + \alpha_5 \mathrm{Lev}_{i,t} + \\ \alpha_6 \mathrm{Roe}_{i,t} + \alpha_7 \mathrm{Cfo}_{i,t} + \alpha_8 \mathrm{Shold1}_{i,t} + \sum \mathrm{Year}_{i,t} + \sum \mathrm{Ind}_{i,t} + \varepsilon_{i,t} \tag{8-5}$$

为验证假设 H6，以国有企业混合所有制改革程度 PNstate 为解释变量，以债务资本成本为被解释变量，构建回归模型（8-6），研究国有企业混合所有制改革程度对债务资本成本的影响。考虑到国有企业混合所有制改革程度对债务资本成本产生影响可能具有滞后性，因此，选择国有企业进行混合所有制改革的下一年的债务资本成本作为被解释变量。

$$\mathrm{Rd}_{i,t+1} = \alpha_0 + \alpha_1 \mathrm{PNstate}_{i,t} + \alpha_2 \mathrm{Size}_{i,t} + \alpha_3 \mathrm{Grow}_{i,t} + \alpha_4 \mathrm{Cura}_{i,t} + \alpha_5 \mathrm{Lev}_{i,t} + \\ \alpha_6 \mathrm{Roe}_{i,t} + \alpha_7 \mathrm{Cfo}_{i,t} + \alpha_8 \mathrm{Shold1}_{i,t} + \sum \mathrm{Year}_{i,t} + \sum \mathrm{Ind}_{i,t} + \varepsilon_{i,t} \tag{8-6}$$

8.4　实证检验与分析

8.4.1　描述性统计分析

通过对 7725 组观察值进行描述性统计分析，了解各变量均值、标准差、最值、中位数等基本情况（表 8-2）。

表 8-2　主要变量的描述性统计分析

变量名	均值	标准差	最小值	最大值	中位数
Re	0.1098	0.0391	0.0239	0.2501	0.1034

变量名	均值	标准差	最小值	最大值	中位数
Rd	0.0317	0.0236	0.0021	0.1672	0.0325
Nstate	0.5296	0.4781	0.0000	1.0000	1.0000
PNstate	0.1376	0.1496	0.0137	0.6483	0.0825
Size	21.6365	1.1304	19.2063	26.1072	21.5639
Grow	0.1751	0.3462	−0.9263	3.1153	0.1274
Lev	0.4362	0.1673	0.0258	0.8874	0.4471
Roe	0.0682	0.1358	−0.6652	0.4372	0.0739
Cfo	0.0542	0.0735	−0.2477	0.3041	0.0582
Audit	0.5971	0.5027	0.0000	1.0000	1.0000
Cura	1.8321	1.3264	0.2051	7.9136	1.4626
Shold1	0.3529	0.1473	0.0502	0.8234	0.3461

根据表 8-2，权益资本成本（Re）的均值为 0.1098，标准差为 0.0391，最小值为 0.0239，最大值为 0.2501，说明我国国有上市公司权益资本成本的平均值为 10.98%，且不同国有公司之间差距较大。债务资本成本（Rd）的均值为 0.0317，标准差为 0.0236，最小值为 0.0021，最大值为 0.1672，说明我国国有上市公司债务资本成本的平均值为 3.17%，远远低于权益资本成本的平均值，说明我国国有上市公司债务融资的成本更低，且不同国有公司之间差距较大。国有上市公司混合所有制改革变量 Nstate 均值为 0.5296，标准差为 0.4781，最小值为 0.0000，最大值为 1.0000，中位数为 1.0000，说明研究样本中有 52.96% 的国有上市公司进行了混合所有制改革。国有上市公司混合所有制改革程度变量 PNstate 均值为 0.1376，标准差为 0.1496，最小值为 0.0137，最大值为 0.6483，说明混合所有制改革后的国有上市公司中非国有股持股比例均值为 13.76%，且不同国有上市公司的混合所有制改革程度存在显著差异。控制变量中，公司规模（Size）的标准差大，说明我国国有上市公司规模差异较大。公司成长性（Grow）均值为 0.1751，标准差为 0.3462，说明我国国有上市公司平均增长率为 17.51%，大部分国有上市公司成长能力良好，但是不同国有公司之间存在

较大差异。偿债能力（Lev）均值为 0.4362，标准差为 0.1673，最小值为 0.0258，最大值为 0.8874，说明我国国有上市公司资产负债率平均值为 43.62%，从我国国有上市公司平均来看，股权融资比重高于债务融资，资产负债率最大值达 88.74%，最小值 2.58%，差异较大，我国国有上市公司偿债能力差异较大。净资产收益率（Roe）均值为 0.0682，标准差为 0.1358，最小值为 −0.6652，最大值为 0.4372，说明我国大部分国有上市公司能够实现盈利，达到国有资本保值增值目标，但是也有国有公司出现亏损，不同国有公司之间差异较大。经营现金流量（Cfo）均值为 0.0542，标准差为 0.0735，最小值为 −0.2477，最大值为 0.3041，说明我国国有上市公司经营活动产生的现金流量净额大多是正的，但是有些公司的现金流是负的，不同国有公司之间的经营现金流量差异较大。审计质量（Audit）均值为 0.5971，说明我国有 59.71% 的国有上市公司由中国注册会计师协会排名进入前十的会计师事务所审计。流动比率（Cura）的均值为 1.8321，标准差为 1.3264，最小值为 0.2051，最大值为 7.9136，说明我国国有上市公司短期偿债能力指标达到一般水平，但是不同公司之间差距较大。第一大股东持股比例（Shold1）均值达到了 0.3529，标准差为 0.1473，说明我国国有上市公司股权集中度较高，存在国有股"一股独大"现象，且不同国有公司之间的股权集中度差异较大。

8.4.2　多重共线性检验

利用 Stata14.0 统计软件进行多重共线性检验，具体结果见表 8-3。

根据表 8-3，各解释变量和控制变量间的 PEARSON 相关系数绝对值最大的是 0.4763，其他 PEARSON 相关系数绝对值都小于 0.4，因此，各变量间不存在多重共线性问题。国有企业混合所有制改革变量 Nstate 与权益资本成本（Re）、债务资本成本（Rd）的相关系数都为负数，且都在 10% 的水平上显著，说明国有企业混合所有制改革与权益资本成本（Re）、债务资本成本（Rd）的关系显著负相关，初步验证假设 H3 和假设 H5。国有企业混合所有制改革程度与权

表 8-3　变量间的 PEARSON 相关系数及 Sig 值

变量	Re	Rd	Nstate	PNstate	Size	Grow	Lev	Roe	Cfo	Audit	Cura	Shold1
Re	1.0000											
Rd	0.1063	1.0000										
Nstate	-0.1098*	-0.0813*	1.0000									
PNstate	-0.1246	-0.1364	0.0062*	1.0000								
Size	-0.0232**	0.0228	0.1210*	0.1109*	1.0000							
Grow	-0.0146	-0.0146**	0.1233**	0.1252**	-0.0875**	1.0000						
Lev	0.1109*	0.1080**	-0.0127	-0.3029	0.4763***	-0.1032	1.0000					
Roe	-0.3325***	-0.3427***	0.1095	0.0184	0.1899***	0.2947***	-0.2670***	1.0000				
Cfo	-0.2741	-0.1987*	0.1877*	0.2569	0.3857***	-0.0167	0.1788***	0.2936***	1.0000			
Audit	-0.1103*	-0.1605*	0.1782	0.0156	0.2052	-0.1603	0.0623	0.0814	0.0937	1.0000		
Cura	0.0582*	0.0981*	-0.0037	-0.0091	0.2138*	-0.1092	0.0825	0.0355*	0.1773*	0.1125	1.0000	
Shold1	0.0988	0.0682	-0.0119*	-0.0236*	0.0782	0.0925	0.2234	-0.0125*	-0.0233	-0.0267	0.0733	1.0000

***、**、* 分别表示在 1%、5% 和 10% 的水平上显著。

益资本成本、债务资本成本的相关系数都为负数，但是都不显著，说明国有企业混合所有制改革程度与权益资本成本、债务资本成本的关系存在内部差异，需要进一步进行分组检验。

8.4.3　多元回归分析

（1）国有企业混合所有制改革与权益资本成本的多元回归分析。

为了验证假设 H3，对多元回归模型（8-3）进行回归分析，结果见表 8-4 第 2 列。

表 8-4　国有企业混合所有制改革与权益资本成本多元回归分析

变量	Re			
	模型（8-3）	模型（8-4）		
	全样本	全样本	国有企业混合所有制改革程度低	国有企业混合所有制改革程度高
Nstate	-0.1109^{**}			
	（−2.05）			
PNstate		−0.1041	−0.0987	-0.0843^{***}
		（−0.82）	（−0.69）	（−8.09）
控制变量	控制	控制	控制	控制
截距项	-0.2115^{***}	-0.2104^{***}	-0.1982^{*}	-0.1826^{***}
	（−6.45）	（−7.35）	（−1.71）	（−5.62）
调整 R^2	0.2566	0.2467	0.2344	0.2267
样本量	7725	4091	2159	1932
F	37.54	35.27	34.37	33.59

***、**、* 分别代表在 1%、5% 与 10% 的水平上显著，括号内数字为 t 值。

根据表 8-4 第 2 列回归结果，回归模型（8-3）的 F 值为 37.54，说明模型整体回归效果较好，调整 R^2 为 0.2566，说明模型整体拟合程度好，模型变量具有较高解释力。国有公司进行混合所有制改革变量 Nstate 的回归系数为 −0.1109，且在 5% 的水平上显著为负，说明我国国有上市公司混合所有制改革与权益资本成本显著负相关，即我国国有上市公司混合所有制改革有助于降低权益资本成本，我国国有上市公司混合所有制改革在降低公司权益资本成本方面发挥了积极作用，验证了前文提出的研究假设 H3。

（2）国有企业混合所有制改革程度与权益资本成本的多元回归分析。

为了验证假设 H4，对多元回归模型（8-4）进行回归分析，结果见表 8-4 第 3~5 列。表 8-4 第 3 列是对回归模型（8-4）进行全样本回归检验，回归结果的 F 值为 35.27，说明模型整体回归效果较好，调整 R^2 为 0.2467，说明模型整体拟合程度好，模型变量具有较高解释力，国有企业混合所有制改革程度 PNstate 的回归系数为 −0.1041，但是并不显著，说明我国国有上市公司混合所有制改革程度与权益资本成本的关系存在内部差异性。因此，进一步按照国有上市公司混合所有制改革程度的高低进行分组检验。

由于当国有企业混合所有制改革引入的非国有股东持股比例超过 10% 才能派出董事等高级管理人员，此时非国有股东持股比例大且可以充分发挥监督作用，因此，按照非国有股东持股比例之和（PNstate）是否达到 10% 进行分组，分为国有企业混合所有制改革程度低和程度高两组，然后分别对这两组样本进行回归检验。表 8-4 第 4 列是国有企业混合所有制改革程度低组的回归结果，国有企业混合所有制改革程度 PNstate 的回归系数为 −0.0987，但是并不显著，说明国有企业混合所有制改革程度低时，国有上市公司混合所有制改革程度对公司权益资本成本没有显著影响。表 8-4 第 5 列是国有企业混合所有制改革程度高组的回归结果，国有企业混合所有制改革程度 PNstate 的回归系数为 −0.0843，且在 1% 的水平上显著，说明国有企业混合所有制改革程度高时，国有上市公司混合所有制改革与权益资本成本显著负相关，且混合所有制改革程度越大，权益资本成本下降越多，从而验证假设 H4。

（3）国有企业混合所有制改革与债务资本成本的多元回归分析。

为了验证假设 H5，对多元回归模型（8-5）进行回归分析，结果见表 8-5 第 2 列。根据表 8-5 第 2 列回归结果，回归模型（8-5）的 F 值为 32.11，说明模型整体回归效果较好，调整 R^2 为 0.2076，说明模型整体拟合程度好，模型变量具有较高解释力。国有公司进行混合所有制改革变量 Nstate 的回归系数为 −0.0971，且在 1% 的水平上显著为负，说明我国国有上市公司混合所有制改革与债务资本成本显著负相关，即我国国有上市公司混合所有制改革有助于降低债务资本成本，我国国有上市公司混合所有制改革在降低公司债务资本成本方面发挥了积极作用，验证了前文提出的研究假设 H5。

表 8-5　国有企业混合所有制改革与债务资本成本多元回归分析

变量	Rd			
	模型（8-5）	模型（8-6）		
	全样本	全样本	国有企业混合所有制改革程度低	国有企业混合所有制改革程度高
Nstate	−0.0971*** （−4.67）			
PNstate		−0.0928 （−0.99）	−0.0832 （−1.02）	−0.1024*** （−3.48）
控制变量	控制	控制	控制	控制
截距项	−0.0985** （−2.14）	−0.1479*** （−9.02）	−0.1359*** （−3.74）	−0.1284** （−2.41）
调整 R^2	0.2076	0.2138	0.2270	0.2163
样本量	7725	4091	2159	1932
F	32.11	31.83	31.52	30.43

***、**、* 分别代表在 1%、5% 与 10% 的水平上显著，括号内数字为 t 值。

（4）国有企业混合所有制改革程度与债务资本成本的多元回归分析。

为了验证假设 H6，对多元回归模型（8-6）进行回归分析，结果见表 8-5 第 3~5 列。表 8-5 第 3 列对回归模型（8-6）进行全样本回归检验，回归结果的 F 值为 31.83，说明模型整体回归效果较好，调整 R^2 为 0.2138，说明模型整体拟合程度好，模型变量具有较高解释力，国有企业混合所有制改革程度（PNstate）的回归系数为 −0.0928，但是并不显著，说明我国国有上市公司混合所有制改革程度与债务资本成本的关系存在内部差异性。因此，进一步按照国有上市公司混合所有制改革程度的高低进行分组检验，具体分组方法同前文。

表 8-5 第 4 列是国有企业混合所有制改革程度低组的回归结果，国有企业混合所有制改革程度（PNstate）的回归系数为 −0.0832，但是并不显著，说明国有企业混合所有制改革程度低时，国有上市公司混合所有制改革程度对公司债务资本成本没有显著影响。表 8-5 第 5 列是国有企业混合所有制改革程度高组的回归结果，国有企业混合所有制改革程度（PNstate）的回归系数为 −0.1024，且在 1% 的水平上显著，说明国有企业混合所有制改革程度高时，国有上市公司混合所有制改革与债务资本成本显著负相关，且混合所有制改革程度越大，债务资本成本下降越多，从而验证假设 H6。

8.4.4　稳健性检验

为了提高研究的可靠性，采用如下方法进行稳健性检验：

一是将解释变量滞后 2 期进行回归。在前文主回归检验中，将国有企业混合所有制改革滞后 1 期进行回归，在该部分进一步将国有企业混合所有制改革滞后 2 期，再次进行回归分析，回归结果与前文基本一致。

二是替换部分控制变量进行回归分析。用所有者权益期末账面价值的自然对数代表公司规模，将总资产增长率代表公司成长性，用资产净利率衡量公司盈利能力，用是否属于国际四大衡量审计质量，再次进行回归检验，所得结果与前文基本一致。

三是采用双向固定效应模型缓解内生性问题。由于国有企业混合所有制改革与资本成本之间可能存在遗漏变量导致的内生性问题。为了缓解该内生性问题，进一步控制年度和行业虚拟变量，采用双向固定效应模型进行回归分析，回归结果没有实质性改变。

通过上述三种方法进一步验证了前文研究假设和研究结论。由于篇幅原因，不在此列出稳健性检验结果。

8.5　实证结论及政策建议

8.5.1　实证结论

本章以 2011—2018 年我国沪深 A 股国有上市公司为研究对象，构建实证回归模型考察国有上市公司混合所有制改革对权益资本成本和债务资本成本的影响。结论包括：

（1）我国国有上市公司混合所有制改革与权益资本成本和债务资本成本都显著负相关，说明在降低国有公司权益资本成本和债务资本成本方面，我国国有上市公司混合所有制改革发挥了积极作用。

（2）我国国有上市公司混合所有制改革程度与权益资本成本和债务资本成本的关系存在内部差异性。当我国国有上市公司混合所有制改革程度低时，国有上市公司混合所有制改革程度无论对权益资本成本，还是对债务资本成本，都没有显著影响，而当我国国有上市公司混合所有制改革程度高时，国有上市公司混合所有制改革程度与权益资本成本和债务资本成本都显著负相关，说明只有当我国国有上市公司混合所有制改革深度和广度达到一定水平时，才能在降低公司权益资本成本和债务资本成本方面发挥积极作用。

8.5.2　政策建议

根据本章研究结果，提出如下政策建议：

第一，不断提高国有企业混合所有制改革的广度。国有企业混合所有制改革的广度反映了国有企业混合所有制改革引入外部股东类型和混合所有制改革后国有企业产权性质结构情况。如果单纯引入不同层级的国有股东，或者自然人等散户投资者，或者引入的外部股东产权性质类型单一，那么很难发挥不同所有制经营模式的优势，难以达到理想的混合所有制改革效果。因为国有企业混合所有制改革目的就是引入多种类型的所有制形式，实现经营模式的创新和改革，比如引入民营企业有助于促使国有企业更加积极地参与市场竞争，并激发国有企业创新活力，引入战略投资者等机构投资者有助于为国有企业提供科学合理的经营管理团队，提高国有企业人力资源整体素质等。只有混合所有制改革引入的外部股东类型足够多元化，才能充分发挥各种类型经营模式的优势互补，并为国有企业经营提供生产、销售、管理、人才等多方面资源，降低权益资本成本和债务资本成本，并最终实现混合所有制改革目的。前文实证研究也证明国有企业混合所有制改革只有达到一定程度时，才能发挥降低国有企业权益资本成本和债务资本成本的作用，因此，在进行国有企业混合所有制改革时，应该注意引入多种类型的外部股东。

第二，不断深化国有企业混合所有制改革的深度。国有企业混合所有制改革的深度反映了国有企业混合所有制改革引入的外部股东持股比例情况和混合所有制改革后话语权大小。如果引入的非国有股东持股比例较低，那么非国有股东只能成为中小股东，投票权较低，而且不能向国有企业派出高管等管理人员，导致混合所有制改革后非国有股东"搭便车"行为，难以发挥对大股东的制衡作用和对管理者的监督约束作用，不能有效约束大股东和管理者的机会主义行为，混合所有制改革只能流于形式，不能改善公司会计信息质量，难以发挥降低各类资本成本的作用。前文实证研究也证明国有企业混合所有制改革只有达到一定程度时，才能有效发挥监督制衡作用，从而降低各类代理成本和资本成本。因此，在进行国有企业混合所有制改革时，要通过多种途径积极引导鼓励非国有股东进行投资，以提高非国有股东的持股比例，并给予非国有股东充分的话语权，让非国有股东积极参与国有公司的内部治理，加强对大股东和管理层监督，降低各类委托代理成本和资本成本。

第 9 章　国有企业混合所有制改革对公司治理的影响研究

本章通过理论分析提出研究假设，并选取 2011—2018 年沪深 A 股国有上市公司作为研究数据和样本，构建实证回归模型进行实证检验，研究我国国有上市公司混合所有制改革对国有企业公司治理的影响，并进一步进行分组检验，探讨国有企业混合所有制改革程度对公司治理水平的影响。研究证明，国有企业混合所有制改革有助于提高国有企业公司治理水平，且当国有企业混合所有制改革程度低时，国有企业混合所有制改革对公司治理水平没有显著影响，但是当国有企业混合所有制改革程度高时，国有企业混合所有制改革程度对公司治理水平有显著正向影响。

9.1　引言

我国国有企业性质属于全民所有制企业，由国务院和地方人民政府分别代表国家履行出资人职责，包括中央和地方国有资产监督管理机构和其他部门所监管的企业本级及其逐级投资形成的企业。国家对国有企业资本拥有所有权或者控制权，政府的意志和利益决定了国有企业的行为。因此，我国国有企业具有一定的行政性。在 1978 年改革开放前，乃至 20 世纪末，国有企业一直是政府支持和扶植的对象，政府税收的很大部分都投入国有企业建设中，有的国有企业还是由原来的政府部门转变而来的。我国国有企业的发展，对于奠定国民经济发展的基础和建立较完整的市场机制、维护社会经济的正常运行以及促进区域经济平衡发展、带动其他经济成分的发展等方面，发挥了重要作用。但是，我国国有企业在发展过程中也逐渐暴露出一系列问题，如产权不清、国有股"一股独大"、政企不分、管理混乱、内部人控制等多种弊端。归根结底，国有企业发展过程中的这些问题源自公司治理方面的缺陷。

由于历史的原因，我国国有企业在公司治理中同时存在两类委托代理问题。一是国有企业股东和管理者之间的委托代理问题严重。国有企业属于国家所有，国资委代表国家履行出资人职责，国有企业的剩余索取权和剩余控制权分离，存在所有者缺位问题，股东对管理者的监督不到位，存在内部人控制问题，股东和管理者之间的委托代理问题严重。而国有企业较长的委托代理链条导致管理层内部沟通不畅，又形成各层级管理者之间的委托代理问题，加剧了第一类管理者代理问题。二是国有企业还存在严重的大股东和中小股东之间的委托代理问题。国有企业国有股"一股独大"，中小股东普遍存在"搭便车"行为，大股东对中小股东的利益侵占问题严重。而信息不对称进一步加剧了国有企业的委托代理问题。因此，亟须采取有效措施解决国有企业公司治理领域的这些问题。改革开放以来，我国国有企业改革力度不断增强，近年来的国有企业混合所有制改革为国有企业发展开辟了新的路径，国有企业混合所有制改革改变了国有企业股权结构，并且对国有企业内部治理、委托代理问题都产生了重要的影响，那么国有企业混合所有制改革是否会影响其公司治理水平？尚需进一步验证。

目前文献主要从内外部环境方面研究了公司治理水平的影响因素（刘运国 等，2016；潘越 等，2019；綦好东 等，2017；青木昌彦，2002；斯蒂格利茨，1987；陶大塘，1988；涂国前 等，2010；王永年 等，2011；威廉姆森，2002；魏明海 等，2017；向洪金 等，2008；徐善长，2006；晓亮，1986；杨记军 等，2010；杨兴全 等，2018；张文魁，2014；周绍妮 等，2017；Baumol，

1982；Bortolotti et al.，2003；Capobianco et al.，2011；Chao et al.，2006），其中，外部环境影响因素包括互联网信息环境与社交媒体（孙鲲鹏 等，2020）、资本市场环境（刘程 等，2020）、产品市场竞争（陈晓珊 等，2019）等，内部环境影响因素包括股权结构（姜付秀 等，2020；潘小萍 等，2020）、股东类型（章卫东 等，2019）、管理者个人特质（王元芳 等，2020；艾永芳，2020）、公司权力配置（李绍恒，2019）、股权激励模式（许娟娟 等，2019）等。这些研究大多从静态角度研究内外部环境的某一方面或特征对公司治理的影响。很少有学者研究国有企业混合所有制改革这一动态事件对公司治理的影响。目前我国国有企业混合所有制改革不断深化，推广范围越来越广，很多研究证明，国有企业混合所有制改革会对国有企业信息不对称、股权结构、管理模式等产生一定影响。无论是信息不对称，还是股权结构、管理模式等都与公司治理密切相关。那么国有企业混合所有制改革这一动态事件是否会通过影响信息不对称、股权结构、管理模式等进而影响其公司治理水平呢？基于以上考虑，本章以我国国有企业混合所有制改革为制度背景，研究其对国有企业公司治理水平的影响。通过理论分析和实证检验证明，我国国有企业混合所有制改革有助于提高国有企业公司治理水平。通过分组检验进一步证明，国有企业混合所有制改革对公司治理水平的影响随着国有企业混合所有制改革程度的不同而不同，当国有企业混合所有制改革程度低时，国有企业混合所有制改革对公司治理水平没有显著影响，只有当国有企业混合所有制改革程度较高时，才会显著提高国有企业公司治理水平，且国有企业混合所有制改革程度越高，国有企业公司治理水平越高。

本章的研究贡献包括：

（1）目前国内外学者主要研究了外部互联网信息环境、资本市场环境、产品市场竞争环境以及内部股权结构、股东类型、管理者个人特质、公司权力配置、股权激励模式等静态特征因素对公司治理的影响，鲜有研究动态事件对公司治理的影响。本章研究我国国有企业混合所有制改革这一特定的动态事件对国有企业公司治理水平的影响，丰富了国有企业公司治理水平影响因素的研究。

（2）目前文献鲜有研究国有企业混合所有制改革对公司治理水平的影响问题，本章基于公司治理视角，研究国有企业混合所有制改革的经济效应，并进一步分析国有企业混合所有制改革程度不同对公司治理水平的影响差异，在一定程度上补充和完善了混合所有制改革经济效应的相关文献。

（3）目前对于国有企业混合所有制改革是否及如何影响公司治理水平，理论与实务界尚无定论。本章研究表明，国有企业混合所有制改革提高了国有企业公司治理水平，有助于监管机构从公司治理的角度评估国有企业混合所有制改革的经济效应，从而制定相应的混合所有制改革政策，以进一步完善国有企业公司治理机制。

9.2　理论分析与假设提出

9.2.1　国有企业混合所有制改革与公司治理

目前学者分别从公司外部或内部环境的某一方面研究公司治理水平的影响因素。外部环境对公司治理的影响的研究包括孙鲲鹏等（2020）对互联网信息环境与社交媒体的影响研究、刘程和王仁曾（2020）对资本市场环境的影响研究、陈晓珊和刘洪铎（2019）对产品市场竞争影响的研究等。有的学者则研究了内部环境的某一特征对公司治理的影响，包括股权结构（姜付秀 等，2020；潘小萍 等，2020）、股东类型（章卫东 等，2019）、管理者个人特质（王元芳 等，2020；艾永芳，2020）、公司权力配置（李绍恒，2019）、股权激励模式（许娟娟 等，2019）等影响因素的研究。这些研究大多从静态角度研究内外部环境的某一方面或特征对公司治理的影响。随着近年来国有企业混合所有制改革如火如荼地开展，其对公司的股权结构、信息质量和代理问题等公司治理方面的问题产生了一定影响，但是目前很少有学者研究国有企业混合所有制改革这一动态事件对公司治理的影响。因此，本章专门剖析国有企业混合所有制改革对公司治理的影响。目前我国国有企业公司治理的主要问题表现在：股权结构方面，国有股"一股独大"，导致大股东与中小股东之间的委托代理问题；控制权配置方面，所有者缺位，委托代理链条过长，导致股东和管理者之间的委托代理问题。也就是说，我国国有企业公司治理中同时存在两类委托代理问题，而信息不对称的存在加剧了这两类代理问题。因此，要解决国有企业公司治理中的问题，需要从股权结构、控制权配置方面和信息质量等方面入手加以改善。近年来，我国国有企业混合所有制改革进程不断推进，对国有企业的股权结构、控制权配置和信息质量等方面都产生了重要影响，从而改善了国有公司治理水平。

（1）股权结构方面的影响。

国有企业混合所有制改革引入非国有股东，实现了股权结构的多元化，打破国有股"一股独大"的局面，可以形成对国有控股股东的有效制衡，有效牵制控股大股东对中小股东的利益侵占行为。非国有股东享有公司投票权，可以参与国有企业经营管理，尤其是当国有企业混合所有制改革引入的股东持股比例较大时，非国有股东有更强的动机和能力行使手中投票权，并加强对控股股东的监督制衡。非国有股东持股比例越大，其与国有企业的利益关系越密切，公司治理的好坏更能影响其自身利益，从而非国有股东有更强的动机参与公司治理。同时，非国有股东持股比例越大，投票权也越大，对控股股东的制衡作用越强。此外，很多研究证明，多个大股东可能通过达成利益联盟的方式合谋侵占中小股东利益。国有企业混合所有制改革引入的非国有股东性质和类型与国有控制股东差异越大，股东之间越难以达成利益同盟，从而减少对中小股东利益的侵占。因此，国有企业混合所有制改革通过改善国有企业股权结构，可以有效发挥非国有股东对国有控股股东的股权制衡作用，监督约束控股大股东对中小股东的利益攫取行为，缓解大股东和中小股东之间的第二类委托代理问题，从而改善公司治理。

（2）控制权配置方面的影响。

我国国有企业所有者缺位导致公司剩余索取权和剩余控制权的分离，国有股东享有公司剩余索取权，但国有股东监督不到位，国有企业控制权掌握在管理者手中，产生内部人控制问题。我国国有企业管理者拥有公司控制权但是却没有剩余索取权和利润分配权，管理者和国有股东利益不一致，根据理性经济人假设，管理者存在利用手中控制权和信息优势牟取私利的机会主义行为，从而产生国有企业股东和管理者之间的第一类代理问题。国有企业混合所有制改革通过定向增发、兼并收购等方式引入的外部非国有股东包括民营企业和机构投资者等，其投资目的是实现资本保值增值，从而会积极行使手中投票权参与公司治理，加强对管理者的监督约束，改变所有者缺位导致的内部人控制局面。如果国有企业混合所有制改革引入的非国有股东持股比例超过10%，还可以向国有企业派出董事等高层管理人员，分散原有管理者手中的控制权，有效约束管理者牟取私利的机会主义行为，从而缓解管理者代理问题，提高公司治理水平。

（3）信息质量方面的影响。

国有企业信息质量越差，大股东与中小股东之间、股东与管理者之间的信息不对称程度越高，大股东和管理者的信息优势越明显，越能为大股东和管理者的利益侵占行为提供机会和条件，从而两类委托代理问题越严重。国有企业混合所有制改革引入的外部股东享有公司知情权，为了实现投资资本保值增值目标，非国有股东会积极行使知情权，通过查阅分析公司信息资料，了解其真实经营状况，在一定程度上解决了所有者监督缺位问题，改变了原有管理者"一手遮天"的局面。此外，当混合所有制改革引入的非国有股东持股超过10%时可以派出管理者，从而加强股东和管理者之间的沟通和联系，进一步缓解股东和管理者之间的信息不对称问题。很多研究证明，信息不对称是委托代理问题产生的重要前提条件。而国有企业混合所有制改革通过降低国有企业信息不对称程度，缓解委托代理问题，从而改善公司治理。

鉴于上述分析，提出如下研究假设：

假设 H7：国有企业混合所有制改革有助于提高其公司治理水平。

9.2.2 国有企业混合所有制改革程度与公司治理

目前我国国有企业混合所有制改革在广度和深度上都存在较大差异。如果国有企业混合所有制改革广度和深度较低，就是说引入的外部股东类型单一，或者外部股东持股比例较低，那么外部股东投票权也少，难以形成对控股股东的股权制衡。较低的持股比例也不能向公司派出管理者，导致其存在"搭便车"行为，难以改变内部人控制局面和信息不对称问题，不能发挥对控股股东和管理者的监督制约作用，对公司治理的改善作用不明显。当国有企业混合所有制改革达到一定程度时，引入的外部股东类型多样化，且持股比例较高，才能有较高的投票权，形成对控股股东的有效制衡，并且可以派出管理者，改善信息质量，缓解两类委托代理问题，从而提高公司治理水平。同时，国有企业混合所有制改革程度越高，外部股东的持股比例越大，参与公司治理的动机和能力也越强，对公司治理的改善作用越大。

基于此，提出如下研究假设：

假设 H8：当国有企业混合所有制改革程度低时，对公司治理水平没有显著影响，只有当国有企业混合所有制改革程度高时，才能有效提高国有企业公司治理水平，且混合所有制改革程度越大，公司治理水平越高。

9.3　研究设计

9.3.1　样本选择与数据来源

本章选取 2011 年 1 月 1 日至 2018 年 12 月 31 日的沪深 A 股国有上市公司为样本，剔除金融保险类上市公司，删除 ST、PT 类上市公司，剔除财务数据异常和财务数据缺失的上市公司样本，最终得到 7643 组公司 – 年度观测值数据，其中已实施混合所有制改革的国有公司为 3974 组，没有实施混合所有制改革的国有公司为 3669 组。本章数据来自巨潮资讯网、国泰安（CSMAR）、Wind 数据库。采用 Excel 和 Stata14.0 软件对数据进行统计和回归分析。

9.3.2　变量定义

本章研究的被解释变量是国有上市公司治理水平，解释变量是国有上市公司混合所有制改革及其改革程度变量。

（1）公司治理水平（Cgi）。

借鉴白重恩（2005）的研究，分别从股权结构与股东权益、董事会及其治理和管理层治理选取了 12 项指标进行主成分分析，用于建立公司治理水平的指数，具体指标及定义见表 9-1。然后计算出相关关系矩阵的特征值、贡献率和累计贡献率，并确定主成分的个数。选取累计贡献率达到 85% 的 8 个主成分指标，并进一步求得这 8 个主成分的荷载矩阵。通过荷载矩阵得到每个主成分的系数，再通过系数加权计算得到公司治理的综合指标 Cgi。

表 9-1　公司治理指标体系

公司治理指标	变量名称	变量定义
股权结构与股东权益	股东大会次数	年度股东大会次数
	股权集中度	第一大股东持股比例
	股权制衡度	第二到第十大股东持股比例之和除以第一大股东持股比例
	控股股东性质	虚拟变量，实际控制人为国有企业为 1，否则为 0
董事会及其治理	董事会规模	董事会人数
	董事会会议次数	年度召开董事会会议次数
	专业委员会个数	如审计委员会、薪酬与考核委员会、战略委员会、提名委员会
	独立董事比例	独立董事占总董事会人数的比例
	两职合一	董事长和总经理两职合一时为 1，否则为 0
	董事会持股比例	董事持股占公司总股份的比例
管理层治理	高管报酬	前三大高管报酬总额
	管理层持股比例	管理层持股占公司总股份的比例

（2）国有企业是否进行了混合所有制改革和改革程度变量。

解释变量如下：

一是国有企业是否进行了混合所有制改革的变量 Nstate，借鉴顾妍的研究方法，若发生国有股东减持、其他资本增持进而形成股权转移，则认为已实施混合所有制改革并取值为 1，否则未实施混合所有制改革并取值为 0。

二是国有企业混合所有制改革程度变量，用非国有股东持股比例（PNstate）来衡量。PNstate 为国有上市公司前十大流通股股东中非国有股东持股比例之和，PNstate 越大，说明国有企业混合所有制改革程度越大。

（3）控制变量。

本章选取影响公司治理水平的常用变量作为控制变量，包括公司规模、公司成长性、财务杠杆率、经营现金流量、固定资产比例、托宾 Q 值、中介监管及年度和行业虚拟变量。

各变量代码、名称及具体定义见表 9-2。

表 9-2　变量名称及定义

变量	变量名称	变量定义
Cgi	公司治理水平	主成分分析法计算得到
Nstate	国有企业是否进行了混合所有制改革	Nstate=1，说明国有企业进行了混合所有制改革；Nstate=0，说明国有企业没有进行混合所有制改革
PNstate	国有企业混合所有制改革程度	国有上市公司前十大流通股股东中非国有股东持股比例之和
Size	公司规模	总资产期末账面价值的自然对数
Grow	公司成长性	（本年营业收入 − 上年营业收入）÷ 上年营业收入 ×100%
Lev	财务杠杆率	负债总额 ÷ 资产总额 ×100%
Cfo	经营现金流量	经营活动产生的现金流量净额 ÷ 年末总资产
Tangi	固定资产比例	年末固定资产账面价值 / 年末总资产账面价值
TobinQ	托宾 Q 值	企业市价（股价）/ 企业的重置成本
Audit	中介监管	中国注册会计师协会排名进入前十的会计师事务所取值为 1，非前十取值为 0
Year	年度	年度虚拟变量
Ind	行业	行业虚拟变量

9.3.3　模型构建

为验证假设 H7，以国有企业是否进行了混合所有制改革 Nstate 为解释变量，以公司治理水平 Cgi 为被解释变量，构建模型（9-1），研究国有企业混合所有制改革对公司治理水平的影响。考虑国有企业混合所有制改革对公司治理水平产生影响可能具有滞后性，因此，选择国有企业混合所有制改革下一年的公司治理水平作为被解释变量。

$$
\begin{aligned}
\mathrm{Cgi}_{i,t+1} = {} & \alpha_0 + \alpha_1 \mathrm{Nstate}_{i,t} + \alpha_2 \mathrm{Size}_{i,t} + \alpha_3 \mathrm{Grow}_{i,t} + \alpha_4 \mathrm{Lev}_{i,t} + \alpha_5 \mathrm{Cfo}_{i,t} + \\
& \alpha_6 \mathrm{Tangi}_{i,t} + \alpha_7 \mathrm{TobinQ}_{i,t} + \alpha_8 \mathrm{Audit}_{i,t} + \sum \mathrm{Year}_{i,t} + \sum \mathrm{Ind}_{i,t} + \varepsilon_{i,t}
\end{aligned}
\quad (9\text{-}1)
$$

为验证假设 H8，以国有企业混合所有制改革程度 PNstate 为解释变量，以公司治理水平为被解释变量，构建回归模型（9-2），研究国有企业混合所有制改革程度对公司治理水平的影响。考虑国有企业混合所有制改革程度对公司治理水平产生影响可能具有滞后性，因此，选择国有企业混合所有制改革下一年的公司治理水平作为被解释变量。

$$
\begin{aligned}
\mathrm{Cgi}_{i,t+1} = {} & \alpha_0 + \alpha_1 \mathrm{PNstate}_{i,t} + \alpha_2 \mathrm{Size}_{i,t} + \alpha_3 \mathrm{Grow}_{i,t} + \alpha_4 \mathrm{Lev}_{i,t} + \alpha_5 \mathrm{Cfo}_{i,t} + \\
& \alpha_6 \mathrm{Tangi}_{i,t} + \alpha_7 \mathrm{TobinQ}_{i,t} + \alpha_8 \mathrm{Audit}_{i,t} + \sum \mathrm{Year}_{i,t} + \sum \mathrm{Ind}_{i,t} + \varepsilon_{i,t}
\end{aligned}
\quad (9\text{-}2)
$$

9.4 实证检验与分析

9.4.1 描述性统计分析

通过对 7643 组观察值进行描述性统计分析，了解各变量均值、标准差、最值、中位数等基本情况（表 9-3）。

表 9-3 主要变量的描述性统计分析

变量名	均值	标准差	最小值	最大值	中位数
Cgi	0.0015	0.8108	−0.5254	3.8521	−0.4317
Nstate	0.5200	0.4902	0.0000	1.0000	1.0000
PNstate	0.1467	0.1634	0.0143	0.6673	0.0923
Size	21.5243	1.2458	19.6831	25.7145	21.1936
Grow	0.1734	0.3415	−0.8835	3.1675	0.1486

续表

变量名	均值	标准差	最小值	最大值	中位数
Lev	0.4391	0.1841	0.0242	0.8752	0.4367
Cfo	0.0542	0.0684	−0.2364	0.2869	0.0498
Tangi	0.2607	0.1783	0.0004	0.9351	0.2368
TobinQ	2.2247	1.9853	0.1546	16.1274	1.7369
Audit	0.5942	0.4973	0.0000	1.0000	1.0000

根据表 9-3，公司治理水平（Cgi）的均值为 0.0015，标准差为 0.8108，最小值为 −0.5254，最大值为 3.8521，说明我国不同国有上市公司的治理水平存在显著差异。国有上市公司混合所有制改革变量 Nstate 均值为 0.5200，标准差为 0.4902，最小值为 0.0000，最大值为 1.0000，中位数为 1.0000，说明研究样本中有 52.00% 的国有上市公司进行了混合所有制改革。国有上市公司混合所有制改革程度变量 PNstate 均值为 0.1467，标准差为 0.1634，最小值为 0.0143，最大值为 0.6673，说明研究样本中混合所有制改革后的国有上市公司中非国有股持股比例均值为 14.67%，且不同国有上市公司的混合所有制改革程度存在显著差异。控制变量中，公司规模（Size）、公司成长性（Grow）和经营现金流量（Cfo）的标准差都较大，说明研究样本中国有上市公司的规模、成长性和经营现金流量存在显著差异。资产负债率（Lew）均值为 0.4391，说明研究样本中国有上市公司股权融资占比相对较大。固定资产比例（Tangi）的均值为 0.2607，说明研究样本中国有上市公司的固定资产在总资产中平均占比为 26.07%，且存在显著差异。中介监管（Audit）的均值为 0.5942，说明研究样本中有 59.42% 的国有上市公司由中国注册会计师协会排入前十的会计师事务所进行审计。

9.4.2　多重共线性检验

利用 Stata14.0 统计软件进行多重共线性检验，具体结果见表 9-4。

表 9-4　变量间的 PEARSON 相关系数及 Sig 值

变量	Cgi	Nstate	PNstate	Size	Grow	Lev	Cfo	Tangi	TobinQ	Audit
Cgi	1.0000									
Nstate	0.0974*	1.0000								
PNstate	0.1643	0.0014**	1.0000							
Size	0.0527**	0.1263*	0.1439*	1.0000						
Grow	0.0357	0.1374**	0.1075*	−0.0643**	1.0000					
Lev	−0.0241*	−0.0964*	−0.0648	0.4247*	−0.1438	1.0000				
Cfo	0.1846	0.2317*	0.1207	0.3941**	−0.0472	0.1453**	1.0000			
Tangi	0.1674*	0.0942	0.2147	0.0659	0.2246	−0.0652	−0.2371*	1.0000		
TobinQ	0.1136**	0.0452	0.1468	0.2237	0.2458*	0.0958	0.0762	0.2978	1.0000	
Audit	0.2571*	0.1093*	0.2459	0.2671	0.0879	−0.2982*	0.1798	0.2783	0.3081	1.0000

***、**、* 分别表示在 1%、5% 和 10% 的水平上显著。

根据表 9-4，各解释变量和控制变量间的 PEARSON 相关系数绝对值最大的是 0.4247，其他 PEARSON 相关系数绝对值都小于 0.4，因此，各变量间不存在多重共线性问题。国有企业混合所有制改革变量 Nstate 与公司治理水平变量 Cgi 的相关系数为正数，且在 10% 的水平上显著，说明国有企业混合所有制改革与公司治理水平的关系显著正相关，初步验证假设 H7。国有企业混合所有制改革程度变量 PNstate 与公司治理水平变量 Cgi 的相关系数为正数，但是并不显著，说明国有企业混合所有制改革程度与公司治理水平的关系存在内部差异，需要进一步进行分组检验。

9.4.3　多元回归分析

（1）国有企业混合所有制改革与公司治理水平的多元回归分析。

为了验证假设 H7，对多元回归模型（9-1）进行回归分析，结果见表 9-5 第 2 列。

表 9-5　国有企业混合所有制改革与公司治理水平多元回归分析

变量	Cgi			
	模型（9-1）	模型（9-2）		
	全样本	全样本	国有企业混合所有制改革程度低	国有企业混合所有制改革程度高
Nstate	0.0873***			
	（5.64）			
PNstate		0.1273	0.1157	0.1134***
		（1.11）	（0.97）	（4.27）
控制变量	控制	控制	控制	控制
截距项	−0.0675***	−0.0972**	−0.1147*	−0.1245***
	（−3.91）	（−2.45）	（−1.74）	（−4.05）
调整 R^2	0.1836	0.1952	0.1739	0.2036
样本量	7643	3974	2129	1845
F	37.46	38.77	37.48	36.52

***、**、* 分别代表在 1%、5% 与 10% 的水平上显著，括号内数字为 t 值。

根据表 9-5 第 2 列回归结果，回归模型（9-1）的 F 值为 37.46，说明模型整体回归效果较好，调整 R^2 为 0.1836，说明模型整体拟合程度好，模型变量具有较高解释力。国有公司进行混合所有制改革变量 Nstate 的回归系数为 0.0873，且在 1% 的水平上显著为正，说明我国国有上市公司混合所有制改革与公司治理水平显著正相关，即我国国有上市公司混合所有制改革有助于提高公司治理水平，验证了前文提出的研究假设 H7。

（2）国有企业混合所有制改革程度与公司治理水平的多元回归分析。

为了验证假设 H8，对多元回归模型（9-2）进行回归分析，结果见表 9-5 第 3~5 列。表 9-5 第 3 列是对回归模型（9-2）进行全样本回归检验，回归结果的 F 值为 38.77，说明模型整体回归效果较好，调整 R^2 为 0.1952，说明模型整体拟合程度好，模型变量具有较高解释力，国有企业混合所有制改革程度（PNstate）的回归系数为 0.1273，但是并不显著，说明我国国有上市公司混合所有制改革程度与公司治理水平的关系存在内部差异性。因此，进一步按照国有上市公司混合所有制改革程度的高低进行分组检验。

由于当国有企业混合所有制改革引入的非国有股东持股比例超过10%才能派出董事等高级管理人员，此时非国有股东持股比例大且可以充分发挥监督作用，因此，按照非国有股东持股比例之和（PNstate）是否达到10%进行分组，分为国有企业混合所有制改革程度低和程度高两组，然后分别对这两组样本进行回归检验。表9-5第4列是国有企业混合所有制改革程度低组的回归结果，国有企业混合所有制改革程度（PNstate）的回归系数为0.1157，但是并不显著，说明国有企业混合所有制改革程度低时，国有上市公司混合所有制改革程度对公司治理水平没有显著影响。表9-5第5列是国有企业混合所有制改革程度高组的回归结果，国有企业混合所有制改革程度（PNstate）的回归系数为0.1134，且在1%的水平上显著，说明国有企业混合所有制改革程度高时，国有上市公司混合所有制改革与公司治理水平显著正相关，且混合所有制改革程度越大，公司治理水平越高，从而验证假设H8。

9.4.4 稳健性检验

为了提高研究的可靠性，采用如下方法进行稳健性检验：

一是将解释变量滞后2期进行回归。在前文主回归检验中，将国有企业混合所有制改革滞后1期进行回归，在该部分进一步将国有企业混合所有制改革滞后2期，再次进行回归分析，回归结果与前文基本一致。

二是替换部分控制变量进行回归分析。用所有者权益期末账面价值的自然对数代表公司规模，将总资产增长率代表公司成长性，再次进行回归检验，所得结果与前文基本一致。

通过上述方法进一步验证了前文研究假设和研究结论。由于篇幅原因，不再赘述。

9.5　实证结论及政策建议

9.5.1　实证结论

本章以 2011—2018 年我国沪深 A 股国有上市公司为研究对象，构建实证回归模型考察国有上市公司混合所有制改革对公司治理水平的影响。研究结论包括：

（1）我国国有上市公司混合所有制改革与公司治理水平显著正相关，说明在提高国有上市公司治理水平方面，我国国有上市公司混合所有制改革发挥了积极作用。

（2）我国国有上市公司混合所有制改革程度与公司治理水平的关系存在内部差异性。当我国国有上市公司混合所有制改革程度低时，国有上市公司混合所有制改革程度对公司治理水平没有显著影响，而当我国国有上市公司混合所有制改革程度高时，国有上市公司混合所有制改革程度与公司治理水平显著正相关，说明只有当我国国有上市公司混合所有制改革深度和广度达到一定水平时，才能在提高公司治理水平方面发挥积极作用。

9.5.2　政策建议

根据本章研究结果，提出如下政策建议：

第一，积极推进国有企业混合所有制改革以完善国有企业股权结构。国有企业公司治理存在问题的原因之一就是股权结构中普遍存在国有股一股独大的问题，从而导致大股东侵占中小股东利益和政府干预等问题。只有打破国有股一股独大，甚至一股独占，政企才能分开。国有企业混合所有制改革通过引入外部的非国有股东，有助于提高国有企业的股权制衡度，减轻国有企业对政府的依赖程度，缓解大股东代理问题和减少政府干预现象。

第二，因地制宜地采用不同的国有企业公司治理模式。在股份制企业中，应该由作为所有者（股东）代表的董事会做出决策；股权大小决定董事会地位，无论是战略决策，还是人事任免，都要由董事会决定，政府不得以行政力量干预。在国家相对控股的企业中，国家的意图可以通过国有资产管理机构（如国资委）派出的董事会来体现。在国家不控股的企业中，决策要由相对控股者（民营资本或外资）决定。无论国家是否控股，政府都不能干预董事会的决策。这是作为一个企业独立运行的基本保证。

第 10 章　国有企业混合所有制改革对风险承担水平的影响研究

本章通过理论分析提出研究假设，并选取 2011—2018 年沪深 A 股国有上市公司作为研究数据和样本，构建实证回归模型进行实证回归分析，研究我国国有上市公司混合所有制改革对国有企业风险承担水平的影响，并进一步进行分组检验探讨国有企业混合所有制改革程度的不同对企业风险承担水平的影响。同时，通过中介效应检验，分析国有上市公司混合所有制改革对其风险承担水平的作用机制，并提出相应的对策建议。研究证明，国有企业混合所有制改革有助于提高国有企业风险承担水平，且当国有企业混合所有制改革程度低时，国有企业混合所有制改革对风险承担水平没有显著影响，但是当国有企业混合所有制改革程度高时，国有企业混合所有制改革程度对风险承担水平有显著正向影响。中介效应检验证明，国有企业混合所有制改革分别通过改善公司会计信息质量和提高公司治理水平，进而对企业风险承担水平产生积极正面影响。

10.1　引言

企业风险承担水平是指企业在运营中面对各种经营、投资、筹资等财务决策时愿意承担和能够承担的风险水平。企业风险承担水平反映了企业在进行财务决策时的风险态度和风险偏好程度，企业经营越保守，则企业缺乏一定的开拓、冒险精神，企业风险承担水平就越低。同时，企业风险承担水平受制于企业自身条件、资源、内外部环境等的限制，企业的各类资源丰富、内外部经营不确定性越低，企业对环境的适应性越强，则企业承担风险的能力就越强，企业风险承担水平就越大。目前很多研究认为企业风险承担水平就是企业在进行投资决策时的风险偏好和承担能力，这些研究仅仅将企业风险承担水平的研究局限在投资活动中，本章认为，企业的经营活动、筹资活动等其他比较重要的财务活动也反映了企业风险承担水平，因此，本章节不仅研究企业在投资活动中的风险承担水平，还研究企业在经营活动、筹资活动中的风险承担水平。当然，无论企业在筹资、投资还是经营活动中的风险抉择都建立在资本逐利原则和理性经济人假设基础之上。企业风险承担水平比较高的时候，企业具有承担相对高的风险的偏好、能力和条件，因此，在进行财务决策时，倾向选择风险偏高，收益也高的投资项目，并且企业自身的资源条件也支持企业的风险决策。根据资本逐利原则假设，企业的风险承担水平反映了企业能够承担的、也能够给企业带来最大利润的风险水平。也就是说，企业风险承担水平越高，企业的抗风险能力越强，且企业经营投资等财务活动的获利水平越高。

在实践中，企业投资者和企业之间都存在一定程度的信息不对称问题，而且各类委托代理问题广泛存在于企业治理中。尤其在我国国有企业，股东和管理者之间的第一类代理问题及大股东和中小股东之间的第二类代理问题都比较明显。国有企业存在较长的委托代理链条，所有者监督缺位，导致出现内部人控制的问题。国有企业管理者和股东存在利益目标的冲突，股东期望实现投入资本保值增值，但是管理者期望自身利益最大化。管理者自身利益目标包括：物质利益最大化，控制地位得到巩固，公司职位能够实现晋升，等等。根据风险补偿原理，企业的经营投资活动的风险越高，回报就越大，但是这些高回报主要属于公司股东享有，管理者只能领取固定的薪酬加额外的业绩奖励，而较高的经营风险需要管理者投入更多的时间和精力参与项目管理，一旦经营投资项目失败，管理者会面临辞退、降级等职位变动风险，并承担社会声誉损失风险。因此，为了规避风险，在进行经营投资决策时，管理者往往倾向选择风险相对低的经营投资项目，或者放弃净收益和净现金流为正的经营投资项目，从而降低了企业的风险承担水平。很多研究表明，与民营企业相比，国有企业的风险承担水平更低，因为国有企业内部人控制问题更为严重，且管理者存在更强烈的政治晋升动机，在企业经营活动中更倾向规避风险。近年来国有企业混合所有制改革不断深入推进，对国有企业股权结构、内部治理、委托代理问题都产生一定影响，那么国有企业混合所有制改革是否会影响其风险承担水平？尚需进一步经验证据。

目前研究主要从管理层角度研究了公司风险承担水平的影响因素，包括管理者过度自信（Li et al.，2010；余明桂 等，2013）、管理者性别、年龄、教育程度以及其个人风险偏好（Accio et al.，2016；Cain et al.，2016）、管理者薪酬水平（Coles et al.，2006）、管理者股权激励（Low，2009）等管理者个人特质和管理者激励因素对企业风险承担水平的影响。这些研究大多局限在管理者方面，而且从静态角度研究企业风险承担的影响因素问题。企业风险承担水平表面上看主要受管理者经营投资决策的影响，但是管理者的行为决策往往受制于公司内部的信息不对称程度、内部治理水平等因素的影响。因此，目前研究只是从表面上分析了公司风险承担水平的管理者影响因素问题，并未深入探究管理者风险决策的深层次影响因素。目前国有企业混合所有制改革正在积极推进，而很多研究证明，国有企业混合所有制改革会对国有企业信息不对称、内部治理等产生一定影响。那么国有企业混合所有制改革是否会通过影响信息不对称、内部治理等进而影响管理者风险决策和企业风险承担水平呢？目前很少有学者研究国有企业混合所有制改革这一动态事件对其风险承担水平的影响，也没有研究深入探讨其内部的作用机制问题。

基于以上考虑，本章节以我国国有企业混合所有制改革为制度背景，研究其对国有企业风险承担水平的影响。本章节通过理论分析和实证检验证明，我国国有企业混合所有制改革有助于提高国有企业风险承担水平。进一步通过分组检验证明，国有企业混合所有制改革对国有企业风险承担水平的影响随着国有企业混合所有制改革程度的不同而不同，当国有企业混合所有制改革程度低时，国有企业混合所有制改革对风险承担水平没有显著影响，而只有当国有企业混合所有制改革程度较高时，才会显著提高国有企业风险承担水平，且国有企业混合所有制改革程度越高，国有企业风险承担水平越高。中介效应检验表明，国有企业混合所有制改革分别通过影响公司会计信息质量和公司治理水平进而影响其风险承担水平。

本章的研究贡献包括：

（1）目前国内外学者主要从表面上研究了管理层个人特征、管理者薪酬和股权激励等静态因素对企业风险承担水平的影响，鲜有研究动态事件对企业风险承担水平的影响，也没有研究深入探究企业风险承担影响因素的具体作用机制问题。本章节则研究了我国国有企业混合所有制改革这一特定的动态事件对国有企业风险承担水平的影响，并分别从信息治理效应和公司治理效应角度研究了我国国有企业混合所有制改革对国有企业风险承担水平的具体作用机制和影响路径，丰富了国有企业风险承担水平影响因素的研究。

（2）目前文献主要从公司治理、公司绩效等方面研究国有企业混合所有制改革的经济效应问题，较少研究国有企业混合所有制改革对公司风险承担水平的影响，本章基于企业风险承担水平视角，研究国有企业混合所有制改革的经济效应，并进一步分析国有企业混合所有制改革对风险承担水平的作用机制，在一定程度上补充和完善了混合所有制改革经济效应的相关文献。

（3）目前对于国有企业混合所有制改革是否及如何影响企业风险承担水平，理论与实务界尚无定论。本章的研究表明国有企业混合所有制改革提高了国有企业风险承担水平，有助于监管机构从风险承担水平的角度评估国有企业混合所有制改革的经济效应，从而制定相应的混合所有制改革政策，以进一步提高国有企业风险承担水平，提高国有企业经营投资决策的科学性和国有企业经营管理水平。

10.2　理论分析与假设提出

10.2.1　国有企业混合所有制改革与风险承担水平

目前学者主要从管理者层面研究企业风险承担的影响因素，如李等（Li et al.，2010）、余明桂等（2013）研究了管理者过渡自信对企业投资决策和风险承担水平的影响，法乔等（Faccio et al.，2016）、该隐和麦克奎安（Cain et al.，2016）则研究了高管的性别、年龄、教育程度以及其个人风险偏好对风险承担水平的影响。科尔斯等（Coles et al.，2006）和洛（Low，2009）则认为科学的管理者薪酬制度、股权激励机制有助于改善管理者投资决策，提高企业风险承担水平。国有企业与一般民营企业不同，国有企业由政府出资成立，所有者是国资委或各级政府部门，与政府存在千丝万缕的密切联系，在经营过程中能够享受更多的政府扶持、金融贷款等政策性优惠条件，但是经营过程中也会受到政府部门过多干预，比如国有企业很多高管由上级部门直接委派，并且在经营目标上也要兼顾解决就业、宏观调控等更多的政策性目标，还具有委托代理链条过长、市场化程度较低、所有者监督缺位等先天性治理缺陷，这些都导致了国有企业风险承担水平较低。这里的原因有两方面：一是国有企业管理者倾向于选择风险水平较小的投资项目。国有企业管理者很多由政府直接委派，管理者具有更强的政绩观，在经营过程中会更多地考虑政治晋升、政府政策等因素，弱化其参与市场竞争实现更大盈利的经营目标，而且管理者的薪酬激励具有很大的稳定性和刚性，对其承担风险较高项目实现更高收益的激励不足，管理者更加追求经营稳定性。二是国有企业较长的委托代理链条加剧其信息不对称程度，导致严重的内部人控制问题，管理者凭借信息优势地位和控制权优势更有能力选择低风险项目。近年来，随着党中央多次发文强调国有企业混合所有制改革的重要性，我国国有企业混合所有制改革工作有了明显成效，国有企业混合所有制改革推行范围越来越广，改革力度越来越大，极大地提高了国有企业会计信息透明度，并完善了国有企业公司治理机制，为国有企业实现市场化治理提供了重要的契机，提高了国有企业的风险承担水平。具体而言，国有企业混合所有制改革具有信息治理效应和公司治理效应，从而提高其风险承担水平。

（1）信息治理效应。

国有企业混合所有制改革引入不同所有者形式的外部股东，不仅实现了国有企业产权性的多元化，而且目前随着国有企业混合所有制改革程度的提高，很多国有企业混合所有制改革引入的外部股东会积极行使手中投票权，参与国有企业经营管理。与中小股东不同，国有企业混合所有制改革程度高的时候引入的外部股东持股比例较高，达到 10% 的可以派出高管人员，并有权提议召开临时股东大会，可以称为外部大股东。外部大股东引起的信息治理效应表现在两个方面：一方面，混合所有制改革引入的外部大股东由于相对高的持股比例，自身收益与公司经营状况密切相关，会更加关注公司的财务状况、经营成果和现金流量等财务信息，会积极行使股东知情权，积极查阅公司章程、股东大会会议记录、董事会会议决议、监事会会议决议和财务会计报告甚至公司会计账簿等信息资料，并对公司提供的财务信息进行全面分析，从而更高掌握关于更多的公司经营状况的信息，管理者在进行投资决策时选择风险低、收益小的投资项目的机会主义行为就会被及时发现并得到有效抑制，从而提高国有企业风险承担水平。另一方面，混合所有制改革引入的外部大股东持股超过 10%，可以向国有企业直接派出董事等高层管理者，有助于分散管理层控制权，改变内部人控制局面，增加管理者采取风险规避行为的难度，而且混合所有制改革引入的外部大股东能够通过自己派出的董事等高管人员了解国有企业更加真实全面的经营状况，降低了国有企业股东和管理者之间的信息不对称程度，有助于及时阻止管理者风险规避行为。

（2）公司治理效应。

国有企业混合所有制改革引入的外部大股东，会更加积极参与公司治理，提高公司风险承担水平。所引发的公司治理效应表现在四个方面：一是国有企业混合所有制改革引入的外部大股东持股比例高，更加关注公司长远发展，在公司经营过程中会积极行使投票权，选择对国有企业长远发展有利的高收益项目，形成对管理者风险规避行为的有效牵制。二是国有企业混合所有制改革引入的外部大股东通过派出高管人员等实现与原有管理者的分权控制，改变原有内部人控制局面，并且外部股东派出的高管代表外部股东的利益，和原有高管受不同体制背景和聘任机制的影响，难以达成高管联盟，增加了管理者风险规避行为的难度。三是国有企业混合所有制改革引入的外部大股东派出的管理者不是上级部门直接委派的，而大部分是具有较高专业知识和职业能力的职业经理人，在国有企业的风险投资决策中可以提供更加科学合理的建议，减少只顾眼前利益的短视投资行为和各种风险规避行为，而选择有助于国有企业长远发展的投资回报率高的投资项目。四是国有企业混合所有制改革引入的外部大股东派出的管理者没有政治晋升目标，也不会过多考虑政策性负担问题，而是代表全体股东的利益追求利润最大化，实现资本保值增值，因此，进行经营投资决策时倾向于选择符合国有企业长远发展目标要求的高回报项目，从而提高其风险承担水平。

因此，国有企业混合所有制改革通过发挥信息治理效应和公司治理效应，提高了国有企业的风险承担水平。

基于此，提出如下研究假设：

假设 H9：国有企业混合所有制改革有助于提高其风险承担水平。

10.2.2　国有企业混合所有制改革程度与风险承担水平

目前我国国有企业混合所有制改革进度不一，有的国有企业混合所有制改革处于起步阶段，只是引入了少数持股比例不高的散户投资者，而也有的国有企业混合所有制改革流于形式，虽然引入了不同类型的外部投资者，但是这些投资者持股比例较低或者没有话语权，不能发挥有效的治理监督作用，因此，当国有企业混合所有制改革程度不高的时候，外部股东持股比例较低，属于中小投资者，与大股东相比，自身利益受公司经营状况的影响较小，不会投入过多的时间和精力了解公司经营状况，而且外部股东在公司享有的投票权较低，在公司的投资决策表决中无足轻重，往往会采取"搭便车"行为，难以发挥对管理者的监督约束作用。同时，混合所有制改革程度低的国有企业外部股东不能派出高管人员，在公司经营中没有话语权，不能真正参与国有企业经营管理，不能有效抑制管理者的风险规避行为。只有当国有企业混合所有制改革程度高的时候，引入的外部股东持股比例高，成为外部大股东，其利益受国有企业经营状况影响较大，具有更强的动机了解国有企业经营状况和参与国有企业经营管理，而且外部大股东凭借较高的持股比例可以实现对控股股东的有效制衡，也可以通过派出高管直接参与经营决策，有能力监督约束管理者的风险规避行为。

基于此，提出如下研究假设：

假设 H10：当国有企业混合所有制改革程度低时，对风险承担水平没有显著影响，而只有当国有企业混合所有制改革程度高时，才能有效提高国有企业风险承担水平，且混合所有制改革程度越大，风险承担水平越高。

10.3　研究设计

10.3.1　样本选择与数据来源

本章选取 2011 年 1 月 1 日至 2018 年 12 月 31 日的沪深 A 股国有上市公司为样本，剔除金融保险类上市公司，删除 ST、PT 类上市公司，剔除财务数据异常和财务数据缺失的上市公司样本，最终得到 7739 组公司 – 年度观测值数据，其中已实施混合所有制改革的国有公司为 4015 组，没有实施混合所有制改革的国有公司为 3724 组。本章数据来自巨潮资讯网、国泰安（CSMAR）、Wind 数据库。采用 Excel 和 Stata14.0 软件对数据进行统计和回归分析。

10.3.2　变量定义

本章研究的被解释变量是国有上市公司风险承担水平，解释变量是国有上市公司混合所有制改革及其改革程度变量，中介变量是会计信息质量和公司治理水平变量。

（1）风险承担水平（Risk）。

用公司 $t-2$ 到 $t+2$ 年共 5 年的经行业调整的总资产报酬率 Roa 指标的波动率来衡量风险承担水平。具体计算公式如下

$$\text{Risk}_{i,t} = \sqrt{\frac{1}{T-1}\sum_{t=1}^{T}\left(\text{AdRoa}_{i,t} - \frac{1}{T}\sum_{t=1}^{T}\text{AdRoa}_{i,t}\right)^2} \tag{10-1}$$

（2）国有企业是否进行了混合所有制改革和改革程度变量。

本章节的解释变量有两个：

一是国有企业是否进行了混合所有制改革的变量（Nstate），借鉴顾妍的研究方法，若发生国有股东减持、其他资本增持进而形成股权转移，则认为已实施混合所有制改革并取值为 1，否则为未实施混合所有制改革并取值为 0。

二是国有企业混合所有制改革程度变量，用非国有股东持股比例（PNstate）来衡量，PNstate 为国有上市公司前十大流通股股东中非国有股东持股比例之和，PNstate 越大说明国有企业混合所有制改革程度越大。

（3）会计信息质量（Aiq）。

本章使用被广泛采用的"应计盈余管理绝对值"衡量会计信息质量。我国上市公司适合采用基于行业分类的横截面 Jones 模型来计量应计盈余管理。具体回归模型如下

$$\frac{\text{Ta}_{i,t}}{A_{i,t-1}} = \beta_0 + \beta_1\frac{1}{A_{i,t-1}} + \beta_2\frac{\Delta\text{Rev}_{i,t} - \Delta\text{Rec}_{i,t}}{A_{i,t-1}} + \beta_3\frac{\text{Ppe}_{i,t}}{A_{i,t-1}} + \beta_4\text{Roa}_{i,t} + \varepsilon_{i,t} \tag{10-2}$$

$$\text{Nda}_{i,t} = \beta_0 + \beta_1\frac{1}{A_{i,t-1}} + \beta_2\frac{\Delta\text{Rev}_{i,t} - \Delta\text{Rec}_{i,t}}{A_{i,t-1}} + \beta_3\frac{\text{Ppe}_{i,t}}{A_{i,t-1}} + \beta_4\text{Roa}_{i,t} + \varepsilon_{i,t} \tag{10-3}$$

$$Aiq_{i,t} = -\left|\frac{Ta_{i,t}}{A_{i,t-1}} - Nda_{i,t}\right|$$ （10-4）

其中，$Ta_{i,t}$——国有上市公司 i 第 t 年的应计利润；

$A_{i,t-1}$——国有上市公司 i 第 $t-1$ 年年末资产总额；

$\Delta Rev_{i,t}$——国有上市公司 i 第 t 年的营业收入变动额；

$\Delta Rec_{i,t}$——应收账款变动额；

$Ppe_{i,t}$——年末固定资产账面价值；

$Roa_{i,t}$——总资产报酬率；

$Nda_{i,t}$——非操纵性应计利润。

由于会计信息质量与应计盈余管理绝对值呈负相关关系，所以式（10-4）用应计盈余管理绝对值的相反数衡量会计信息质量。

将模型（10-2）分年度回归的系数代入模型（10-3），利用模型（10-3）计算每家国有上市公司的非操纵性应计利润，将非操纵性应计利润代入模型（10-4），计算得到每家国有上市公司的会计信息质量。

（4）公司治理水平（Cgi）。

借鉴白重恩（2005）的研究，分别从股权结构与股东权益、董事会及其治理和管理层治理等方面选取了 12 项指标进行主成分分析，用于建立公司治理水平的指数，具体指标选取及定义参见表 10-1。然后计算出相关关系矩阵的特征值、贡献率和累计贡献率，并确定主成分的个数。选取累计贡献率达到 85% 的 8 个主成分指标，并进一步求得这 8 个主成分的荷载矩阵。通过荷载矩阵得到每个主成分的系数，通过系数加权计算得到公司治理的综合指标 Cgi。

表 10-1 公司治理指标体系

公司治理指标	变量名称	变量定义
股权结构 与股东权益	股东大会次数	年度股东大会次数
	股权集中度	第一大股东持股比例
	股权制衡度	第二到第十大股东持股比例之和除以第一大股东持股比例
	控股股东性质	虚拟变量，实际控制人为国有企业为 1，否则为 0

续表

公司治理指标	变量名称	变量定义
董事会及其治理	董事会规模	董事会人数
	董事会会议次数	年度召开董事会会议次数
	专业委员会个数	如审计委员会、薪酬与考核委员会、战略委员会、提名委员会
	独立董事比例	独立董事占总董事会人数的比例
	两职合一	董事长和总经理两职合一时为1，否则为0
	董事会股比例	董事持股占公司总股份的比例
管理层治理	高管报酬	前三大高管报酬总额
	管理层持股比例	管理层持股占公司总股份的比例

（5）控制变量。

本章节选取影响企业风险承担水平的常用变量作为控制变量，包括公司规模、公司成长性、财务杠杆率、经营现金流量、股权集中度、高管薪酬、管理层持股比例及年度和行业虚拟变量。

各变量代码、名称及具体定义见表10-2。

表 10-2　变量名称及定义

变量	变量名称	变量定义
Risk	风险承担水平	总资产报酬率 Roa 指标的波动率
Nstate	国有企业混合所有制改革事件	Nstate=1，说明国有企业进行了混合所有制改革，否则，说明国有企业没有进行混合所有制改革
PNstate	国有企业混合所有制改革程度	国有上市公司前十大流通股股东中非国有股东持股比例之和
Aiq	会计信息质量	根据基于行业分类的横截面 Jones 模型来计量
Cgi	公司治理水平	主成分分析法计算得到
Size	公司规模	总资产期末账面价值的自然对数
Grow	公司成长性	（本年营业收入－上年营业收入）÷ 上年营业收入 ×100%
Lev	财务杠杆率	负债总额 ÷ 资产总额 ×100%
Cfo	经营现金流量	经营活动产生的现金流量净额 ÷ 年末总资产

变量	变量名称	变量定义
Shold1	股权集中度	第一大股东持股数量 ÷ 总股数
Msal	高管薪酬	前三名高管薪酬总和的自然对数
Msto	管理层持股比例	管理层持股总数 ÷ 总股数
Year	年度	年度虚拟变量
Ind	行业	行业虚拟变量

10.3.3 模型构建

为验证假设 H9，以国有企业是否进行了混合所有制改革（Nstate）为解释变量，以风险承担水平（Risk）为被解释变量，构建模型（10-5），研究国有企业混合所有制改革对风险承担水平的影响。考虑到国有企业混合所有制改革对风险承担水平产生影响可能具有滞后性，因此，选择国有企业混合所有制改革下一年的风险承担水平作为被解释变量。

$$
\begin{aligned}
\mathrm{Risk}_{i,t+1} = &\ \alpha_0 + \alpha_1 \mathrm{Nstate}_{i,t} + \alpha_2 \mathrm{Size}_{i,t} + \alpha_3 \mathrm{Grow}_{i,t} + \alpha_4 \mathrm{Lev}_{i,t} + \alpha_5 \mathrm{Cfo}_{i,t} + \\
&\ \alpha_6 \mathrm{Shold1}_{i,t} + \alpha_7 \mathrm{Msal}_{i,t} + \alpha_8 \mathrm{Msto}_{i,t} + \sum \mathrm{Year}_{i,t} + \sum \mathrm{Ind}_{i,t} + \varepsilon_{i,t}
\end{aligned}
\tag{10-5}
$$

为验证假设 H10，以国有企业混合所有制改革程度（PNstate）为解释变量，以风险承担水平（Risk）为被解释变量，构建回归模型（10-6），研究国有企业混合所有制改革程度对风险承担水平的影响。考虑到国有企业混合所有制改革程度对风险承担水平产生影响可能具有滞后性，因此，选择国有企业混合所有制改革下一年的风险承担水平作为被解释变量。

$$
\begin{aligned}
\mathrm{Risk}_{i,t+1} = &\ \alpha_0 + \alpha_1 \mathrm{PNstate}_{i,t} + \alpha_2 \mathrm{Size}_{i,t} + \alpha_3 \mathrm{Grow}_{i,t} + \alpha_4 \mathrm{Lev}_{i,t} + \alpha_5 \mathrm{Cfo}_{i,t} + \\
&\ \alpha_6 \mathrm{Shold1}_{i,t} + \alpha_7 \mathrm{Msal}_{i,t} + \alpha_8 \mathrm{Msto}_{i,t} + \sum \mathrm{Year}_{i,t} + \sum \mathrm{Ind}_{i,t} + \varepsilon_{i,t}
\end{aligned}
\tag{10-6}
$$

10.4　实证检验与分析

10.4.1　描述性统计分析

通过对 7739 组观察值进行描述性统计分析，了解各变量均值、标准差、最值、中位数等基本情况（表 10-3）。

表 10-3　主要变量的描述性统计分析

变量名	均值	标准差	最小值	最大值	中位数
Risk	0.0308	0.0298	0.0019	0.1607	0.0205
Nstate	0.5188	0.4899	0.0000	1.0000	1.0000
PNstate	0.1401	0.1523	0.0159	0.6577	0.0902
Aiq	−0.1271	0.0865	−0.2702	−0.0001	−0.1134
Cgi	0.0014	0.9084	−0.5375	3.9452	−0.4291
Size	21.7762	1.2097	19.1568	26.2401	21.6709
Grow	0.1693	0.3381	−0.8973	3.0936	0.1368
Lev	0.4389	0.1791	0.0264	0.8947	0.4456
Cfo	0.0574	0.0657	−0.2322	0.2985	0.0546
Shold1	0.3458	0.1542	0.0497	0.8346	0.3358
Msal	14.2093	0.7086	12.3457	16.4628	14.2135
Msto	0.0023	0.0130	0.0000	0.1043	0.0000

根据表 10-3，风险承担水平（Risk）的均值为 0.0308，标准差为 0.0298，最小值为 0.0019，最大值为 0.1607，说明我国不同国有上市公司的风险承担水平存在显著差异。国有上市公司混合所有制改革变量 Nstate 均值为 0.5188，标准差为 0.4899，最小值为 0.0000，最大值为 1.0000，中位数为 1.0000，说明研究样本中有 51.88% 的国有上市公司进行了混合所有制改革。国有上市公司混合所有制改革程度变量 PNstate 均值为 0.1401，标准差为 0.1523，最小值为 0.0159，最大值为 0.6577，说明混合所有制改革后的国有上市公司中非国有股持股比例均值为 14.01%，且不同国有上市公司的混合所有制改革程度存在显著差异。我

国国有上市公司的会计信息质量和公司治理水平存在显著差异。控制变量中，高管薪酬（Msal）标准差较大，说明我国不同国有上市公司之间高管薪酬存在显著差异。管理层持股比例（Msto）均值为0.0023，说明我国国有上市公司管理层持股比例平均值为0.23%，我国国有上市公司管理层股权激励程度不高，且不同国有公司之间存在明显差异。其他控制变量的分析同前面章节类似，在此不再赘述。

10.4.2 多重共线性检验

利用 Stata14.0 统计软件进行多重共线性检验，具体结果见表 10-4。

表 10-4 变量间的 PEARSON 相关系数及 Sig 值

变量	Risk	Nstate	PNstate	Size	Grow	Lev	Cfo	Shold1	Msal	Msto
Risk	1.0000									
Nstate	0.0785*	1.0000								
PNstate	0.1106	0.0043*	1.0000							
Size	0.0343**	0.1084*	0.1003*	1.0000						
Grow	0.0264	0.1173**	0.1067*	−0.0457**	1.0000					
Lev	−0.0177*	−0.1012*	−0.0549	0.4802*	−0.1059	1.0000				
Cfo	0.2168	0.1093*	0.2075	0.3901**	−0.0138	0.1084**	1.0000			
Shold1	−0.0387	−0.0088*	−0.0166*	0.0794	0.1094	−0.1022	−0.1046	1.0000		
Msal	0.0852*	0.1104*	0.2236	0.2107*	0.0542	−0.1032	0.0854*	0.1043	1.0000	
Msto	0.1136**	0.0952*	0.0985	0.0653**	0.1107	−0.0075	0.0533*	0.1269	0.1139	1.0000

***、**、* 分别表示在 1%、5% 和 10% 的水平上显著。

根据表 10-4，各解释变量和控制变量间的 PEARSON 相关系数绝对值最大的是 0.4802，其他 PEARSON 相关系数绝对值都小于 0.4，因此，各变量间不存在多重共线性问题。国有企业混合所有制改革变量 Nstate 与风险承担水平变量

Risk 的相关系数为正数，且在 10% 的水平上显著，说明国有企业混合所有制改革与风险承担水平的关系显著正相关，初步验证假设 H9。国有企业混合所有制改革程度变量 PNstate 与风险承担水平变量 Risk 的相关系数为正数，但是并不显著，说明国有企业混合所有制改革程度与风险承担水平的关系存在内部差异，需要进一步进行分组检验。

10.4.3　多元回归分析

（1）国有企业混合所有制改革与风险承担水平的多元回归分析。

为了验证假设 H9，对多元回归模型（10-5）进行回归分析，结果见表 10-5 第 2 列。

表 10-5　国有企业混合所有制改革与风险承担水平多元回归分析

变量	Risk			
	模型（10-5）	模型（10-6）		
	全样本	全样本	国有企业混合所有制改革程度低	国有企业混合所有制改革程度高
Nstate	0.1254*** （4.73）			
PNstate		0.1083 （0.97）	0.1093 （0.54）	0.1096*** （9.25）
控制变量	控制	控制	控制	控制
截距项	−0.1501*** （−8.04）	−0.1126* （−1.73）	−0.1074** （−2.43）	−0.1653*** （−3.74）
调整 R^2	0.1907	0.2072	0.1849	0.2125
样本量	7739	4015	2175	1840
F	41.05	39.47	38.09	39.06

***、**、* 分别代表在 1%、5% 与 10% 的水平上显著，括号内数字为 t 值。

根据表 10-5 第 2 列回归结果，回归模型（10-5）的 F 值为 41.05，说明模型整体回归效果较好，调整 R^2 为 0.1907，说明模型整体拟合程度好，模型变量具有较高解释力。国有公司进行混合所有制改革变量 Nstate 的回归系数为 0.1254，且在 1% 的水平上显著为正，说明我国国有上市公司混合所有制改革与风险承担水平显著正相关，即我国国有上市公司混合所有制改革有助于提高国有公司风险承担水平，验证了前文提出的研究假设 H9。

（2）国有企业混合所有制改革程度与风险承担水平的多元回归分析。

为了验证假设 H10，对多元回归模型（10-6）进行回归分析，结果见表 10-5 第 3~5 列。表 10-5 第 3 列是对回归模型（10-6）进行全样本回归检验，回归结果的 F 值为 39.47，说明模型整体回归效果较好，调整 R^2 为 0.2072，说明模型整体拟合程度好，模型变量具有较高解释力，国有企业混合所有制改革程度变量 PNstate 的回归系数为 0.1083，但是并不显著，说明我国国有上市公司混合所有制改革程度与风险承担水平的关系存在内部差异性。因此，进一步按照国有上市公司混合所有制改革程度的高低进行分组检验。

由于当国有企业混合所有制改革引入的非国有股东持股比例超过 10% 才能派出董事等高级管理人员，此时非国有股东持股比例大且可以充分发挥监督作用，因此，按照非国有股东持股比例之和（PNstate）是否达到 10% 进行分组，分为国有企业混合所有制改革程度低和程度高两组，然后分别对这两组样本进行回归检验。表 10-5 第 4 列是国有企业混合所有制改革程度低组的回归结果，国有企业混合所有制改革程度变量 PNstate 的回归系数为 0.1093，但是并不显著，说明国有企业混合所有制改革程度低时，国有上市公司混合所有制改革程度对公司风险承担水平没有显著影响。表 10-5 第 5 列是国有企业混合所有制改革程度高组的回归结果，国有企业混合所有制改革程度变量 PNstate 的回归系数为 0.1096，且在 1% 的水平上显著，说明国有企业混合所有制改革程度高时，国有上市公司混合所有制改革与风险承担水平显著正相关，且混合所有制改革程度越大，风险承担水平越高，从而验证假设 H10。

10.4.4　国有企业混合所有制改革对风险承担水平的作用机制检验

根据前文分析，国有企业混合所有制改革将有助于提高其风险承担水平。为了进一步研究国有企业混合所有制改革对风险承担水平的作用机制，本章节依据前文理论分析，借鉴温忠麟等（2004）提出的综合中介效应检验程序分析国有企业混合所有制改革通过信息治理效应和公司治理效应可能产生的作用机制。

（1）信息治理效应作用机制检验。

根据前文分析，国有企业混合所有制改革引入非国有大股东，有更多的动机和能力关注公司会计信息，有助于改善国有企业会计信息质量，发挥信息治理效应，从而监督制约管理层风险规避的机会主义行为，提高国有企业风险承担水平。基于上述分析，本章节进一步检验国有企业混合所有制改革是否通过发挥信息治理的中介效应从而提高风险承担水平。根据温忠麟等（2004）提出的检验程序，设定以下三个模型：

$$\text{Risk}_{i,t+1} = c_0 + c_1 \text{Nstate}_{i,t} + \text{Controls}_{i,t} + \varepsilon \qquad （路径 \text{A}）$$

$$\text{Aiq}_{i,t+1} = a_0 + a_1 \text{Nstate}_{i,t} + \text{Controls}_{i,t} + \varepsilon \qquad （路径 \text{B}）$$

$$\text{Risk}_{i,t+1} = c_0' + c_1' \text{Nstate}_{i,t} + b\text{Aiq}_{i,t+1} + \text{Controls}_{i,t} + \varepsilon \qquad （路径 \text{C}）$$

其中，会计信息质量变量 Aiq 为中介变量。

表 10-6 第（1）～（3）列为信息治理中介效应检验结果。路径 A 中 Nstate 的系数为 0.1254，且在 1% 的水平上显著。路径 B 考察国有企业混合所有制改革对会计信息质量变量 Aiq 的影响，Nstate 的系数为 0.1974，且在 1% 的水平上显著，说明国有企业混合所有制改革改善了国有公司会计信息质量。路径 C 检验结果显示，国有企业混合所有制改革 Nstate 的系数为 0.1030，会计信息质量变量 Aiq 的系数为 0.1136，且都在 10% 的水平上显著，说明会计信息质量在国有企业混合所有制改革与公司风险承担水平之间起到了显著的部分中介效应。Sobel 检验的 P 值在 1% 水平上显著，支持了会计信息质量的中介效应。

表 10-6　信息治理和公司治理的中介效应检验

变量	路径 A (不含中介因子)		路径 B (中介因子检验)		路径 C (含中介因子)	
	Risk (1)	Aiq (2)	Cgi (4)	Risk (3)	Risk (5)	
Nstate	0.1254*** (4.73)	0.1974*** (6.89)	0.1383** (2.46)	0.1030* (1.82)	0.1053** (2.39)	
Aiq				0.1136* (1.90)		
Cgi					0.1735*** (3.91)	
控制变量	控制	控制	控制	控制	控制	
样本量	7739	7739	7739	7739	7739	
调整 R^2	0.1907	0.2096	0.2157	0.2354	0.2153	
F	41.05	39.57	38.71	35.74	38.47	
Sobel 检验 P 值				0.0026	0.0048	

注：***、**、* 分别代表在 1%、5% 与 10% 的水平上显著，括号内数字为 t 值。

（2）公司治理效应作用机制检验。

根据前文分析，国有企业混合所有制改革引入非国有股东，不仅提高了股权制衡度，而且非国有股东有更多的动机和能力参与公司治理，有助于提高国有企业公司治理水平，发挥公司治理效应，从而约束管理层风险规避的机会主义行为，最终提高国有企业风险承担水平。基于上述分析，下面进一步检验国有企业混合所有制改革是否通过发挥公司治理的中介效应从而提高风险承担水平。根据温忠麟等（2004）提出的检验程序，设定以下三个模型：

$$Risk_{i,t+1} = c_0 + c_1 Nstate_{i,t} + Controls_{i,t} + \varepsilon \qquad （路径 A）$$

$$Cgi_{i,t+1} = a_0 + a_1 Nstate_{i,t} + Controls_{i,t} + \varepsilon \qquad （路径 B）$$

$$Risk_{i,t+1} = c_0' + c_1'Nstate_{i,t} + bCgi_{i,t+1} + Controls_{i,t} + \varepsilon \qquad （路径 C）$$

其中，公司治理水平变量 Cgi 为中介变量。

表 10-6 第（1）、第（4）、第（5）列为公司治理中介效应检验结果。路径 A 中 Nstate 的系数为 0.1254，且在 1% 的水平上显著。路径 B 考察国有企业混合所有制改革对公司治理水平的影响，Nstate 的回归系数为 0.1383，且在 5% 的水平上显著，说明国有企业混合所有制改革提高了国有企业公司治理水平。路径 C 检验结果显示，Nstate 的系数为 0.1053，Cgi 的系数为 0.1735，且分别在 5% 和 1% 的水平上显著，说明公司治理水平在国有企业混合所有制改革与公司风险承担水平之间起到了显著的部分中介效应。Sobel 检验的 P 值在 1% 水平上显著，支持了公司治理水平的中介效应。

10.4.5　稳健性检验

为了提高研究的可靠性，采用如下方法进行稳健性检验：

一是将解释变量滞后 2 期进行回归。在前文主回归检验中，将国有企业混合所有制改革滞后 1 期进行回归，在该部分进一步将国有企业混合所有制改革滞后 2 期，再次进行回归分析，回归结果与前文基本一致。

二是替换被解释变量，用公司经行业调整的权益净利率 Roe 指标的波动性来衡量风险承担水平。

三是替换部分控制变量进行回归分析。用所有者权益期末账面价值的自然对数代表公司规模，将净利润增长率代表公司成长性，用前三大股东持股比例之和衡量股权集中度，再次进行回归检验，所得结果与前文基本一致。

通过上述三种方法进一步验证了前文研究假设和研究结论。由于篇幅原因，不在此列出稳健性检验结果。

10.5 实证结论及政策建议

10.5.1 实证结论

本章以 2011—2018 年我国沪深 A 股国有上市公司为研究对象，构建实证回归模型考察国有上市公司混合所有制改革对公司风险承担水平的影响。研究结论包括：

（1）我国国有上市公司混合所有制改革与公司风险承担水平显著正相关，说明在提高国有上市公司风险承担水平方面，我国国有上市公司混合所有制改革发挥了积极作用。

（2）我国国有上市公司混合所有制改革程度与公司风险承担水平的关系存在内部差异性。当我国国有上市公司混合所有制改革程度低时，国有上市公司混合所有制改革程度对公司风险承担水平没有显著影响，而当我国国有上市公司混合所有制改革程度高时，国有上市公司混合所有制改革程度与公司风险承担水平显著正相关，说明只有当我国国有上市公司混合所有制改革深度和广度达到一定水平时，才能在提高公司风险承担水平方面发挥积极作用。

（3）为了进一步研究国有上市公司混合所有制改革对风险承担水平的作用机制，本章节进行了中介效应检验。中介效应检验结果表明，会计信息质量和公司治理水平在国有上市公司混合所有制改革与风险承担水平之间的关系中都发挥了部分中介效应，即国有上市公司混合所有制改革通过发挥信息质量效应和公司治理效应，最终提高了国有公司风险承担水平。

10.5.2 政策建议

根据本章研究结果，提出如下政策建议：

第一，不断深化国有企业混合所有制改革程度。本章节实证研究结果表明，国有企业混合所有制改革程度不高时，引入的外部股东属于中小股东，不能有效发挥监督和股权制衡作用，不能有效实现国有企业混合所有制改革的目标。只有当国有企业混合所有制改革引入的股东种类更多、性质更加多样化、持股比例更高时，才能形成外部大股东，发挥股权制衡和监督管理作用，有效约束管理者风险规避的机会主义行为，提高国有企业风险承担水平。因此，国有企业混合所有制改革不能流于形式，不能只做表面文章，而是要注重实质成效，注重混合所有制的影响和效果，要不断拓展和深化国有企业混合所有制改革的广度和深度，实现国有企业混合所有制改革的真正目的。

第二，完善国有企业混合所有制改革过程中对管理者的激励约束机制。目前很多国有企业的管理者薪酬激励机制中刚性薪酬占很大部分，管理者的报酬与自身努力程度关联性低，导致管理者在经营过程中过分追求稳定和安逸的报酬，安于现状，缺乏冒险进取精神，在企业经营管理过程中风险规避行为严重，导致国有企业投资项目收益回报率过低，缺乏市场竞争活力。因此，国有企业混合所有制改革过程中要注意扭转管理者稳定薪酬导致激励不足的局面。可以从两个方面进行：一是加大管理者股权激励程度，通过混合所有制改革引入管理者股东，让管理层持股本身也是国有企业深化混合所有制改革的重要举措之一。管理者持股可以使管理者成为国有企业股东，改变管理者角色定位，能够和公司股东有一致的利益诉求，缓解管理者和股东之间的委托代理问题，可以发挥对管理者更大的激励作用，提高管理者改善公司经营投资决策的积极性，使公司投资于更多的净现值为正的投资项目，提高公司风险承担水平。二是提高管理者薪酬业绩敏感性。改变以往管理者拿固定工资回报的局面，使管理者的薪酬与公司业绩挂钩，以促使管理者努力提高经营投资决策的科学性，投资于回报率更高的投资项目，以改善公司风险承担水平和业绩水平。

第11章　国有企业混合所有制改革 对投资效率的影响研究

本章通过理论分析提出研究假设，并选取 2011—2018 年国有上市公司作为研究数据和样本，构建实证回归模型进行实证回归分析，研究我国国有上市公司混合所有制改革对国有企业投资效率的影响，并进一步探讨国有企业混合所有制改革对过度投资和投资不足的影响。然后通过分组检验研究国有企业混合所有制改革程度的不同对企业投资效率的影响。研究证明，国有企业混合所有制改革有助于提高国有企业投资效率，且国有企业混合所有制改革对过度投资和投资不足都有一定的抑制作用。分组检验表明，国有企业混合所有制改革程度的不同会对企业投资效率产生不同的影响，当国有企业混合所有制改革程度低时，国有企业混合所有制改革对投资效率没有显著影响，但是当国有企业混合所有制改革程度高时，国有企业混合所有制改革程度对投资效率有显著正向影响。

11.1　引言

投资活动是企业主要的财务活动之一，衡量投资活动的价值的重要指标是投资效率。投资效率反映了企业在投资过程中投入和回报之间的对比关系。投资效率越高，说明单位投资资金产生的经济效益越多，因此，企业价值越大。但是，我国上市公司的投资效率普遍不高（姜付秀 等，2009），很多公司存在投资不足或过度投资的问题。而我国国有企业由于特殊的制度属性，在经营过程中对政府依赖性较强，表现为政府为国有企业发展提供一定的政府扶持资金，而由于国有企业具有政府扶持背景，金融机构的贷款政策也偏向国有企业，因此，国有企业的融资约束程度较低，在经营过程中资金相对比较充裕，往往存在过度投资行为，而国有企业由于和政府存在千丝万缕的联系，承担了过多的政策性负担和社会责任，为了实现政府宏观调控和社会发展目标，在进行投资决策时将资金投资在具有一定社会公益性但效益不高的领域，进一步加剧了过度投资导致的投资效率低下的问题。同时，国有企业管理者的激励约束机制不完善，导致管理者在进行投资决策时存在一定的风险规避行为，放弃了能够产生正的净现金流但具有一定风险的投资项目，导致投资不足的问题。因此，提高国有企业投资效率一直是国有企业改革的重要目标之一。近年来国有企业混合所有制改革正深入推进，其对国有企业的股权结构和公司治理等方面都产生了重要影响，股权结构和公司治理的改变会影响国有企业投资决策。那么，国有企业混合所有制改革会对其投资效率产生影响吗？国有企业混合所有制改革会对投资效率产生怎样的影响呢？尚需进一步经验证据。

目前对国有企业混合所有制改革的经济效应的研究结论并不一致。大部分研究肯定了国有企业混合所有制改革的积极影响。例如，刘小玄（2004）、李广子和刘力（2010）认为国有企业混合所有制改革有助于提高股权异质性，从而提高公司业绩。陈林和唐杨柳（2014）、武常岐和张林（2014）、李文贵和余明桂（2015）等也认为国有企业混合所有制改革有助于减轻其政策性负担，从而改善公司业绩和促进企业创新。但是有的研究则认为国有企业混合所有制改革具有一定的负面影响，如林毅夫和刘培林（2001）认为国有企业混合所有制改革会加剧国有企业预算软约束问题，刘春和孙亮（2013）则认为国有企业混合所有制改革会加重国有企业政策性负担。目前研究主要分析了国有企业混合所有制改革对政府干预、股权结构、公司治理和经营业绩等方面的影响，且得出不一致的研究结论。而国有企业政府干预、股权结构和公司治理等方面的改变必然会影响国有企业的投资决策，但是目前文献很少有进一步研究国有企业混合所有制改革通过对政企关系、股权结构和公司治理产生影响后进而会对投资效率产生何种影响。

基于以上考虑，本章以我国国有企业混合所有制改革为制度背景，研究其对国有企业投资效率的影响。本章通过理论分析和实证检验证明，我国国有企业混合所有制改革有助于抑制过度投资和投资不足行为，进而提高国有企业投资效率。进一步通过分组检验证明，国有企业混合所有制改革对国有企业投资效率的影响随着国有企业混合所有制改革程度的不同而不同，当国有企业混合所有制改革程度低时，国有企业混合所有制改革对投资效率没有显著影响，而只有当国有企业混合所有制改革程度较高时，才会显著提高国有企业投资效率，且国有企业混合所有制改革程度越高，国有企业投资效率越高。

本章的研究贡献包括：

（1）现有研究主要从产权属性、高管特征和政策制度等方面研究了企业投资效率的影响因素问题（孙晓华 等，2016；代昀昊 等，2017；陈运森 等，2019；陈运森 等，2011；代昀昊 等，2017；刘慧龙 等，2012；柳建华 等，2015；申慧慧 等，2012；Du et al.，2014；Chan et al.，2009），很少研究国有企业混合所有制改革这一动态事件对其投资效率的影响。本章研究国有企业混合所有制改革对投资效率的影响，丰富了国有企业投资效率影响因素的研究。

（2）目前研究主要分析了国有企业混合所有制改革对政府干预、股权结构、公司治理和经营业绩等方面的影响，且得出不一致的研究结论，很少有文献进一步研究国有企业混合所有制改革通过对政企关系、股权结构和公司治理产生影响后会对投资效率产生何种影响。本章研究了我国国有企业混合所有制改革对投资效率的影响，并分别从过度投资和投资不足角度研究了我国国有企业混合所有制改革对投资效率的具体影响，在一定程度上补充和完善了混合所有制改革经济效应的相关文献。

（3）目前对于国有企业混合所有制改革是否及如何影响企业投资效率，理论与实务界尚无定论。本章的研究表明国有企业混合所有制改革提高了国有企业投资效率，有助于监管机构从投资效率的角度评估国有企业混合所有制改革的经济效应，从而制定相应的混合所有制改革政策，以进一步提高国有企业投资效率。

11.2　理论分析与假设提出

作为促进国民经济增长的"三驾马车"之一的投资，决定了物质资本存量增长的速率。2016 年 7 月，中共中央、国务院颁布《关于深化投融资体制改革的意见》，明确要求改善企业投资管理，充分激发社会投资的动力和活力。国有企业作为国民经济发展的重要支柱，其投资效率的高低直接关系国有资本保值增值目标的实现。但是目前我国国有企业的投资效率不高，主要表现为过度投资和投资不足。

11.2.1　国有企业混合所有制改革与过度投资

国有企业由政府部门出资设立，其和政府部门的关系错综复杂，导致其过度投资问题（程仲鸣 等，2008）。主要表现在三个方面：第一，有的国有企业发展过程中，会享受较多的政府部门扶持和金融机构贷款政策的倾斜，因此，经营资金比较充裕，融资约束程度低，为了扩大自身影响力并构建商业"帝国"，管理者会将剩余资金尽可能进行对外投资（董红晔 等，2014），但是由于投资收益和剩余索取权属于股东，因此，管理者对投资回报的重视程度不高，会选择一些净现值为负的投资项目进行投资，导致过度投资问题。第二，政府对国有企业具有"父爱效应"（谢德仁 等，2009），即使国有企业管理者选择的投资项目失败，也有政府部门兜底，对资不抵债的国有企业进行"输血"救济，使其免于破产倒闭，进一步导致国有企业管理层缺乏危机意识，为了扩大自身控制力和影响力，盲目进行投资并购等活动，进一步加剧了国有企业的过度投资问题。第三，国有企业享受的政府资金扶持和优惠政策较多，但是也会受到较多的政府干预，在经营过程中的政策性负担重，其经营目标不仅仅是盈利，还要考虑就业、宏观调控等社会目标，政府部门会通过干预国有企业将一些政治任务强加给国有企业，导致国有企业的市场竞争机制不健全，将资金投资在过多的投资回报率不高的项目上，加剧过度投资问题。

国有企业混合所有制改革引入非国有资本，改变了国有企业的股权结构和治理结构，并有助于抑制其过度投资问题。表现在三个方面：一是国有企业混合所有制改革引入外部非国有股东有权参与企业经营管理，且非国有股东投资目的明确，就是为了实现资本保值增值目标，因此，会加强对管理者的监督约束，并在投资决策时充分考虑投资回报率，将资金都投资在净现值为正的项目上，减少非效率投资，纠正企业过度投资行为。二是国有企业混合所有制改革引入的非国有资本具有天生逐利属性，且非国有股东市场竞争意识强烈，在国有企业经营过程中会通过非国有资本发挥市场竞争机制的作用，增加国有企业的忧患危机意识，因此，在进行投资活动时会充分考虑项目投资失败风险和投资回报率，减少对高风险和不盈利项目的投资，缓解过度投资问题。三是国有企业混合所有制改革引入非国有资本，会更有效发挥现代企业治理机制作用，弱化政企关系和对政府部门的过度依赖，减少政府干预行为，减轻国有企业政策性负担，在经营过程中具有更多"企业"属性，而经营目标也更加明确和合理化，在投资决策时以投资回报为主要目标，提高投资决策科学性，减少低效率投资行为。

鉴于此，提出如下研究假设：

假设 H11：国有企业混合所有制改革有助于抑制其过度投资行为。

11.2.2　国有企业混合所有制改革与投资不足

有的国有企业在经营过程中存在投资不足的问题。国有企业管理者的激励约束机制不健全，其投资管理的付出与回报不对称。国有企业由于所有者监管缺位导致内部人控制问题，股东和管理者之间的代理冲突问题严重，而信息不对称又进一步加剧了管理者代理问题。管理者代理问题也存在于投资领域。在投资决策时，股东希望企业能够把握投资机会，将资金投资在净现值为正的项目上，产生更多的现金流量和利润，实现资本保值增值目标。然而，投资项目成功带来的资本收益主要归股东享有，而管理者则要付出额外的时间和精力来进行项目投资决策，管理者为了提高投资项目回报率付出的努力与收益不匹配，因此，导致管理者在进行投资决策时存在风险规避行为，放弃净现值为正的投资项目，导致投资不足的问题。此外，国有企业管理者为了实现政治晋升目标和维护自身控制地位，往往存在风险规避倾向，而股东对管理者的监管缺位又进一步加剧了管理者的风险规避的机会主义行为，从而导致国有企业投资不足问题。

国有企业混合所有制改革引入非国有股东有动机和能力参与国有企业经营管理，持股比例达到一定水平时可以向国有企业派出董监高等高管人员，一方面缓解了股东和管理者之间的信息不对称问题，有助于外部股东掌握企业更真实的投资信息，降低管理者投资风险规避行为的难度，提高投资决策科学性；另一方面，非国有股东积极参与国有企业内部治理，在一定程度上解决了所有者缺位问题，有助于加强对管理者的监督约束，促使管理者从国有企业全局考虑进行投资决策，而且外部非国有股东的引入有助于完善国有企业管理者激励机制，比如通过股权激励等管理者激励措施调动管理者投资管理的积极性，促使管理者把握净现值为正的投资机会，减少投资不足行为。

鉴于此，提出如下研究假设：

假设 H12：国有企业混合所有制改革有助于抑制其投资不足行为。

11.2.3　国有企业混合所有制改革与投资效率

根据前文分析，国有企业混合所有制改革有助于抑制其过度投资和投资不足行为，进而提高国有企业投资效率。国有企业混合所有制改革引入外部非国有股东有动机和能力参与国有企业投资决策，提高了投资决策的科学性。同时，非国有股东缓解了所有者缺位问题，加强了对管理者的监督约束，能够抑制管理者过度投资或投资不足的机会主义行为。此外，国有企业混合所有制改革引入非国有资本，有助于促使国有企业积极参与市场竞争，减少对政府的依赖性，注重投资效率的提升；还有助于完善国有企业管理者激励机制，促使管理者做出更加科学合理的投资决策。

鉴于此，提出如下研究假设：

假设 H13：国有企业混合所有制改革有助于提高其投资效率。

11.2.4　国有企业混合所有制改革程度与投资效率

国有企业混合所有制改革程度不同，对公司股权结构和治理机制的影响不同，进而会对投资决策产生不同程度的影响。当国有企业混合所有制改革程度低时，引入的外部股东持股比例较低，参与公司决策和公司治理的动机和能力不足，也不能充分发挥对管理者的监督约束作用，不会对公司投资效率产生积极影响。只有当国有企业混合所有制改革程度较高时，引入的外部股东持股比例较高，且能够向公司派出高管人员，外部股东才有足够的动机和能力参与国有企业投资决策,并加强对管理者的监督约束,抑制其过度投资和投资不足行为，从而提高公司投资效率。

鉴于此，提出如下研究假设：

假设 H14：当国有企业混合所有制改革程度低时，对投资效率没有显著影响，而只有当国有企业混合所有制改革程度高时，才能有效提高国有企业投资效率，且混合所有制改革程度越大，投资效率越高。

11.3　研究设计

11.3.1　样本选择与数据来源

本章选取 2011 年 1 月 1 日至 2018 年 12 月 31 日的沪深 A 股国有上市公司

为样本，剔除金融保险类上市公司，删除 ST、PT 类上市公司，剔除财务数据异常和财务数据缺失的上市公司样本，最终得到 7846 组公司 – 年度观测值数据，其中已实施混合所有制改革的国有公司为 4206 组，没有实施混合所有制改革的国有公司为 3640 组。本章数据来自巨潮资讯网、国泰安（CSMAR）、Wind 数据库。采用 Excel 和 Stata14.0 软件对数据进行统计和回归分析。

11.3.2　变量定义

本章研究的被解释变量是国有上市公司投资效率、过度投资和投资不足变量，解释变量是国有上市公司混合所有制改革及其改革程度变量。

（1）投资效率（Abine）、过度投资（Over）和投资不足（Low）。

本章借鉴理查德森（Richardson，2006）、辛清泉等（2007）的研究，利用如下模型（11-1）来估计公司的投资效率水平：

$$INE_t = \beta_0 + \beta_1 TQ_{t-1} + \beta_2 Cash_{t-1} + \beta_3 Lev_{t-1} + \beta_4 Size_{t-1} + \beta_5 Age_{t-1} + \beta_6 Ret_{t-1} + \beta_7 INE_{t-1} + Year + Industry + \varepsilon_t \tag{11-1}$$

用模型（11-1）的回归残差衡量投资效率，正的回归残差为投资过度，用 Over 表示；负的回归残差为投资不足，取相反数后用 Low 表示。Over 和 Low 越大，则过度投资和投资不足问题越严重。用模型（11-1）回归残差的绝对值取相反数 Abine 衡量公司投资效率，Abine 越大，则公司投资效率越高。

INE_t 为投资规模，用公司当年新增加的资本性支出 / 年初总资产计算；TQ_{t-1} 是公司年初托宾 Q 值；$Cash_{t-1}$ 代表公司货币资金持有量，等于年初货币资金与交易性金融资产之和 / 年初总资产；Lev_{t-1}、$Size_{t-1}$、Age_{t-1}、Ret_{t-1}、INE_{t-1} 分别为公司期初的资产负债率、期初公司规模、截止到年初时上市年限加 1 取自然对数、上一年股票收益率、上一年新增加的投资支出，Year 和 Industry 分别为年份与行业虚拟变量。

（2）国有企业是否进行了混合所有制改革（Nstate）和改革程度（PNstate）。

本章节的解释变量有两个：

一是国有企业是否进行了混合所有制改革的变量 Nstate，借鉴顾妍的研究方法，若发生国有股东减持、其他资本增持进而形成股权转移，则认为已实施混合所有制改革并取值为 1，否则为未实施混合所有制改革并取值为 0。

二是国有企业混合所有制改革程度变量，用非国有股东持股比例（PNstate）来衡量，PNstate 为国有上市公司前十大流通股股东中非国有股东持股比例之和，PNstate 越大说明国有企业混合所有制改革程度越大。

（3）控制变量。

本章节选取影响企业投资效率的常用变量作为控制变量，包括公司规模、公司成长性、财务杠杆率、经营现金流量、股权集中度、高管薪酬、管理层持股比例及年度和行业虚拟变量。

各变量代码、名称及具体定义见表 11-1。

表 11-1　变量名称及定义

变量	变量名称	变量定义
Over	投资过度指标	Richardson 模型回归后，大于零的残差
Low	投资不足指标	Richardson 模型回归后，小于零的残差取相反数
Abine	投资效率指标	Richardson 模型回归后，残差绝对值取相反数
Nstate	国有企业混合所有制改革事件	Nstate=1，说明国有企业进行了混合所有制改革，否则，说明国有企业没有进行混合所有制改革
PNstate	国有企业混合所有制改革程度	国有上市公司前十大流通股股东中非国有股东持股比例之和
Size	公司规模	总资产期末账面价值的自然对数
Grow	公司成长性	（本年营业收入－上年营业收入）÷上年营业收入 ×100%
Lev	财务杠杆率	负债总额 ÷ 资产总额 ×100%
Cfo	经营现金流量	经营活动产生的现金流量净额 ÷ 年末总资产
Shold1	股权集中度	第一大股东持股数量 ÷ 总股数
Msal	高管薪酬	前三名高管薪酬总和的自然对数
Msto	管理层持股比例	管理层持股总数 ÷ 总股数
Year	年度	年度虚拟变量
Ind	行业	行业虚拟变量

11.3.3　模型构建

为验证假设 H11，以国有企业是否进行了混合所有制改革（Nstate）为解释变量，以过度投资为被解释变量，构建模型（11-2），研究国有企业混合所有制改革对过度投资的影响。考虑到国有企业混合所有制改革对过度投资行为产生影响可能具有滞后性，因此，选择国有企业混合所有制改革下一年的过度投资作为被解释变量。

$$
\begin{aligned}
\mathrm{Over}_{i,t+1} = {} & \alpha_0 + \alpha_1 \mathrm{Nstate}_{i,t} + \alpha_2 \mathrm{Size}_{i,t} + \alpha_3 \mathrm{Grow}_{i,t} + \alpha_4 \mathrm{Lev}_{i,t} + \alpha_5 \mathrm{Cfo}_{i,t} + \\
& \alpha_6 \mathrm{Shold1}_{i,t} + \alpha_7 \mathrm{Msal}_{i,t} + \alpha_8 \mathrm{Msto}_{i,t} + \sum \mathrm{Year}_{i,t} + \sum \mathrm{Ind}_{i,t} + \varepsilon_{i,t}
\end{aligned}
\tag{11-2}
$$

为验证假设 H12，以国有企业是否进行了混合所有制改革（Nstate）为解释变量，以投资不足为被解释变量，构建模型（11-3），研究国有企业混合所有制改革对投资不足的影响。考虑到国有企业混合所有制改革对投资不足行为产生影响可能具有滞后性，因此，选择国有企业混合所有制改革下一年的投资不足作为被解释变量。

$$
\begin{aligned}
\mathrm{Low}_{i,t+1} = {} & \alpha_0 + \alpha_1 \mathrm{Nstate}_{i,t} + \alpha_2 \mathrm{Size}_{i,t} + \alpha_3 \mathrm{Grow}_{i,t} + \alpha_4 \mathrm{Lev}_{i,t} + \alpha_5 \mathrm{Cfo}_{i,t} + \\
& \alpha_6 \mathrm{Shold1}_{i,t} + \alpha_7 \mathrm{Msal}_{i,t} + \alpha_8 \mathrm{Msto}_{i,t} + \sum \mathrm{Year}_{i,t} + \sum \mathrm{Ind}_{i,t} + \varepsilon_{i,t}
\end{aligned}
\tag{11-3}
$$

为验证假设 H13，以国有企业是否进行了混合所有制改革（Nstate）为解释变量，以投资效率为被解释变量，构建模型（11-4），研究国有企业混合所有制改革对投资效率的影响。考虑到国有企业混合所有制改革对投资效率产生影响可能具有滞后性，因此，选择国有企业混合所有制改革下一年的投资效率作为被解释变量。

$$
\begin{aligned}
\mathrm{Abine}_{i,t+1} = {} & \alpha_0 + \alpha_1 \mathrm{Nstate}_{i,t} + \alpha_2 \mathrm{Size}_{i,t} + \alpha_3 \mathrm{Grow}_{i,t} + \alpha_4 \mathrm{Lev}_{i,t} + \alpha_5 \mathrm{Cfo}_{i,t} + \\
& \alpha_6 \mathrm{Shold1}_{i,t} + \alpha_7 \mathrm{Msal}_{i,t} + \alpha_8 \mathrm{Msto}_{i,t} + \sum \mathrm{Year}_{i,t} + \sum \mathrm{Ind}_{i,t} + \varepsilon_{i,t}
\end{aligned}
\tag{11-4}
$$

为验证假设 H14，以国有企业混合所有制改革程度（PNstate）为解释变量，以投资效率为被解释变量，构建回归模型（11-5），研究国有企业混合所有制改革程度对投资效率的影响。考虑到国有企业混合所有制改革程度对投资效率产生影响可能具有滞后性，因此，选择国有企业混合所有制改革下一年的投资效率作为被解释变量。

$$\text{Abine}_{i,t+1} = \alpha_0 + \alpha_1 \text{PNstate}_{i,t} + \alpha_2 \text{Size}_{i,t} + \alpha_3 \text{Grow}_{i,t} + \alpha_4 \text{Lev}_{i,t} + \alpha_5 \text{Cfo}_{i,t} +$$
$$\alpha_6 \text{Shold1}_{i,t} + \alpha_7 \text{Msal}_{i,t} + \alpha_8 \text{Msto}_{i,t} + \sum \text{Year}_{i,t} + \sum \text{Ind}_{i,t} + \varepsilon_{i,t} \quad (11-5)$$

11.4 实证检验与分析

11.4.1 描述性统计分析

通过对 7846 组观察值进行描述性统计分析，了解各变量均值、标准差、最值、中位数等基本情况（见表 11-2）。

表 11-2　主要变量的描述性统计分析

变量	均值	标准差	最小值	最大值	中位数
Abine	−0.0765	0.1126	−0.5631	−0.0007	−0.0386
Nstate	0.5361	0.4753	0.0000	1.0000	1.0000
PNstate	0.1394	0.1495	0.0146	0.6684	0.0917
Size	21.7529	1.2138	19.0762	26.1370	21.7361
Grow	0.1709	0.3249	−0.8873	3.1073	0.1480
Lev	0.4409	0.1804	0.0259	0.8897	0.4355
Cfo	0.0581	0.0673	−0.2207	0.2891	0.0583
Shold1	0.3507	0.1468	0.0432	0.8471	0.3402
Msal	14.3157	0.7258	12.1964	16.5703	14.3784
Msto	0.0031	0.0147	0.0000	0.1109	0.0000

根据表 11-2，投资效率（Abine）的均值为 −0.0765，标准差为 0.1126，最小值为 −0.5631，最大值为 −0.0007，说明我国不同国有上市公司的投资效率存在显著差异。国有上市公司混合所有制改革变量 Nstate 均值为 0.5361，标准差为 0.4753，最小值为 0.0000，最大值为 1.0000，中位数为 1.0000，说明研究样本中有 53.61% 的国有上市公司进行了混合所有制改革。国有上市公司混合所

有制改革程度变量 PNstate 均值为 0.1394，标准差为 0.1495，最小值为 0.0146，最大值为 0.6684，说明混合所有制改革后的国有上市公司中非国有股持股比例均值为 13.94%，且不同国有上市公司的混合所有制改革程度存在显著差异。控制变量中，高管薪酬（Msal）标准差较大，说明我国不同国有上市公司之间高管薪酬存在显著差异。管理层持股比例（Msto）均值为 0.0031，说明我国国有上市公司管理层持股比例平均值为 0.31%，我国国有上市公司管理层股权激励程度不高，且不同国有公司之间存在明显差异。其他控制变量的分析同前面章节类似，在此不再赘述。

11.4.2　多重共线性检验

利用 Stata14.0 统计软件进行多重共线性检验，具体结果见表 11-3。

表 11-3　变量间的 PEARSON 相关系数及 Sig 值

变量	Abine	Nstate	PNstate	Size	Grow	Lev	Cfo	Shold1	Msal	Msto
Abine	1.0000									
Nstate	0.0743*	1.0000								
PNstate	0.1127	0.0046*	1.0000							
Size	0.0321**	0.1129*	0.1042*	1.0000						
Grow	0.0198	0.1155**	0.1031*	−0.0541**	1.0000					
Lev	−0.0138*	−0.1027*	−0.0578	0.4871*	−0.1044	1.0000				
Cfo	0.2133	0.1124*	0.2057	0.3893**	−0.0129	0.1064**	1.0000			
Shold1	−0.0387	−0.0025*	−0.0130*	0.0736	0.1025	−0.1036	−0.1023	1.0000		
Msal	0.0827*	0.1142*	0.2214	0.2115*	0.0533	−0.1168	0.0873*	0.1018	1.0000	
Msto	0.1139**	0.0938*	0.0942	0.0623**	0.1126	−0.0105	0.0527*	0.1236	0.1076	1.0000

***、**、* 分别表示在 1%、5% 和 10% 的水平上显著。

根据表 11-3，各解释变量和控制变量间的 PEARSON 相关系数绝对值最大的是 0.4871，其他 PEARSON 相关系数绝对值都小于 0.4，因此，各变量间不存在多重共线性问题。国有企业混合所有制改革变量 Nstate 与投资效率变量

Abine 的相关系数为正数，且在 10% 的水平上显著，说明国有企业混合所有制改革与投资效率的关系显著正相关，初步验证假设 H13。国有企业混合所有制改革程度变量 PNstate 与投资效率变量 Abine 的相关系数为正数，但是并不显著，说明国有企业混合所有制改革程度与投资效率变量 Abine 的关系存在内部差异，需要进一步进行分组检验。

11.4.3 多元回归分析

（1）国有企业混合所有制改革与投资效率的多元回归分析。

为了验证假设 H11，对多元回归模型（11-2）进行回归分析，结果见表 11-4 第 2 列。

表 11-4　国有企业混合所有制改革与投资效率多元回归分析

变量	Over	Low	Abine
	模型（11-2）（过度投资样本）	模型（11-3）（投资不足样本）	模型（11-4）（全样本）
Nstate	−0.1105***（−3.99）	−0.0915***（−4.03）	0.1046**（2.08）
控制变量	控制	控制	控制
截距项	−0.1177***（−4.18）	−0.0782***（−7.13）	−0.1092*（−1.73）
调整 R^2	0.2091	0.2102	0.2004
样本量	4018	3828	7846
F	36.81	37.27	36.04

***、**、* 分别代表在 1%、5% 与 10% 的水平上显著，括号内数字为 t 值。

根据表 11-4 第 2 列回归结果，回归模型（11-2）的 F 值为 36.81，说明模型整体回归效果较好，调整 R^2 为 0.2091，说明模型整体拟合程度好，模型变量具有较高解释力。国有公司进行混合所有制改革变量 Nstate 的回归系数为 −0.1105，且在 1% 的水平上显著为负，说明我国国有上市公司混合所有制改革与过度投资显著负相关，即我国国有上市公司混合所有制改革有助于抑制国有公司过度投资行为，验证了前文提出的研究假设 H11。

根据表 11-4 第 3 列回归结果，回归模型（11-3）的 F 值为 37.27，说明模型整体回归效果较好，调整 R^2 为 0.2102，说明模型整体拟合程度好，模型变量具有较高解释力。国有公司进行混合所有制改革变量 Nstate 的回归系数为 −0.0915，且在 1% 的水平上显著为负，说明我国国有上市公司混合所有制改革与投资不足显著负相关，即我国国有上市公司混合所有制改革有助于抑制国有公司投资不足行为，验证了前文提出的研究假设 H12。

根据表 11-4 第 4 列回归结果，回归模型（4）的 F 值为 36.04，说明模型整体回归效果较好，调整 R^2 为 0.2004，说明模型整体拟合程度好，模型变量具有较高解释力。国有公司进行混合所有制改革变量 Nstate 的回归系数为 0.1046，且在 5% 的水平上显著为正，说明我国国有上市公司混合所有制改革与投资效率显著正相关，即我国国有上市公司混合所有制改革有助于提高国有公司投资效率水平，验证了前文提出的研究假设 H13。

（2）国有企业混合所有制改革程度与投资效率的多元回归分析。

为了验证假设 H14，对多元回归模型（11-5）进行回归分析，结果见表 11-5。

表 11-5　国有企业混合所有制改革程度与投资效率多元回归分析

变量	Abine		
	模型（11-5）		
	全样本	国有企业混合所有制改革程度低	国有企业混合所有制改革程度高
PNstate	0.0873	0.1104	0.1136***
	（1.05）	（0.83）	（4.05）
控制变量	控制	控制	控制
截距项	−0.1327*	−0.1246**	−0.1317***
	（−1.70）	（−2.02）	（−4.12）
调整 R^2	0.1746	0.1763	0.1854
样本量	4206	2248	1958
F	36.38	37.13	38.57

***、**、* 分别代表在 1%、5% 与 10% 的水平上显著，括号内数字为 t 值。

为了验证假设 H14，对多元回归模型（5）进行回归分析，结果见表 11-5 第 2~4 列。表 11-5 第 2 列是对回归模型（5）进行全样本回归检验，回归结果的 F 值为 36.38，说明模型整体回归效果较好，调整 R^2 为 0.1746，说明模型整体拟合程度好，模型变量具有较高解释力，国有企业混合所有制改革程度变量 PNstate 的回归系数为 0.0873，但是并不显著，说明我国国有上市公司混合所有制改革程度与投资效率的关系存在内部差异性。因此，进一步按照国有上市公司混合所有制改革程度的高低进行分组检验。

由于当国有企业混合所有制改革引入的非国有股东持股比例超过 10% 才能派出董事等高级管理人员，此时非国有股东持股比例大且可以充分发挥监督作用，因此，按照非国有股东持股比例之和（PNstate）是否达到 10% 进行分组，分为国有企业混合所有制改革程度低和程度高两组，然后分别对这两组样本进行回归检验。表 11-5 第 3 列是国有企业混合所有制改革程度低组的回归结果，国有企业混合所有制改革程度（PNstate）的回归系数为 0.1104，但是并不显著，说明国有企业混合所有制改革程度低时，国有上市公司混合所有制改革程度对公司投资效率没有显著影响。表 11-5 第 4 列是国有企业混合所有制改革程度高组的回归结果，国有企业混合所有制改革程度（PNstate）的回归系数为 0.1136，且在 1% 的水平上显著，说明国有企业混合所有制改革程度高时，国有上市公司混合所有制改革程度与投资效率显著正相关，且混合所有制改革程度越大，投资效率越高，从而验证假设 H14。

11.4.4　稳健性检验

为了提高研究的可靠性，采用如下方法进行稳健性检验：

一是将解释变量滞后 2 期进行回归。在前文主回归检验中，将国有企业混合所有制改革滞后 1 期进行回归，在该部分进一步将国有企业混合所有制改革滞后 2 期，再次进行回归分析，回归结果与前文基本一致。

二是替换部分控制变量进行回归分析。用所有者权益期末账面价值的自然对数代表公司规模，将总资产增长率代表公司成长性，用前五大股东持股比例之和衡量股权集中度，再次进行回归检验，所得结果与前文基本一致。

通过上述方法进一步验证了前文研究假设和研究结论。由于篇幅原因，不在此列出稳健性检验结果。

11.5　实证结论及政策建议

11.5.1　实证结论

本章以 2011—2018 年我国沪深 A 股国有上市公司为研究对象，构建实证回归模型考察国有上市公司混合所有制改革对公司投资效率的影响。研究结论包括：

（1）我国国有上市公司混合所有制改革与过度投资显著负相关，说明我国国有企业混合所有制改革有助于抑制其过度投资行为。

（2）我国国有上市公司混合所有制改革与投资不足显著负相关，说明我国国有企业混合所有制改革有助于抑制其投资不足行为。

（3）我国国有上市公司混合所有制改革与投资效率显著正相关，说明我国国有企业混合所有制改革有助于提高其投资效率水平。

（4）我国国有上市公司混合所有制改革程度与公司投资效率的关系存在内部差异性。当我国国有上市公司混合所有制改革程度低时，国有上市公司混合所有制改革程度对公司投资效率没有显著影响，而当我国国有上市公司混合所有制改革程度高时，国有上市公司混合所有制改革程度与公司投资效率显著正相关，说明只有当我国国有上市公司混合所有制改革深度和广度达到一定水平时，才能在提高公司投资效率方面发挥积极作用。

11.5.2　政策建议

根据本章节研究结果，提出如下政策建议：

第一，积极推进国有企业混合所有制改革，建立合理的政企关系。以往政府部门对国有企业干预过多，国有企业政府依赖性较强，导致政企不分，国有企业政策性负担过重，市场化程度不高，投资效率低下。通过国有企业混合所有制改革引入非国有资本，有助于弱化政府部门的干预程度，减少国有企业对政府部门的过度依赖，并促使国有企业积极参与市场竞争，完善现代企业制度，提高国有企业投资决策的科学性。

第二，建立健全国有企业管理层激励约束机制。一是完善国有企业管理者激励机制，提高管理者股权激励程度，使得管理者转变自身角色，由管理者转变为管理者和股东双重角色，这样管理者在进行投资决策时可以更多地站在股东角度，更多考虑股东利益，从而减少过度投资和规避风险等无效率投资行为，缓解管理者代理问题。二是加强对管理者的监督约束。通过国有企业混合所有制改革引入外部大股东，加强对管理者监督，改变内部人控制现状，并且通过外部非国有大股东派出管理者实现对原有管理者的有效制衡，避免管理者合谋侵占股东利益，减少管理者无效率投资行为，提高国有企业投资效率。

第12章 国有企业混合所有制改革
对创新能力的影响研究

本章通过理论分析提出研究假设，并选取 2011—2018 年沪深 A 股国有上市公司作为研究数据和样本，构建实证回归模型进行实证回归分析，研究我国国有上市公司混合所有制改革对国有企业创新能力的影响，并分别从创新投入和创新产出角度研究了我国国有企业混合所有制改革对创新能力的具体影响。然后通过分组检验研究国有企业混合所有制改革程度的不同对企业创新能力的影响差异。研究证明，国有企业混合所有制改革有助于增加国有企业创新投入和创新产出，进而提高国有企业创新能力。分组检验表明，国有企业混合所有制改革程度的不同会对企业创新能力产生不同的影响，当国有企业混合所有制改革程度低时，国有企业混合所有制改革对创新能力没有显著影响，但是当国有企业混合所有制改革程度高时，国有企业混合所有制改革程度对创新能力有显著正向影响。

12.1　引言

随着科技进步日新月异的发展，各国之间的竞争是科技实力的较量。因此，各国都将科技进步作为重要的发展战略。而科技的进步离不开创新。2012 年十八大会议上，中央便做出了创新驱动发展战略部署。2016年，中共中央、国务院相继发布《中共中央国务院关于深化体制机制改革加快实施创新驱动发展战略的若干意见》《国家创新驱动发展战略纲要》等。2017年，党的十九大报告明确指出"创新是引领发展的第一动力，是建设现代化经济体系的战略支撑"。因此，创新是现阶段我国重要的经济发展战略，目前我国正处于创新驱动转型的关键时期。宏观经济创新发展离不开微观主体企业的创新活动。大量实践经验表明，提高创新能力对提升企业竞争实力与综合发展能力具有至关重要的作用。国有企业作为国民经济的支柱，具有显著的政治优势和资源优势，其创新能力会影响国有企业的市场竞争力和可持续发展能力，进而对整个社会经济的创新发展产生举足轻重的影响。但是，长期以来，不少国有企业采取模仿发展策略，缺少核心技术，创新动力和创新能力不足，严重影响了国有企业的可持续发展。因此，提高国有企业创新能力一直是国有企业改革的重要目标之一。近年来国有企业混合所有制改革正深入推进，其对国有企业的股权结构、公司治理、战略决策等方面都产生了重要影响，股权结构、公司治理、战略决策的改变可能会影响国有企业创新能力。那么，国有企业混合所有制改革会对其创新能力产生影响吗？国有企业混合所有制改革会对创新能力产生怎样的影响呢？尚需进一步经验证据。

目前研究从内外部环境等多方面考察了企业创新的影响因素。有的学者研究了外部治理环境（Sapra et al.，2012）、经济不确定性（顾夏铭 等，2018）、市场力量（吴延兵，2007）等外部环境因素对企业创新活动的影响。有的学者则分别研究了股权结构（李春涛 等，2010;温军 等，2012）、代理人（Holmstrom，1989；Lin et al.，2011）和员工（周冬华 等，2019）的激励机制、管理者特征（Hirshleifer et al.，2012）、风险投资（温军 等，2018）和公司治理（鲁桐 等，2014）等内部环境因素对企业创新活动的影响。目前鲜有研究国有企业混合所有制改革对其创新能力的影响。目前研究主要分析了国有企业混合所有制改革对政府干预、股权结构、公司治理和战略决策等方面的影响。而国有企业政府干预、股权结构、公司治理和战略决策等方面的改变必然会影响国有企业的创新决策和创新活动，但是目前文献很少有进一步研究国有企业混合所有制改革通过对政企关系、股权结构、公司治理和战略决策产生影响后进而会对创新能力产生何种影响。

基于以上考虑，本章以我国国有企业混合所有制改革为制度背景，从创新投入和创新产出两方面研究其对国有企业创新能力的影响。本章通过理论分析和实证检验证明，我国国有企业混合所有制改革有助于促进其创新投入和创新产出，进而提高国有企业创新能力。进一步通过分组检验证明，国有企业混合所有制改革对国有企业创新能力的影响随着国有企业混合所有制改革程度的不同而不同，当国有企业混合所有制改革程度低时，国有企业混合所有制改革对创新能力没有显著影响，而只有当国有企业混合所有制改革程度较高时，才会显著提高国有企业创新能力，且国有企业混合所有制改革程度越高，国有企业创新能力越强。

本章的研究贡献包括：

（1）现有研究主要从外部治理环境、经济不确定性、市场力量等外部环境因素和股权结构、代理人和员工的激励机制、管理者特征、风险投资和公司治理等内部环境因素研究了企业创新能力的影响因素问题（何瑛 等，2019；李妹 等，2018；李文贵 等，2015；鲁桐 等，2014；温军 等，2012；徐伟 等，2018；Lin et al.，2011），很少研究国有企业混合所有制改革这一动态事件对其创新能力的影响。本章研究国有企业混合所有制改革对创新能力的影响，丰富了国有企业创新能力影响因素的研究。

（2）目前研究主要分析了国有企业混合所有制改革对政府干预、股权结构、公司治理和战略决策等方面的影响，且得出不一致的研究结论，很少有文献进一步研究国有企业混合所有制改革通过对政企关系、股权结构、公司治理和战略决策产生影响后进而会对创新能力产生何种影响。本章则研究了我国国有企业混合所有制改革对创新能力的影响，并分别从创新投入和创新产出角度研究了我国国有企业混合所有制改革对创新能力的具体影响，在一定程度上补充和完善了混合所有制改革经济效应的相关文献。

（3）目前对于国有企业混合所有制改革是否及如何影响企业创新能力，理论与实务界尚无定论。本章的研究表明国有企业混合所有制改革提高了国有企业创新能力，有助于监管机构从企业创新的角度评估国有企业混合所有制改革的经济效应，从而制定相应的混合所有制改革政策，以进一步提高国有企业创新能力。

12.2　理论分析与假设提出

12.2.1　国有企业混合所有制改革与创新能力

国有企业混合所有制改革对创新能力的影响主要体现在两个方面：

首先，国有企业混合所有制改革降低了政府对创新活动的干预程度，提高了创新决策的科学性。长期以来，我国国有企业存在政府干预、政企不分的问题。政府部门为了实现社会发展目标对国有企业的投资活动进行了过多的干预。创新活动也属于投资范畴，也会受到政府干预的影响，导致国有企业创新活动处于被动状态，创新动力和创新能力不足。通过国有企业混合所有制改革引入外部非国有股东，减少了国有股东持股比例，非国有股东在国有企业创新决策中具有一定的话语权（温军 等，2012），政府对国有企业创新活动的干预成本提高，从而减少了国有企业的政策性负担，提高了创新决策的科学性，提高了国有企业的创新能力（朱磊 等，2019）。

其次，国有企业混合所有制改革缓解了管理者代理问题，并完善了管理者的激励约束机制，从而提高了国有企业的创新投入和创新产出，进而提高了国有企业的创新能力。我国国有企业委托代理链条过长，存在所有者监管缺位导致的内部人控制问题，信息不对称程度较高进一步加剧了管理者代理问题，管理者为了自身职业声誉和追求稳定职务晋升，存在规避风险的机会主义行为。而创新活动属于投入高、回报周期长、风险高的投资活动，不是企业所有的创新投入都会实现创新产出，创新存在较高的失败风险，会减少管理者能够控制的自由现金流量，降低其在职消费的能力，也会增加管理者的执业风险，因此，管理者倾向保守的创新活动，尽量减少创新支出，导致国有企业创新产出较少，创新能力低下。而国有企业混合所有制改革引入非国有股东，代替控股大股东行使股东职权，积极参与国有企业生产经营活动和投资决策，尤其在进行创新投资决策时会积极行使投票权选择有助于国有企业可持续发展的创新投资项目（李妹 等，2018），提高创新投资决策的科学性。此外，国有企业混合所有制改革引入的外部非国有股东作为股东代表会加强对管理者的监督和约束，增加管理者规避风险的机会主义行为的难度，而且达到一定持股比例的非国有股东可以向国有企业派出董监高等管理人员（张玉娟 等，2018），增加管理者合谋的难度，并提高国有企业信息透明度，抑制管理者风险规避行为，促使管理者增加企业创新投入和创新产出，提高国有企业创新能力。

鉴于此，提出如下研究假设：

假设 H15：国有企业混合所有制改革有助于提高其创新能力。

12.2.2　国有企业混合所有制改革程度与创新能力

国有企业混合所有制改革程度不同，对政府干预程度和管理者代理问题的影响不同，进而会对创新决策和创新活动产生不同程度的影响。当国有企业混合所有制改革程度低时，引入的外部股东种类单一，持股比例也较低，在国有企业创新投资决策中缺少足够的投票权，对国有企业创新决策不能产生实质性影响；外部股东较低的持股比例使其不能向国有企业派出高管人员，在国有企业的投票权和话语权均不高，不能充分发挥监督管理者的作用，不能抑制管理者减少创新投入的风险规避行为，不会对国有公司创新能力产生积极影响。只有当国有企业混合所有制改革程度较高时，引入的外部股东持股比例较高，在国有公司创新决策中才拥有足够的投票权，且能够向公司派出高管人员，外部股东有足够的动机和能力参与国有企业创新决策，并加强对管理者的监督约束，促使其增加国有公司创新投入和产出，从而提高国有公司创新能力。

鉴于此，提出如下研究假设：

假设 H16：当国有企业混合所有制改革程度低时，对创新能力没有显著影响，而只有当国有企业混合所有制改革程度高时，才能有效提高国有公司创新能力，且混合所有制改革程度越大，创新能力越强。

12.3　研究设计

12.3.1　样本选择与数据来源

本章选取 2011 年 1 月 1 日至 2018 年 12 月 31 日的沪深 A 股国有上市公司为样本，剔除金融保险类上市公司，删除 ST、PT 类上市公司，剔除财务数据异常和财务数据缺失的上市公司样本，最终得到 7716 组公司 – 年度观测值数据，其中已实施混合所有制改革的国有公司为 4062 组，没有实施混合所有制改革的国有公司为 3654 组。本章数据来自巨潮资讯网、国泰安（CSMAR）、Wind 数据库。采用 Excel 和 Stata14.0 软件对数据进行统计和回归分析。

12.3.2　变量定义

本章研究的被解释变量是国有上市公司创新能力变量，解释变量是国有上市公司混合所有制改革及其改革程度变量。

（1）创新能力。

企业创新能力可以从创新投入和创新产出两方面进行衡量。用研发支出占总资产的比重衡量创新投入 Inp，用专利申请数加 1 取自然对数衡量创新产出 Outp。

（2）国有企业是否进行了混合所有制改革（Nstate）和改革程度（PNstate）。

本章节的解释变量有两个：

一是国有企业是否进行了混合所有制改革的变量 Nstate，借鉴顾妍的研究方法，若发生国有股东减持、其他资本增持进而形成股权转移，则认为已实施混合所有制改革并取值为 1，否则为未实施混合所有制改革并取值为 0。

二是国有企业混合所有制改革程度变量，用非国有股东持股比例（PNstate）来衡量，PNstate 为国有上市公司前十大流通股股东中非国有股东持股比例之和，PNstate 越大说明国有企业混合所有制改革程度越大。

（3）控制变量。

本章节选取影响企业创新能力的常用变量作为控制变量，包括公司规模、公司成长性、财务杠杆率、经营现金流量、股权集中度及年度和行业虚拟变量。

各变量代码、名称及具体定义见表 12-1。

表 12-1　变量名称及定义

变量	变量名称	变量定义
Inp	创新投入	研发支出 ÷ 总资产
Outp	创新产出	专利申请数加 1 的自然对数
Nstate	国有企业混合所有制改革事件	Nstate=1，说明国有企业进行了混合所有制改革，否则，说明国有企业没有进行混合所有制改革
PNstate	国有企业混合所有制改革程度	国有上市公司前十大流通股股东中非国有股东持股比例之和
Size	公司规模	总资产期末账面价值的自然对数
Grow	公司成长性	（本年营业收入 – 上年营业收入）÷ 上年营业收入 ×100%
Lev	财务杠杆率	负债总额 ÷ 资产总额 ×100%
Cfo	经营现金流量	经营活动产生的现金流量净额 ÷ 年末总资产
Shold1	股权集中度	第一大股东持股数量 ÷ 总股数
Year	年度	年度虚拟变量
Ind	行业	行业虚拟变量

12.3.3　模型构建

为验证假设 H15，以国有企业是否进行了混合所有制改革（Nstate）为解释变量，以创新投入和创新产出为被解释变量，构建模型（12-1），研究国有企业混合所有制改革对其创新能力的影响。考虑到国有企业混合所有制改革对创新投入和创新产出产生影响可能具有滞后性，因此，选择国有企业混合所有制改革下一年的创新投入和创新产出作为被解释变量。

$$\text{Inp}_{i,t+1}/\text{Outp}_{i,t+1} = \alpha_0 + \alpha_1 \text{Nstate}_{i,t} + \alpha_2 \text{Size}_{i,t} + \alpha_3 \text{Grow}_{i,t} + \alpha_4 \text{Lev}_{i,t} +$$
$$\alpha_5 \text{Cfo}_{i,t} + \alpha_6 \text{Shold1}_{i,t} + \sum \text{Year}_{i,t} + \sum \text{Ind}_{i,t} + \varepsilon_{i,t} \quad （12\text{-}1）$$

为验证假设 H16，以国有企业混合所有制改革程度（PNstate）为解释变量，以创新投入和创新产出为被解释变量，构建回归模型（12-2），研究国有企业混合所有制改革程度对创新投入和创新产出的影响。考虑到国有企业混合所有制改革程度对创新投入和创新产出产生影响可能具有滞后性，因此，选择国有企业混合所有制改革下一年的创新投入和创新产出作为被解释变量。

$$\text{Inp}_{i,t+1}/\text{Outp}_{i,t+1} = \alpha_0 + \alpha_1 \text{PNstate}_{i,t} + \alpha_2 \text{Size}_{i,t} + \alpha_3 \text{Grow}_{i,t} + \alpha_4 \text{Lev}_{i,t} +$$
$$\alpha_5 \text{Cfo}_{i,t} + \alpha_6 \text{Shold1}_{i,t} + \sum \text{Year}_{i,t} + \sum \text{Ind}_{i,t} + \varepsilon_{i,t} \quad （12\text{-}2）$$

12.4 实证检验与分析

12.4.1 描述性统计分析

通过对 7716 组观察值进行描述性统计分析，了解各变量均值、标准差、最值、中位数等基本情况见表 12-2。

表 12-2 主要变量的描述性统计分析

变量	均值	标准差	最小值	最大值	中位数
Inp	0.0156	0.0159	0.0001	0.2019	0.0113
Outp	0.4916	1.0982	0.0000	3.6154	0.0000
Nstate	0.5264	0.4893	0.0000	1.0000	1.0000
PNstate	0.1405	0.1517	0.0132	0.6545	0.0904
Size	21.7126	1.3347	19.1380	26.2053	21.0627
Grow	0.1635	0.3147	−0.8704	3.0542	0.1452
Lev	0.4386	0.1904	0.0241	0.8763	0.4516
Cfo	0.0593	0.0659	−0.2035	0.2877	0.0604
Shold1	0.3472	0.1503	0.0417	0.8503	0.3359

根据表 12-2，创新投入（Inp）和创新产出（Outp）的标准差较大，说明我国不同国有上市公司的创新能力存在显著差异。国有上市公司混合所有制改革变量 Nstate 均值为 0.5264，说明研究样本中有 52.64% 的国有上市公司进行了混合所有制改革。国有上市公司混合所有制改革程度变量 PNstate 均值为 0.1405，标准差为 0.1517，说明混合所有制改革后的国有上市公司中非国有股持股比例均值为 14.05%，且不同国有上市公司的混合所有制改革程度存在显著差异。其他控制变量的分析同前面章节类似，在此不再赘述。

12.4.2　多重共线性检验

利用 Stata14.0 统计软件进行多重共线性检验，具体结果见表 12-3。

表 12-3　变量间的 PEARSON 相关系数及 Sig 值

变量	Inp	Outp	Nstate	PNstate	Size	Grow	Lev	Cfo	Shold1
Inp	1.0000								
Outp	0.1132**	1.0000							
Nstate	0.1322*	0.0842*	1.0000						
PNstate	0.1762	0.2103	0.0652*	1.0000					
Size	0.0972***	0.0564*	0.1043**	0.0910**	1.0000				
Grow	0.1083**	0.1204*	0.1052*	0.2091*	−0.1035*	1.0000			
Lev	−0.1012*	−0.0953*	−0.0824*	−0.1067	0.4743*	−0.0810	1.0000		
Cfo	0.1203*	0.0842**	0.1044**	0.2174	0.3764**	−0.0612	0.1435**	1.0000	
Shold1	−0.1103	−0.1327	−0.0215*	−0.0651*	0.1107	0.1574	−0.1142	−0.1742	1.0000

***、**、* 分别表示在 1%、5% 和 10% 的水平上显著。

根据表 12-3，各解释变量和控制变量间的 PEARSON 相关系数绝对值最大的是 0.4743，其他 PEARSON 相关系数绝对值都小于 0.4，因此，各变量间不存在多重共线性问题。国有企业混合所有制改革变量 Nstate 与创新投入变量 Inp 的相关系数为正数，且在 10% 的水平上显著，说明国有企业混合所有制改革与创新投入的关系显著正相关；国有企业混合所有制改革变量 Nstate 与创新产出变量 Outp 的相关系数为正数，且在 10% 的水平上显著，说明国有企业混合所有制改革与创新产出的关系显著正相关，初步验证假设 H15。国有企业混合所有制改革程度变量 PNstate 与创新投入变量 Inp 和创新产出变量 Outp 的相关系数为正数，但是并不显著，说明国有企业混合所有制改革程度与创新能力的关系存在内部差异，需要进一步进行分组检验。

12.4.3　多元回归分析

（1）国有企业混合所有制改革与创新能力的多元回归分析。

为了验证假设 H15，对多元回归模型（12-1）进行回归分析，结果见表 12-4。

表 12-4　国有企业混合所有制改革与创新能力多元回归分析

变量	模型（12-1）	
	全样本	
	Inp	Outp
Nstate	0.1074^{***}	0.1157^{***}
	（3.15）	（5.73）
控制变量	控制	控制
截距项	0.1074^{**}	0.0924^{***}
	（2.15）	（6.51）
调整 R^2	0.1971	0.2043
样本量	7716	7716
F	39.17	37.95

***、**、* 分别代表在 1%、5% 与 10% 的水平上显著，括号内数字为 t 值。

根据表 12-4，当被解释变量分别为创新投入（Inp）和创新产出（Outp）时，回归模型（12-1）的 F 值分别为 39.17 和 37.95，说明模型整体回归效果较好，调整 R^2 分别为 0.1971 和 0.2043，说明模型整体拟合程度好，模型变量具有较高解释力。当被解释变量为创新投入（Inp）时，国有公司进行混合所有制改革变量

Nstate 的回归系数为 0.1074，且在 1% 的水平上显著为正，说明我国国有上市公司混合所有制改革与创新投入显著正相关，即我国国有上市公司混合所有制改革促进了国有公司创新投入。当被解释变量为创新产出（Outp）时，国有公司进行混合所有制改革变量 Nstate 的回归系数为 0.1157，且在 1% 的水平上显著为正，说明我国国有上市公司混合所有制改革与创新产出显著正相关，即我国国有上市公司混合所有制改革提高了国有公司创新产出水平，验证了前文提出的研究假设 H15。

（2）国有企业混合所有制改革程度与创新能力的多元回归分析。

为了验证假设 H16，对多元回归模型（12-2）进行回归分析，结果见表 12-5 和表 12-6。

表 12-5 国有企业混合所有制改革程度与创新投入多元回归分析

变量	Inp		
	模型（12-2）		
	全样本	国有企业混合所有制改革程度低	国有企业混合所有制改革程度高
PNstate	0.1352	0.1462	0.1052**
	（1.02）	（1.22）	（2.25）
控制变量	控制	控制	控制
截距项	−0.1052*	−0.1065**	−0.1128***
	（−1.73）	（−2.13）	（−3.02）
调整 R^2	0.1649	0.1597	0.1730
样本量	4062	2194	1868
F	38.52	39.47	39.03

***、**、* 分别代表在 1%、5% 与 10% 的水平上显著，括号内数字为 t 值。

当被解释变量为创新投入 Inp 时，表 12-5 第 2 列是对回归模型（12-2）进行全样本回归检验，回归结果的 F 值为 38.52，说明模型整体回归效果较好，调整 R^2 为 0.1649，说明模型整体拟合程度好，模型变量具有较高解释力，国有企业混合所有制改革程度 PNstate 的回归系数为 0.1352，但是并不显著，说明我国国有上市公司混合所有制改革程度与创新投入的关系存在内部差异性。因此，进一步按照国有上市公司混合所有制改革程度的高低进行分组检验。

由于当国有企业混合所有制改革引入的非国有股东持股比例超过 10% 才能派出董事等高级管理人员，此时非国有股东持股比例大且可以充分发挥监督作用，因此，按照非国有股东持股比例之和（PNstate）是否达到 10% 进行分组，分为国有企业混合所有制改革程度低和程度高两组，然后分别对这两组样本进行回归检验。表 12-5 第 3 列是国有企业混合所有制改革程度低组的回归结果，国有企业混合所有制改革程度（PNstate）的回归系数为 0.1462，但是并不显著，说明国有企业混合所有制改革程度低时，国有上市公司混合所有制改革程度对公司创新投入没有显著影响。表 12-5 第 4 列是国有企业混合所有制改革程度高组的回归结果，国有企业混合所有制改革程度（PNstate）的回归系数为 0.1052，且在 5% 的水平上显著，说明国有企业混合所有制改革程度高时，国有上市公司混合所有制改革程度与创新投入显著正相关，且混合所有制改革程度越大，创新投入越多，初步验证假设 H16。

表 12-6 国有企业混合所有制改革程度与创新产出多元回归分析

变量	Outp		
	模型（12-2）		
	全样本	国有企业混合所有制改革程度低	国有企业混合所有制改革程度高
PNstate	0.1277	0.1227	0.1175***
	（1.13）	（1.14）	（4.14）
控制变量	控制	控制	控制
截距项	−0.0946***	−0.1136**	−0.0874***
	（−4.03）	（−1.99）	（−5.16）
调整 R^2	0.1943	0.1890	0.1906
样本量	4062	2194	1868
F	36.55	37.32	38.36

***、**、* 分别代表在 1%、5% 与 10% 的水平上显著，括号内数字为 t 值。

当被解释变量为创新产出（Outp）时，表 12-6 第 2 列是对回归模型（12-2）进行全样本回归检验，回归结果的 F 值为 36.55，说明模型整体回归效果较好，调整 R^2 为 0.1943，说明模型整体拟合程度好，模型变量具有较高解释力，国有企业混合所有制改革程度（PNstate）的回归系数为 0.1277，但是并不显著，说明我国国有上市公司混合所有制改革程度与创新产出的关系存在内部差异性。因此，进一步按照国有上市公司混合所有制改革程度的高低进行分组检验。同样按照非国有股东持股比例之和（PNstate）是否达到 10% 进行分组，分为国有企业混合所有制改革程度低和程度高两组，然后分别对这两组样本进行回归检验。表 12-6 第 3 列是国有企业混合所有制改革程度低组的回归结果，国有企业混合所有制改革程度（PNstate）的回归系数为 0.1227，但是并不显著，说明国有企业混合所有制改革程度低时，国有上市公司混合所有制改革程度对公司创新产出没有显著影响。表 12-6 第 4 列是国有企业混合所有制改革程度高组的回归结果，国有企业混合所有制改革程度（PNstate）的回归系数为 0.1175，且在 1% 的水平上显著，说明国有企业混合所有制改革程度高时，国有上市公司混合所有制改革程度与创新产出显著正相关，且混合所有制改革程度越大，创新产出水平越高，进一步验证假设 H16。

12.4.4　稳健性检验

为了提高研究的可靠性，采用如下方法进行稳健性检验：

一是将解释变量滞后 2 期进行回归。在前文主回归检验中，将国有企业混合所有制改革滞后 1 期进行回归，在该部分进一步将国有企业混合所有制改革滞后 2 期，再次进行回归分析，回归结果与前文基本一致。

二是替换被解释变量进行回归。用研发支出占营业收入的比重衡量创新投入（Inp），用发明专利申请数加 1 取自然对数衡量创新产出（Outp），回归结果保持不变。

三是替换部分控制变量进行回归分析。用所有者权益期末账面价值的自然对数代表公司规模，将总资产增长率代表公司成长性，用前五大股东持股比例之和衡量股权集中度，再次进行回归检验，所得结果与前文基本一致。

通过上述方法进一步验证了前文研究假设和研究结论。由于篇幅原因，不再赘述。

12.5 实证结论及政策建议

12.5.1 实证结论

本章以 2011—2018 年我国沪深 A 股国有上市公司为研究对象，构建实证回归模型考察国有上市公司混合所有制改革对公司创新能力的影响。研究结论包括：

（1）我国国有上市公司混合所有制改革与创新投入和创新产出都显著正相关，说明我国国有企业混合所有制改革促进了创新投入和创新产出，提高了国有公司创新能力。

（2）我国国有上市公司混合所有制改革程度与公司创新能力的关系存在内部差异性。当我国国有上市公司混合所有制改革程度低时，国有上市公司混合所有制改革程度对公司创新投入和创新产出没有显著影响，而当我国国有上市公司混合所有制改革程度高时，国有上市公司混合所有制改革程度与公司创新投入和创新产出显著正相关，说明只有当我国国有上市公司混合所有制改革深度和广度达到一定水平时，才能在提高公司创新能力方面发挥积极作用。

12.5.2 政策建议

根据本章研究结果，提出如下政策建议：

第一，继续深化国有企业混合所有制改革。国有企业混合所有制要注重引入多种所有制形式的外部股东，吸收各种所有者经营形式的优点，做到取长补短，尤其是注重通过民营资本的吸收引进民营企业股东，借鉴其市场竞争机制，减少对政府部门的过度依赖，积极参与市场竞争，树立危机意识和创新意识。

此外，通过混合所有制改革提高非国有股东持股比例，充分维护非国有股东的投票权、知情权等股东权益，促使非国有股东可以积极参与国有企业创新决策，从而提高创新决策的科学性。

第二，混合所有制改革后的国有企业应及时建立健全管理者激励约束机制。一是通过混合所有制改革引入外部股东积极参与国有企业经营管理，缓解国有企业所有者缺位问题，加强对管理者的监督，减少管理者规避风险的保守创新行为。二是通过加大管理者股权激励等方式，缓解管理者和股东之间的利益冲突，使得管理者在进行创新决策时更多地考虑国有企业长远发展，从而加大创新投入，增加创新产出，提高国有企业创新能力。

第13章 国有企业混合所有制改革对企业绩效的影响研究

本章通过理论分析提出研究假设，并选取 2011—2018 年沪深 A 股国有上市公司作为研究数据和样本，构建实证回归模型进行实证回归分析，研究我国国有上市公司混合所有制改革对国有企业绩效的影响。然后通过分组检验研究国有企业混合所有制改革程度的不同对企业绩效的影响差异。研究证明，国有企业混合所有制改革有助于提高国有企业绩效水平。分组检验表明，国有企业混合所有制改革程度的不同会对企业绩效产生不同的影响，当国有企业混合所有制改革程度低时，国有企业混合所有制改革对企业绩效没有显著影响，但是当国有企业混合所有制改革程度高时，国有企业混合所有制改革程度对企业绩效有显著正向影响。

13.1 引言

国有企业虽然具有一定的行政属性，但是本质上仍然属于企业，因此，要以盈利为经营目标。国有企业实现盈利是其存在和发展的基本前提，没有盈利能力的国有企业不会带来股东财富的增加，不能实现企业价值升值，国有资本会受到侵蚀。因此，国有企业的经济活动要以实现盈利为目标。国有企业绩效水平反映了国有企业经营活动的最终结果，衡量指标为盈利能力指标，因此，国有企业绩效水平一直以来是理论界和实务界关注的重点话题。但是，国有企业对政府部门的依赖性较强，经营过程中受到的政府干预过多，除了以盈利为目标，还要承担一定的政府部门的社会经济发展目标，行政性负担过重，因此，会对其绩效水平产生一定的负面影响。此外，国有企业特殊的产权属性导致其存在所有者缺位、内部人控制等问题，管理者代理问题和大股东代理问题严重，也对国有企业绩效水平产生了不利影响。为了解决国有企业发展过程中出现的一系列问题，近年来国有企业混合所有制改革正在紧锣密鼓的开展中。国有企业混合所有制改革通过引入民营企业、机构投资者等非国有股东，引入了市场竞争机制，增加了政府干预的难度和成本，在一定程度上缓解了国有企业政策性负担，而且非国有股东具有一定的投票权和决策权，进而缓解了大股东缺位问题，加强了对管理者的监督激励，缓解了管理者代理问题。那么，国有企业混合所有制改革是否会对国有企业绩效产生影响呢？国有企业混合所有制改革会对企业绩效产生怎样的影响呢？尚需进一步经验证据。

目前研究从内外部环境等多方面考察了企业绩效的影响因素，包括外部政策环境、经济环境、市场环境等外部因素对企业绩效的影响，以及内部的治理环境、内部控制、股权结构、管理者特征和激励约束机制等内部因素对企业绩效的影响。但是，关于国有企业混合所有制改革对其绩效水平的影响的研究相对较少。目前研究主要分析了国有企业混合所有制改革对政府干预、股权结构、公司治理和战略决策等方面的影响。而国有企业政府干预、股权结构、公司治理和战略决策等方面的改变必然会影响国有企业的绩效水平，但是目前文献很少有进一步研究国有企业混合所有制改革对政企关系、股权结构、公司治理和战略决策产生影响后进而会对绩效水平产生何种影响的。

基于以上考虑，本章以我国国有企业混合所有制改革为制度背景，研究其对国有企业绩效水平的影响。本章通过理论分析和实证检验证明，我国国有企业混合所有制改革有助于提高国有企业绩效水平。进一步通过分组检验证明，国有企业混合所有制改革对国有企业绩效水平的影响随着国有企业混合所有制改革程度的不同而不同，当国有企业混合所有制改革程度低时，国有企业混合所有制改革对绩效水平没有显著影响，而只有当国有企业混合所有制改革程度较高时，才会显著提高国有企业绩效水平，且国有企业混合所有制改革程度越高，国有企业绩效水平越高。

本章的研究贡献包括：

（1）现有研究主要从外部政策环境、经济环境、市场环境等外部因素和内部控制、公司治理、代理人和员工的激励机制、管理者特征等内部环境因素研究了企业绩效水平的影响因素问题，很少研究国有企业混合所有制改革这一动态事件对其绩效水平的影响。本章研究国有企业混合所有制改革对绩效水平的影响，丰富了国有企业绩效水平影响因素的研究。

（2）目前研究主要分析了国有企业混合所有制改革对政企关系、股权结构、公司治理和战略决策等方面的影响，且得出不一致的研究结论，很少有文献进一步研究国有企业混合所有制改革对政企关系、股权结构、公司治理和战略决策产生影响后进而会对绩效水平产生何种影响。本章则研究了我国国有企业混合所有制改革对绩效水平的影响，在一定程度上补充和完善了混合所有制改革经济效应的相关文献。

（3）目前对于国有企业混合所有制改革是否及如何影响企业绩效水平，理论与实务界尚无定论。本章的研究表明国有企业混合所有制改革提高了国有企业绩效水平，有助于监管机构从企业绩效的角度评估国有企业混合所有制改革的经济效应，从而制定相应的混合所有制改革政策，以进一步提高国有企业绩效水平。

13.2 理论分析与假设提出

13.2.1 国有企业混合所有制改革与企业绩效

我国国有企业混合所有制改革对企业绩效的影响主要表现在如下两方面：

（1）信息治理效应。

我国国有企业所有者监督缺位，导致严重的内部人控制问题，管理者和股东之间存在严重的信息不对称，管理者具有信息优势，具有盈余管理的动机和能力，降低了国有企业会计信息质量。信息不对称程度越高，股东和债权人获取信息的成本和难度越大，从而增加了国有企业的权益资本成本和债务资本成本。国有企业混合所有制改革引入了外部民营企业股东或机构投资者股东，而民营企业股东或机构投资者股东为了实现投资资本保值增值目标，会积极行使手中的投票权和知情权，参与国有企业经营管理，了解国有企业真实的经营状况，加强管理者的监督约束，增加了管理者盈余操纵的难度和成本（顾妍，2017）。此外，当国有企业混合所有制改革程度较高时，非国有股东持股比例较大，可以向国有企业派出董事等高级管理人员，进一步提供了非国有股东了解国有企业信息的有利渠道，也增加了管理者之间合谋造假和提供虚假会计信息的难度，从而有助于抑制国有企业盈余管理程度，改善国有企业会计信息质量。国有企业会计信息质量的改善和会计信息透明度的提高，降低了投资者和债权人了解国有企业信息的难度和成本，增强了外部股东投资者和债权人对国有企业的信心，从而投资者和债权人要求的权益资本成本和债务资本成本就会降低。国有企业的权益资本成本和债务资本成本的降低会增加国有企业运营总成本，从而增加国有企业利润空间，提高国有企业的获利能力，进而提高国有企业绩效水平。

（2）公司治理效应。

我国国有企业在混合所有制改革之前的公司治理水平不高，存在国有股"一股独大"的问题，股权集中度较高，大股东代理问题严重。同时，管理者激励约束机制不健全导致股东和管理者之间的代理冲突加剧，管理者代理成本较高；管理者为了自身职务晋升和职业声誉，在国有企业投资决策中倾向比较保守的投资行为，存在一定的风险规避倾向，可能放弃净现值为正的获利的投资项目，从而降低了国有企业投资效率和投资项目获利率，降低了国有企业绩效水平。国有企业混合所有制改革后，在股权结构中引入了民营资本、机构投资者资本等外部非国有资本，提高了股权结构多元化程度，打破了国有股"一股独大"的局面，实现了对国有控股大股东的有效制衡，提高了股权制衡度，缓解了大股东代理问题，降低了大股东代理成本，减少了大股东侵占中小股东的掏空行为，有利于国有企业绩效水平的提升（郝阳 等，2017）。此外，国有企业混合所有制改革引入的外部股东有动机和能力监督约束国有企业管理层，增加了管理层风险规避行为的难度和成本，有利于国有企业充分抓住获利水平较高的投资机会，提高了国有企业投资效率和投资项目获利率，提高了国有企业绩效水平。

因此，国有企业混合所有制改革通过发挥信息治理效应和公司治理效应，提高了国有企业会计信息质量和公司治理水平，降低了资本成本，改善了国有企业投资决策，从而提高了国有企业绩效水平。

鉴于此，提出如下研究假设。

假设 H17：国有企业混合所有制改革有助于提高国有企业绩效水平。

13.2.2 国有企业混合所有制改革程度与企业绩效

国有企业混合所有制改革程度不同，对会计信息质量和公司治理的影响不同，进而会对国有企业绩效产生不同程度的影响。当国有企业混合所有制改革程度低时，引入的外部股东类型单一，持股比例不高，参与国有企业经营管理的动机和能力不足，也没有足够的能力加强对管理者的监督约束，不能向国有企业派出高管人员，在国有企业的投票权和话语权均不高，不能有效抑制管理者盈余管理行为和风险规避行为，不能发挥信息治理效应和公司治理效应，不能有效改善国有企业会计信息质量和公司治理水平，不能有效降低权益资本成本和债务资本成本，也不能改善投资决策和投资获利状况，从而不能提高国有企业绩效水平。只有当国有企业混合所有制改革程度较高时，引入的外部股东持股比例较高，在国有公司经营管理和投资决策中拥有足够的投票权，且能够向公司派出高管人员，外部股东有足够的动机和能力加强对管理者的监督约束，并积极参与国有企业经营管理和投资决策，有助于抑制管理者盈余管理行为和风险规避行为，充分发挥信息治理效应和公司治理效应，改善会计信息质量和公司治理水平，进而降低各类资本成本，提高投资获利率，最终提高国有企业绩效水平。

鉴于此，提出如下研究假设：

假设 H18：当国有企业混合所有制改革程度低时，对企业绩效没有显著影响，而只有当国有企业混合所有制改革程度高时，才能有效提高国有公司绩效水平，且混合所有制改革程度越高，公司绩效水平越高。

13.3　研究设计

13.3.1　样本选择与数据来源

本章选取 2011 年 1 月 1 日至 2018 年 12 月 31 日的沪深 A 股国有上市公司为样本，剔除金融保险类上市公司，删除 ST、PT 类上市公司，剔除财务数据异常和财务数据缺失的上市公司样本，最终得到 7810 组公司 – 年度观测值数据，其中已实施混合所有制改革的国有公司为 4213 组，没有实施混合所有制改革的国有公司为 3597 组。本章数据来自巨潮资讯网、国泰安（CSMAR）、Wind 数据库。采用 Excel 和 Stata14.0 软件对数据进行统计和回归分析。

13.3.2　变量定义

本章研究的被解释变量是国有上市公司绩效水平，解释变量是国有上市公司混合所有制改革及其改革程度变量。

（1）企业绩效水平（Roe）。

企业绩效水平反映了企业经营业绩和获利状况，主要用盈利能力指标衡量。本章选取具有较强综合性的盈利能力指标权益净利率（Roe）衡量国有企业绩效水平。权益净利率衡量所有者权益的获利水平，用净利率与期末所有者权益的比值来衡量。

（2）国有企业是否进行了混合所有制改革（Nstate）和改革程度（PNstate）。

本章的解释变量有两个：

一是国有企业是否进行了混合所有制改革的变量 Nstate，借鉴顾妍的研究方法，若发生国有股东减持、其他资本增持进而形成股权转移，则认为已实施混合所有制改革并取值为 1，否则为未实施混合所有制改革并取值为 0。

二是国有企业混合所有制改革程度变量，用非国有股东持股比例（PNstate）来衡量，PNstate 为国有上市公司前十大流通股股东中非国有股东持股比例之和，PNstate 越大说明国有企业混合所有制改革程度越大。

（3）控制变量。

本章选取影响企业绩效水平的常用变量作为控制变量，包括公司规模、公司成长性、财务杠杆率、股权集中度及年度和行业虚拟变量。

各变量代码、名称及具体定义见表 13-1。

表 13-1　变量名称及定义

变量	变量名称	变量定义
Roe	企业绩效	净利润 ÷ 期末所有者权益
Nstate	国有企业混合所有制改革事件	Nstate=1，说明国有企业进行了混合所有制改革，否则，说明国有企业没有进行混合所有制改革
PNstate	国有企业混合所有制改革程度	国有上市公司前十大流通股股东中非国有股东持股比例之和
Size	公司规模	总资产期末账面价值的自然对数
Grow	公司成长性	（本年营业收入－上年营业收入）÷ 上年营业收入 ×100%
Lev	财务杠杆率	负债总额 ÷ 资产总额 ×100%
Shold1	股权集中度	第一大股东持股数量 ÷ 总股数
Year	年度	年度虚拟变量
Ind	行业	行业虚拟变量

13.3.3　模型构建

为验证假设 H17，以国有企业是否进行了混合所有制改革（Nstate）为解释变量，以企业绩效（Roe）为被解释变量，构建模型（13-1），研究国有企业混合所有制改革对企业绩效的影响。考虑到国有企业混合所有制改革对企业绩效产生影响可能具有滞后性，因此，选择国有企业混合所有制改革下一年的企业绩效作为被解释变量。

$$
\begin{aligned}
\mathrm{Roe}_{i,t+1} = &\alpha_0 + \alpha_1 \mathrm{Nstate}_{i,t} + \alpha_2 \mathrm{Size}_{i,t} + \alpha_3 \mathrm{Grow}_{i,t} + \alpha_4 \mathrm{Lev}_{i,t} + \\
&\alpha_5 \mathrm{Shold1}_{i,t} + \sum \mathrm{Year}_{i,t} + \sum \mathrm{Ind}_{i,t} + \varepsilon_{i,t}
\end{aligned}
\tag{13-1}
$$

为验证假设 H18，以国有企业混合所有制改革程度（PNstate）为解释变量，以企业绩效（Roe）为被解释变量，构建回归模型（13-2），研究国有企业混合所有制改革程度对企业绩效的影响。考虑到国有企业混合所有制改革程度对企业绩效产生影响可能具有滞后性，因此，选择国有企业混合所有制改革下一年的企业绩效作为被解释变量。

$$
\begin{aligned}
\mathrm{Roe}_{i,t+1} = &\alpha_0 + \alpha_1 \mathrm{PNstate}_{i,t} + \alpha_2 \mathrm{Size}_{i,t} + \alpha_3 \mathrm{Grow}_{i,t} + \alpha_4 \mathrm{Lev}_{i,t} + \\
&\alpha_5 \mathrm{Shold1}_{i,t} + \sum \mathrm{Year}_{i,t} + \sum \mathrm{Ind}_{i,t} + \varepsilon_{i,t}
\end{aligned}
\tag{13-2}
$$

13.4　实证检验与分析

13.4.1　描述性统计分析

通过对 7810 组观察值进行描述性统计分析，了解各变量均值、标准差、最值、中位数等基本情况见表 13-2。

表 13-2　主要变量的描述性统计分析

变量	均值	标准差	最小值	最大值	中位数
Roe	0.0448	0.6836	−22.1460	24.1859	0.0645
Nstate	0.5394	0.4735	0.0000	1.0000	1.0000

续表

变量	均值	标准差	最小值	最大值	中位数
PNstate	0.1359	0.1678	0.0141	0.6673	0.0912
Size	22.7014	1.4440	16.1613	28.5200	22.5471
Grow	0.3312	0.6815	−0.8969	3.9550	0.1316
Lev	0.5021	0.2044	0.0103	0.9981	0.5096
Shold1	0.3876	0.1613	0.0029	0.9900	0.3775

根据表 13-2，企业绩效（Roe）的标准差较大，说明我国不同国有上市公司的绩效水平存在显著差异。国有上市公司混合所有制改革变量 Nstate 均值为 0.5394，说明研究样本中有 53.94% 的国有上市公司进行了混合所有制改革。国有上市公司混合所有制改革程度变量 PNstate 均值为 0.1359，标准差为 0.1678，说明混合所有制改革后的国有上市公司中非国有股持股比例均值为 13.59%，且不同国有上市公司的混合所有制改革程度存在显著差异。其他控制变量的分析同前面章节类似，在此不再赘述。

13.4.2　多重共线性检验

利用 Stata14.0 统计软件进行多重共线性检验，具体结果见表 13-3。

表 13-3　变量间的 PEARSON 相关系数及 Sig 值

变量	Roe	Nstate	PNstate	Size	Grow	Lev	Shold1
Roe	1.0000						
Nstate	0.1022*	1.0000					
PNstate	0.2031	0.0336*	1.0000				
Size	0.0021	0.2124**	0.0832*	1.0000			
Grow	0.0207*	0.0956*	0.2246*	−0.0120	1.0000		
Lev	−0.0885***	−0.1125	−0.1341	0.4227***	0.0978***	1.0000	
Shold1	−0.0013	−0.0452*	−0.0814*	0.2727***	−0.0309***	0.0578***	1.0000

***、**、* 分别表示在 1%、5% 和 10% 的水平上显著。

根据表 13-3，各解释变量和控制变量间的 PEARSON 相关系数绝对值最大的是 0.4227，其他 PEARSON 相关系数绝对值都小于 0.4，因此，各变量间不存在多重共线性问题。国有企业混合所有制改革（Nstate）与企业绩效（Roe）的相关系数为正数，且在 10% 的水平上显著，说明国有企业混合所有制改革与企业绩效的关系显著正相关，初步验证假设 H17。国有企业混合所有制改革程度（PNstate）与企业绩效（Roe）的相关系数为正数，但是并不显著，说明国有企业混合所有制改革程度与企业绩效的关系存在内部差异，需要进一步进行分组检验。

13.4.3　多元回归分析

（1）国有企业混合所有制改革与企业绩效的多元回归分析。

为了验证假设 H17，对多元回归模型（13-1）进行回归分析，结果见表 13-4。

表 13-4　国有企业混合所有制改革与企业绩效多元回归分析

变量	Roe			
	模型（13-1）	模型（13-2）		
	全样本	全样本	国有企业混合所有制改革程度低	国有企业混合所有制改革程度高
Nstate	0.0178* (1.80)			
PNstate		0.1035 (0.84)	0.1021 (1.20)	0.1123*** (4.11)
控制变量	控制	控制	控制	控制
截距项	−0.4663*** (−3.61)	−0.4789*** (−3.74)	−0.4021* (−1.73)	−0.4142*** (−4.23)
调整 R^2	0.1124	0.1294	0.1374	0.1402
样本量	7810	4213	2264	1949
F	16.05	33.28	30.21	29.13

***、**、* 分别代表在 1%、5% 与 10% 的水平上显著，括号内数字为 t 值。

根据表 13-4 第 2 列模型（13-1）的回归结果，国有公司进行混合所有制改革变量 Nstate 的回归系数为 0.0178，且在 10% 的水平上显著为正，说明我国国有上市公司混合所有制改革与企业绩效显著正相关，即我国国有上市公司混合所有制改革促进了国有公司绩效水平的提高，验证了前文提出的研究假设 H17。

（2）国有企业混合所有制改革程度与企业绩效的多元回归分析。

为了验证假设 H18，对多元回归模型（13-2）进行回归分析，结果见表 13-4 第 3~5 列。当选择了混合所有制改革的全部国有企业样本时，国有企业混合所有制改革程度 PNstate 的回归系数为 0.1035，但是并不显著，说明我国国有上市公司混合所有制改革程度与企业绩效的关系存在内部差异性。因此，进一步按照国有上市公司混合所有制改革程度的高低进行分组检验。

由于当国有企业混合所有制改革引入的非国有股东持股比例超过 10% 才能派出董事等高级管理人员，此时非国有股东持股比例大且可以充分发挥监督作用，因此，按照非国有股东持股比例之和（PNstate）是否达到 10% 进行分组，分为国有企业混合所有制改革程度低和程度高两组，然后分别对这两组样本进行回归检验。表 13-4 第 4 列是国有企业混合所有制改革程度低组的回归结果，国有企业混合所有制改革程度（PNstate）的回归系数为 0.1021，但是并不显著，说明国有企业混合所有制改革程度低时，国有上市公司混合所有制改革程度对企业绩效没有显著影响。表 13-4 第 5 列是国有企业混合所有制改革程度高组的回归结果，国有企业混合所有制改革程度（PNstate）的回归系数为 0.1123，且在 1% 的水平上显著，说明国有企业混合所有制改革程度高时，国有上市公司混合所有制改革程度与企业绩效显著正相关，且混合所有制改革程度越大，企业绩效水平越高，验证了假设 H18。

13.4.4 稳健性检验

为了提高研究的可靠性，采用如下方法进行稳健性检验：

一是将解释变量滞后 2 期进行回归检验。在前文主回归检验中，将国有企业混合所有制改革滞后 1 期进行回归，在该部分进一步将国有企业混合所有制改革滞后 2 期，再次进行回归分析，回归结果与前文基本一致。

二是替换被解释变量进行回归检验。用总资产报酬率（Roa）代替权益净利率（Roe）进行回归分析，回归结果保持不变。

三是替换部分控制变量进行回归检验。用所有者权益期末账面价值的自然对数代表公司规模，将净利润增长率代表公司成长性，用长期负债率衡量财务杠杆，用前五大股东持股比例之和衡量股权集中度，再次进行回归检验，所得结果与前文基本一致。

通过上述方法进一步验证了前文研究假设和研究结论。由于篇幅原因，不再赘述。

13.5　实证结论及政策建议

13.5.1　实证结论

本章以 2011—2018 年我国沪深 A 股国有上市公司为研究对象，构建实证回归模型考察国有上市公司混合所有制改革对公司绩效的影响。研究结论包括：

（1）我国国有上市公司混合所有制改革与公司绩效显著正相关，说明我国国有企业混合所有制改革促进了公司绩效的提高。

（2）我国国有上市公司混合所有制改革程度与公司绩效的关系存在内部差异性。当我国国有上市公司混合所有制改革程度低时，国有上市公司混合所有制改革程度对公司绩效没有显著影响，而当我国国有上市公司混合所有制改革程度高时，国有上市公司混合所有制改革程度与公司绩效显著正相关，说明只有当我国国有上市公司混合所有制改革深度和广度达到一定水平时，才能在提高公司绩效方面发挥积极作用。

13.5.2 政策建议

根据本章节研究结果，提出如下政策建议：

第一，提高国有企业混合所有制改革的深度和广度。通过积极开展国有企业混合所有制改革，引入多种所有制形式和不同经营模式的外部股东，一方面，可以借鉴各种所有者经营形式的优点，比如引进民营企业股东，可以学习其市场竞争机制，而引入机构投资者股东，使其可以积极参与国有企业经营投资决策，有助于提高经营投资决策的科学性，进而提高投资获利率和国有企业绩水平；另一方面，通过混合所有制改革增加非国有股东持股比例，提高股权制衡度，实现股权结构多元化，提高非国有股东的话语权和公司地位，鼓励非国有股东充分行使其投票权、知情权等股东权益，从而抑制内部人盈余管理行为，提高国有企业会计信息质量，降低国有企业信息不对称程度，进而减少权益资本成本和债务资本成本，从而提高国有企业绩效水平。

第二，完善国有企业的管理者激励监督机制。一是通过混合所有制改革引入外部股东积极行使股东权力，加强对管理者的监督约束，弥补国有企业所有者监督缺位问题，减少管理者规避风险的机会主义行为，提高管理者经营投资决策的科学性。二是通过增加管理者持股比例，并提高管理者的薪酬业绩敏感性，促使管理者转变自身角色定位，在经营管理过程中更多地考虑股东利益和国有企业长远发展，并提高国有企业绩效水平。

第14章 国有企业混合所有制改革经济效应的模糊综合评价
——以 A 国有企业为例

本章在合理界定国有企业混合所有制改革经济效应综合评价概念及特点、评价目标、评价主体和客体、评价原则的基础上，以平衡计分卡（BSC）为基础，从财务、客户、内部治理、发展潜力四个维度构建国有企业混合所有制改革经济效应综合评价指标体系。然后，通过模糊综合评价法，确定业绩评价因素集、权重集和评价集，构建国有企业混合所有制改革经济效应模糊综合评价模型及公式，对国有企业混合所有制改革经济效应做出综合评价。最后，以 A 国有企业为例，通过案例分析来验证国有企业混合所有制改革经济效应模糊综合评价体系的可行性。定量分析与定性分析相结合，并将因果关系链引入国有企业混合所有制改革经济效应评价，丰富了国有企业混合所有制改革经济效应评价的理论研究，并为实务中国有企业混合所有制改革经济效应综合评价提供有用参考。

14.1 引言

我国国有企业改革由来已久，早在改革开放初期，我国国有企业改革便经历了"放权让利"阶段，扩大了国有企业的经营自主权。近年来，国有企业混合所有制改革进程加快，并取得了显著成效。党的十八届三中全会明确提出混合所有制经济是基本经济制度的重要实现形式。国有企业混合所有制改革是全球化时代发展市场经济的必然要求，也是新时代经济高质量发展的必然要求。国有企业混合所有制改革，是本轮国有企业改革的重要举措。但是，目前不同的国有企业混合所有制改革进度不同，程度不一，有的国有企业混合所有制改革进度快，成效显著，但有的国有企业混合所有制改革流于形式。那么，如何对不同的国有企业混合所有制改革经济效应进行评价呢？

现有研究分别对国有企业混合所有制改革的某个特定方面的经济效应进行了研究，比如有的研究了国有企业混合所有制改革对公司股权结构的影响，有的研究了国有企业混合所有制改革对管理层激励约束机制的影响，有的研究了国有企业混合所有制改革对国有企业委托代理问题的影响，等等，很少有研究国有企业混合所有制改革的综合经济效应问题的。根据前文分析，我国国有企业混合所有制改革通过吸收非国有资本，引入市场竞争机制，有助于实现股权结构多元化，充分发挥非国有股东监督治理作用，加强对管理层的监督激励，缓解国有企业大股东缺位问题和管理者代理问题，有助于抑制国有企业应计盈余管理和真实盈余管理水平，改善国有企业会计信息质量，减少权益资本成本和债务资本成本，改善公司治理，提高国有企业风险承担水平，抑制过度投资和投资不足行为，提高国有企业投资效率，增加国有企业创新投入和创新产出，提高国有企业创新能力，并能够提高国有企业绩效水平。那么，如何对国有企业混合所有制改革的经济效应进行综合评价呢？目前缺少该方面的相关研究。

基于以上考虑，本章以我国国有企业混合所有制改革为制度背景，以平衡计分卡为基础，从财务、客户、内部治理、发展潜力四个维度构建国有企业混合所有制改革经济效应综合评价指标体系。然后，通过模糊综合评价法，构建国有企业混合所有制改革经济效应模糊综合评价模型，对我国国有企业混合所有制改革经济效应进行综合评价。最后，以 A 国有企业为例，通过案例分析来验证国有企业混合所有制改革经济效应模糊综合评价体系的可行性。

本章的研究贡献包括：

（1）现有研究主要针对国有企业混合所有制改革的某个特定方面的经济效应进行研究，很少对国有企业混合所有制改革的综合经济效应进行研究。本章研究国有企业混合所有制改革的综合经济效应，丰富了国有企业混合所有制改革经济效应的相关研究。

（2）不同的国有企业混合所有制改革程度不同，进而经济效应不同，但是目前文献并没有研究如何针对某个特定的国有企业混合所有制改革的经济效应进行综合评价。本章利用模糊综合评价法，构建国有企业混合所有制改革经济效应的模糊综合评价模型，有助于监管机构从综合经济效应的角度评估特定的国有企业混合所有制改革的具体影响，从而制定相应的混合所有制改革政策，以进一步改善国有企业混合所有制改革效果。

14.2　基于 BSC 的国有企业混合所有制改革经济效应的模糊综合评价体系设计

14.2.1　国有企业混合所有制改革经济效应综合评价概念及特点

国有企业混合所有制改革是通过定向增发、兼并收购、股权激励、员工持股计划等方式吸收外部非国有资本投资，实现国有企业股权结构多元化的一种改革方式，其对国有企业发展具有重要影响，并会产生一定的经济效应，比如，国有企业混合所有制改革有利于引入市场竞争机制，增强国有经济的活力，放大国有资本的功能，提高其竞争力；有利于减少政府对国有企业的行政干预和经济干预，正确处理政府与市场的关系，让市场在资源配置中起决定性作用；等等。

国有企业混合所有制改革经济效应综合评价是指为了实现国有企业混合所有制改革目标，体现国有企业可持续发展理念，发挥国民经济发展支柱作用，通过设计科学合理的经济效应综合评价指标体系，采用系统科学的经济效应评价方法，根据特定的标准，对国有企业混合所有制改革经济效应进行综合评价。

国有企业混合所有制改革经济效应综合评价具有以下特点：

（1）以财务业绩评价为根本。

国有企业混合所有制改革经济效应综合评价类似于一般企业的业绩评价，最重要的一点就是，以财务业绩评价为根本。财务业绩的提升是国有企业生存和发展的根本前提，没有盈利和业绩低下的企业缺少市场竞争力，难以为继，最终必将被淘汰。国有企业混合所有制改革必须首先能够带来财务业绩的提升才会获得社会公众和市场认可。因此，国有企业混合所有制改革经济效应综合评价必须以财务业绩评价为根本。

（2）战略性评价。

战略性评价主要考察国有企业混合所有制改革是否满足我国国有企业改革发展目标，是否符合我国国有经济发展方向和需要，满足国民经济重大发展需求，能否充分发挥国有企业在整个国民经济发展中的支柱作用。

（3）全面性评价。

全面性评价主要考察国有企业混合所有制改革对国有企业的影响是否具有全面性，能否解决国有企业发展过程中出现的各种问题，是否能够在国有企业发展过程中产生综合效应，而不是单一效应。

14.2.2 国有企业混合所有制改革经济效应评价目标

国有企业混合所有制改革目标是解决国有企业发展过程中存在的各类问题，实现国有企业可持续发展和长远价值最大化，充分发挥国民经济支柱作用。经济效应评价是为实现国有企业混合所有制改革目标服务的。国有企业混合所有制改革目标决定了其经济效应评价目标的内容。国有企业混合所有制改革经济效应评价目标就是设计合理的评价指标体系，采用科学的业绩评价方法，以特定的评价标准为准绳，对国有企业混合所有制改革经济效应做出客观、公正和科学的综合判断。

14.2.3　国有企业混合所有制改革经济效应评价客体和主体

国有企业混合所有制改革经济效应评价客体是国有企业混合所有制改革经济效应形成过程和结果。这就要求从国有企业全局出发，做出全面性综合评价。

国有企业混合所有制改革经济效应评价主体可以是微观国有企业个体，也可以由政府部门组织开展。这是因为微观企业要关注自身混合所有制改革经济效应情况，且对自身混合所有制改革信息掌握全面，有足够的动机和能力对混合所有制改革经济效应进行综合评价。我国政府部门从国民经济和社会可持续发展角度出发，颁布政策法规引导和助推国有企业混合所有制改革，应该更有动机关注国有企业混合所有制改革经济效应情况。同时，政府部门有足够的人力、物力和财力资源对国有企业混合所有制改革情况展开全面调研，且能做出更为客观的公正的评价。因此，国有企业混合所有制改革经济效应评价主体是微观国有企业个体和各层级政府部门。

14.2.4　国有企业混合所有制改革经济效应评价原则

国有企业混合所有制改革经济效应评价原则主要还包括：

（1）相关性原则。

相关性原则要求国有企业混合所有制改革经济效应评价应该具备有用性，即能够提供最新的、及时的信息，供决策者使用。国有企业混合所有制改革经济效应评价应该突出对"战略性"和"全面性"的评价，注重考察其在国民经济发展中的地位和作用。

（2）客观性原则。

客观性原则指在进行国有企业混合所有制改革经济效应评价时要有理有据，客观公正，不偏不倚。国有企业作为评价主体对自身混合所有制改革经济效应的评价难免带有主观色彩和利己主义倾向，导致评价结论失之偏颇，而政府部门作为国有企业混合所有制改革经济效应评价主体会在一定程度上保证评价的客观性，但也难以避免有些下级政府部门为了追求高政绩而伪造虚假数据，这就需要上级政府部门加强监管，保证国有企业混合所有制改革经济效应评价结果的可靠性和客观公正性。

（3）系统性原则。

系统性原则要求国有企业混合所有制改革经济效应评价内容应该全面，在坚持以财务业绩评价为根本的前提下，将资源投入、运营管理、客户关系、公众利益、未来发展潜力等都纳入到经济效应评价范畴，全面考察国有企业混合所有制改革的经济影响，且各方面评价应具有内在一致性和关联性，构成国有企业混合所有制改革经济效应评价的完整体系。

14.2.5　基于 BSC 的国有企业混合所有制改革经济效应评价指标体系

1992 年，美国卡普兰和诺顿首次对平衡计分卡概念和内容进行系统总结。平衡计分卡是一种新型业绩评价体系，打破了传统业绩评价只注重财务指标的局限，从财务、客户、内部业务流程、学习与成长四个维度，将组织的战略目标分解为可操作的具体衡量指标，并将财务指标与非财务指标、结果因素与驱动因素、长期目标与短期目标、定量评价与定性评价相结合，保证了组织战略目标的有效执行。因此，本章以平衡计分卡为基础，构建国有企业混合所有制改革经济效应的评价指标体系。

（1）财务业绩指标。

在任何经济环境下，获利都是企业存在和发展的根本前提，财务业绩指标可以衡量国有企业混合所有制改革对其获利状况的影响。此外，偿债能力和营运能力也会对国有企业发展产生重要影响。财务方面指标是平衡计分卡业绩评价的结果指标。其他三个驱动因素最终都会影响财务业绩这一结果因素。财务业绩评价是国有企业混合所有制改革经济效应评价的落脚点，主要衡量国有企业混合所有制改革对国有企业的获利能力、偿债能力和营运能力的影响。获利能力的衡量指标通常选择权益净利率，偿债能力的衡量指标选择资产负债率，营运能力的衡量指标选择总资产周转率。

（2）客户指标。

财务业绩的改善主要取决于客户管理水平。客户管理主要体现在市场地位和客户关系管理两个方面。国有企业只有处理好客户关系，才能保持并扩大产品销量和市场份额，进而改善财务业绩。国有企业混合所有制改革对国有企业客户指标的影响用市场地位的提高和客户关系的改善来衡量，国有企业混合所有制改革对市场地位的影响用对市场占有率的影响来衡量，国有企业混合所有制改革对客户关系的影响用对客户增长率和客户满意度的影响来衡量。

（3）公司治理指标。

客户关系的改善取决于产业提供的产品或服务的质量，而产品或服务质量取决于内部业务流程。国有企业混合所有制改革对内部业务流程的影响具体体现在公司治理的改善方面。国有企业混合所有制改革对公司治理的影响主要体现在股权制衡度和管理层股权激励程度两方面。股权制衡度用第二到第五大股东持股比例之和除以第一大股东持股比例来衡量。管理层股权激励程度用管理层持股比例来衡量。

（4）创新能力指标。

公司治理和客户关系的持续改善，财务业绩的不断提高及国有企业的长远发展，从根本上取决于国有企业的学习与成长能力。学习与成长能力主要是快速掌握经济变化新动向、及时更新经营理念和研发新技术的创新能力。创新能力主要包括创新投入和创新产出两方面。创新投入用研发费用增长率衡量，创新产出用当年申请专利增长率来衡量。

总的来说，基于 BSC 的战略性新兴产业业绩评价指标体系包括 4 个一级指标和 10 个二级指标，如表 14-1 所示。

表 14-1　基于 BSC 的国有企业混合所有制改革经济效应评价指标体系

一级指标	二级指标	指标属性	隶属度				
			P_1	P_2	P_3	P_4	P_5
财务层面 Y_1（0.30）	权益净利率 Y_{11}（0.40）	定量	0.4	0.4	0.2	0.0	0.0
	资产负债率 Y_{12}（0.30）	定量	0.4	0.5	0.1	0.0	0.0
	总资产周转率 Y_{13}（0.30）	定量	0.4	0.5	0.1	0.0	0.0
客户层面 Y_2（0.25）	市场占有率 Y_{21}（0.40）	定量	0.3	0.5	0.2	0.0	0.0
	客户增长率 Y_{22}（0.30）	定量	0.4	0.4	0.1	0.1	0.0
	客户满意度 Y_{23}（0.30）	定性	0.3	0.3	0.3	0.1	0.0
公司治理层面 Y_3（0.23）	股权制衡度 Y_{31}（0.50）	定量	0.3	0.3	0.3	0.1	0.0
	管理层持股比例 Y_{32}（0.50）	定量	0.3	0.3	0.3	0.1	0.0
创新能力层面 Y_4（0.22）	研发费用增长率 Y_{41}（0.40）	定量	0.0	0.1	0.5	0.3	0.1
	申请专利增长率 Y_{42}（0.60）	定量	0.0	0.2	0.4	0.3	0.1

注：括号内数字为该指标权重。

14.2.6　基于 BSC 的国有企业混合所有制改革经济效应模糊综合评价方法

基于 BSC 的国有企业混合所有制改革经济效应模糊综合评价方法就是利用模糊综合评价法进行混合所有制改革经济效应的评价，通过建立数学模型，将基于 BSC 的定性指标和定量指标相结合，并对多样化的 BSC 评价指标之间的模糊关系进行多层次模糊运算，得出一个综合的评价结论，以衡量国有企业混合所有制改革经济效应综合水平。

（1）构建因素集。

将影响国有企业混合所有制改革经济效应的各因素进行层次划分，建立指标集。一级指标集 $Y=\{Y_1, Y_2, Y_3, Y_4\}$。每个一级指标可展开，形成二级指标集。例如，一级指标 Y_1 可展开，形成二级指标集 $Y_1=\{Y_{11}, Y_{12}, Y_{13}\}$。

（2）构建权重集。

根据各因素不同的重要性程度，确定各因素的权重值，组成权重集 Q。一

级指标权重集 $Q=\{Q_1, Q_2, Q_3, Q_4\}$，同样可以构建二级指标权重集。例如，二级指标权重集 $Q_1=\{Q_{11}, Q_{12}, Q_{13}\}$。

采用专家意见法，通过发放调查问卷、电话访谈和面对面访谈等多种途径收集专家意见，然后计算整理和综合，得到各级指标权重集，具体数据见表 14-1。

（3）构建评价集。

经济效应评价中最终可能出现的评价结果的集合形成评价集。评价集设定为 { 优秀，良好，一般，欠佳，很差 }，用 P 表示，则评价集 $P=\{P_1, P_2, P_3, P_4, P_5\}$。业绩等级划分、评分值及评分依据见表 14-2。

表 14-2　国有企业混合所有制改革经济效应评价等级划分及含义表

评价集 P	业绩等级	业绩评分值	业绩评分依据
P_1	优秀	≥90	混合所有制改革后，获利水平很高，财务风险很低，偿债能力很强，营运能力较强；市场份额很高，客户关系管理水平较高；公司治理水平较高；创新能力提升非常明显
P_2	良好	≥80，但 <90	混合所有制改革后，获利水平高，财务风险低，偿债能力强，营运能力高；市场份额高，客户关系管理水平高；公司治理水平高；创新能力提升明显
P_3	一般	≥70，但 <80	混合所有制改革后，获利水平一般，偿债能力和营运能力一般；市场份额和客户关系管理水平居中；公司治理水平一般；创新能力提升不太显著
P_4	欠佳	≥60，但 <70	混合所有制改革后，获利能力欠佳，财务风险高，财务业绩不好；市场占有率不高，客户关系欠佳；公司治理水平不高；创新能力不强
P_5	很差	<60	混合所有制改革后，获利能力很差，财务风险很高，财务业绩不好；市场占有率很低，客户关系欠佳；公司治理水平很低；缺少关键技术，缺乏创新能力

（4）模糊评价模型。

模糊综合评价遵循由下至上的评价过程，即首先对最底层明细指标（本文指二级指标）进行评价，确定其对评价集的隶属度，隶属度是概率的集合，表示该指标对评价集的每种结果（假设有 n 种评价结果）的发生概率。

假如一级指标 Y_i 有 x 个二级指标，则 Y_i 的各二级指标的隶属度向量 B_i 构成模糊综合评价变换矩阵 B_i^*，B_i^* 乘以该二级指标权重集 Q_i，得到一级指标 Y_i 对评价集 P 的隶属度向量 A_i，即 $A_i = Q_i \times B_i^*$。

通过对一级指标的模糊综合评价，得到四个一级指标的隶属度向量 A_1、A_2、A_3、A_4，这四个向量构成模糊综合评价变换矩阵 A_i^*，A_i^* 乘以一级指标权重集 Q，得到模糊总评价向量 Z，即 $Z = Q \times A_i^*$，据此可以对国有企业混合所有制改革经济效应做出综合评价。

14.3　案例应用

14.3.1　评价对象简介

为了验证研究方法的可行性，选择 A 国有企业作为评价对象，对 A 国有企业混合所有制改革经济效应进行模糊综合评价。

通过实地调研、面对面访谈等方式收集了 A 国有企业混合所有制改革的相关数据资料。近年来，为了积极响应国家号召，A 国有企业结合自身特点，有步骤、有计划地进行混合所有制改革，并取得了明显成效。截至 2018 年年底，A 国有企业通过定向增发、兼并收购、股权激励、员工持股计划等多种方式开展混合所有制改革，引进了多种类型的外部非国有股东，包括民营企业、机构投资者、自然人等非国有股东，且非国有股东持股比例之和达到了 38.57%，其中民营企业持股比例最高，为 22.34%。而机构投资者持股比例为 12.48%，自然人股东持股比例不到 5%。因此，民营企业股东和机构投资者股东都向混合所有制改革后的国有企业派出了董事等高级管理人员。2019 年，A 国有企业混合所有制改革后的经济效应明显：

（1）财务业绩得到显著提升。各类资金周转速度加快，资产营运能力有了明显提升，偿债能力更有保障，盈利能力有所增强，这都说明 A 国有企业混合所有制改革后财务业绩得到显著提升。

（2）客户关系管理明显改善。财务业绩的提升原因是 A 国有企业混合所有制改革后通过民营股东和机构投资者股东积极参与公司经营管理，充分引进了市场竞争机制，减轻了 A 国有企业政策性负担，并不断完善投资和经营决策机制，提高产品和服务质量，加强了客户关系管理，提高了市场占有率。

（3）公司治理水平显著提高。A 国有企业财务业绩的提升和客户关系的改善主要是因为其公司治理水平的提高。A 国有企业混合所有制改革后，实现了股权结构多元化，提高了股权制衡度，完善了管理者激励约束机制，缓解了大股东和管理者代理问题，公司治理水平得到显著改善。总之，A 国有企业混合所有制改革后生产经营规模扩大，不仅提高了国有企业盈利水平，而且解决了当地就业问题，创造了良好的社会经济效益，树立了良好的社会形象。

尽管成绩斐然，但现阶段 A 国有企业混合所有制改革后仍存在一些问题：国有企业混合所有制改革后整合难度较大，主要表现是不同企业类型文化氛围和制度背景不同，经营契合度不高，尚未形成有效的规模经济效应，研发投入比例不高，技术创新能力不强，缺乏核心技术，员工综合素质不高，缺少优秀人才。那么，综合来说，A 国有企业混合所有制改革经济效应如何？本章将利用前文构建的基于 BSC 的国有企业混合所有制改革经济效应模糊综合评价方法，对 A 国有企业混合所有制改革经济效应做出综合评价。

14.3.2　确定二级指标隶属度

采用专家意见法，通过发放网络调查问卷和电话访谈的方式，由国有企业改革领域专家对 A 国有企业二级指标的隶属度进行评价打分，收集整理专家意见，得到二级指标对评价集的隶属度，具体数据见表 14-1。

14.3.3 一级指标模糊评价

将各一级指标下的二级指标权重集 Q_i 乘以对应的二级指标隶属度矩阵 B_i，可以得到各一级指标的隶属度 A_i。以一级指标财务业绩 Y_1 为例，Y_1 的隶属度向量 A_1 为

$$A_1 = Q_1 \times B_1$$

$$= (0.4, 0.3, 0.3) \times \begin{pmatrix} 0.4 & 0.4 & 0.2 & 0.0 & 0.0 \\ 0.4 & 0.5 & 0.1 & 0.0 & 0.0 \\ 0.4 & 0.5 & 0.1 & 0.0 & 0.0 \end{pmatrix}$$

$$= (0.40, 0.46, 0.14, 0, 0)_{\circ}$$

同理可得

客户指标 Y_2 的隶属度向量 A_2 为

$$A_2 = (0.33, 0.41, 0.2, 0.06, 0)$$

公司治理指标 Y_3 的隶属度向量 A_3 为

$$A_3 = (0.3, 0.35, 0.25, 0.10, 0)$$

创新能力指标 Y_4 的隶属度向量 A_4 为

$$A_4 = (0, 0.16, 0.44, 0.30, 0.10)$$

14.3.4 模糊总评价

将一级指标的权重集 Q 乘以一级指标的隶属度矩阵 A^*_i，得到模糊总评价向量 Z，即

$$Z = Q \times A^*_i$$

$$= (0.30, 0.25, 0.23, 0.22) \times \begin{pmatrix} 0.40 & 0.46 & 0.14 & 0 & 0 \\ 0.33 & 0.41 & 0.20 & 0.06 & 0 \\ 0.30 & 0.35 & 0.25 & 0.10 & 0 \\ 0 & 0.16 & 0.44 & 0.30 & 0.10 \end{pmatrix}$$

$$= (0.2715, 0.3562, 0.2463, 0.1040, 0.0220)$$

根据最大隶属度原则，综合评价结果向量 Z 中最大得分 0.3562 所归属的评价等级是良好等级，因此，A 国有企业混合所有制改革经济效应模糊综合评价结果是良好等级，对应的评分值范围是 80~90 分。这表明，A 国有企业混合所有制改革在财务业绩、客户管理、公司治理和创新能力方面的综合表现是良好水平，说明随着 A 国有企业混合所有制改革程度的深化，对国有企业产生了积极的经济影响。

14.4　研究结论与建议

本章以平衡计分卡为基础，构建国有企业混合所有制改革经济效应评价指标体系，采用模糊综合评价法，定量指标和定性指标相结合，并区分经济效应形成结果因素和驱动因素，对国有企业混合所有制改革经济效应进行综合评价，并结合具体案例进行分析，突破以往研究对国有企业混合所有制改革经济效应单一的定量评价的局限性，提高了研究的综合性、科学性和可行性，并为我国国有企业混合所有制改革经济效应综合评价提供有效的实用方法。

通过案例分析进一步证明，国有企业混合所有制改革深度和广度要达到一定水平，才能达到改善公司治理、提高市场竞争力和财务业绩的目标，但是国有企业混合所有制改革后的整合难度较大，需要注意加强混合所有制改革后的整合力度，实现多种经济形式取长补短，并要注重国有企业的创新能力的提升。

本章选取代表性的 A 国有企业为例进行研究，在研究过程中，构建的评价指标体系包括一级指标和二级指标，以后的研究可以将每个二级指标进一步展开和细化，形成三级指标集，并设置三级指标权重集，进而做出更加细化和深入的研究。

第四部分

案例研究

第15章　国有企业混合所有制改革现状及路径研究

——以滨州市国有企业为例

改革开放以来，我国政府相继出台政策文件号召"大力发展混合所有制经济"。目前我国经济发展进入新常态阶段，经济新常态赋予我国国有企业混合所有制改革新的内涵，并提出更高要求。在我国经济发展由高速增长向高质量增长转型的新常态背景下，要进一步促进市场经济发展，减少政府对经济运行的过分干预，这就要求进一步深化国有企业改革，发展混合所有制经济，激发国有企业活力和创造力。近年来，滨州市委、市政府认真贯彻中央、省委关于深化国有企业改革的决策部署，先后出台了加快国资国有企业改革发展的一系列政策措施，并提出要积极发展混合所有制经济，把"混合所有制改革"作为国有企业改革的重点任务。

本章结合经济新常态背景，通过实地调研，深入研究了滨州市国有企业混合所有制改革取得的成绩及存在的问题，进而探究经济新常态下滨州市国有企业混合所有制改革的具体对策和路径。滨州市国有企业"三个一批"深化改革的全面实施标志着滨州市国有企业混合所有制改革进入新的历史时期，但目前仍存在相关法律法规不健全、国有企业混合所有制改革认识不到位、国有企业治理结构不健全、国有企业混合所有制改革的潜在成本居高不下、国有企业混合所有制改革模式不恰当等问题。因此，本章提出滨州市国有企业混合所有制改革的具体对策建议：应加快完善颁布国有企业混合所有制改革的具体法律法规；树立正确的国有企业混合所有制改革思想；明确产权问题，完善国有企业治理结构；完善员工激励约束制度；创新体制，不断加强国资国有企业监管。在此基础上，进一步提出优化滨州市国有企业混合所有制改革的模式和路径，包括董事会试点改革模式及路径、对外兼并收购模式及路径、引入战略投资者或民营资本模式及路径、公司制改革重组实现上市模式及路径、员工持股计划模式及路径、合资合营模式和资产证券化模式及路径。最后，以山东鲁北企业集团为例进行案例分析，回顾了鲁北企业集团混合所有制改革历程及成效，并总结了鲁北企业集团混合所有制改革成功经验。

本章研究具有重要的理论意义和现实意义。理论方面，从一个全新视角——经济新常态角度研究滨州市国有企业混合所有制改革存在的问题及原因，结合经济新常态背景探索符合滨州市国有企业具体情况的混合所有制改革模式及路径，并提出具体对策建议，符合当下我国经济阶段性发展特征，将国有企业混合所有制改革提升至一个崭新的高度。现实方面，针对滨州市国有企业混合所有制改革现实困境，结合经济新常态，探究适合滨州市国有企业具体情况的混合所有制改革模式及路径，研究成果有助于政府部门正确认识和了解滨州市国有企业混合所有制改革存在的问题及原因，掌握其内在规律，为滨州市国有企业混合所有制改革提供具体的指导和借鉴意义。

15.1　绪论

15.1.1　研究背景

改革开放以来，我国政府就一直主张"大力发展混合所有制经济"。2014年《政府工作报告》进一步提出要加快发展混合所有制经济。2017年党的十九大报告提出"深化国有企业改革，发展混合所有制经济"，标志着我国国有企混合所有制改革进入新一轮高潮，国有企业混合所有制改革在越来越多的试点企业顺利实施。经济新常态赋予我国国有企业混合所有制改革新的内涵，并提出更高要求。在我国经济发展由高速增长向高质量增长转型的新常态背景下，要进一步促进市场经济发展，减少政府对经济运行的过分干预，这就要求进一步深化国有企业改革，发展混合所有制经济，激发国有企业活力和创造力。

"十三五"规划时期是滨州市适应经济发展新常态，全面建成小康社会的决定性阶段。"十三五"时期，随着经济发展进入新常态，增长潜力与下行压力并存，调整与阵痛同在，亮点与难点交织，发展面临着错综复杂的新形势。综合研判国内外形势，滨州市在"十三五"时期是机遇与挑战并存，处于可以大有作为的战略机遇期、由弱到强的跨越发展期、调速换挡的重大转折期。近年来，滨州市委、市政府认真贯彻中央、省委关于深化国有企业改革的决策部署，先后出台了加快国资国有企业改革发展的一系列政策措施，并提出要积极发展混合所有制经济，把"混合所有制改革"作为国有企业改革的重点任务。

15.1.2　研究目的和意义

本章结合经济新常态背景，以"滨州市国有企业混合所有制改革路径"为研究对象，在实地调研时通过面对面访谈、发放调查问卷等方式获取了滨州市国有企业混合所有制改革的现状原始资料，在此基础上，全面分析滨州市国有企业混合所有制改革存在的问题，进而探究经济新常态下滨州市国有企业混合所有制改革的具体对策，并设计具体改革路径，最后以山东鲁北企业集团为例进行案例分析，回顾了鲁北企业集团混合所有制改革历程及成效，并总结了鲁北企业集团混合所有制改革成功经验。本章研究具有重要的理论意义和现实意义：

理论方面，目前很少有学者结合经济新常态的背景研究国有企业混合所有制改革问题，本章从一个全新视角——经济新常态角度研究滨州市国有企业混合所有制改革存在的问题及原因，结合经济新常态背景探索符合滨州市国有企业具体情况的混合所有制改革模式及路径，并提出具体对策建议，符合当下我国经济阶段性发展特征，将国有企业混合所有制改革提升至一个崭新的高度，使得国有企业混合所有制改革相关问题的研究和分析视角更加宽广，理论研究内容更加丰厚，相关理论研究更具有科学性，同时也更有针对性，对于现阶段国有企业发展混合所有制提供理论支持和理论指导。此外，基于经济新常态的视域来研究国有企业发展混合所有制的路径与对策，从理论上看，符合中国特色社会主义政治经济学的要求，研究成果也能进一步完善中国特色社会主义政治经济学的内容。

现实方面，以滨州市国有企业为例，针对滨州市国有企业混合所有制改革现实困境，结合经济新常态，探究适合滨州市国有企业具体情况的混合所有制改革模式及路径，并提出滨州市国有企业混合所有制改革具体对策，将理论研究与具体地区实践相结合，研究成果有助于政府部门正确认识和了解滨州市国有企业混合所有制改革存在的问题及原因，掌握其内在规律，为滨州市国有企业混合所有制改革提供具体的指导和借鉴意义，以进一步提升滨州市国有企业的公司治理结构，补充完善国有资产监督管理体制，提高国有企业竞争力和可持续发展能力，充分发挥国有经济的导向作用，吸纳社会资本做大做强，实现多种所有制经济共同发展。

15.1.3　研究内容和方法

（1）研究内容。

①经济新常态下滨州市国有企业混合所有制改革现状分析。总结了经济新常态下，滨州市国有企业混合所有制改革的具体举措和成效。近年来，滨州市政府相继出台了滨州市国有企业混合所有制改革的实施方案和实施意见等多个文件，推动滨州市市属国有企业进入"三个一批"深化改革阶段。滨州市国资委也积极开展央企国有企业招商、全面加强和改进国有企业党的建设、实施"双招双引"等，积极推进滨州市国有企业混合所有制改革。

②从宏观和微观层面全面分析经济新常态下滨州市国有企业混合所有制改革存在的问题，具体问题包括：缺乏国有企业混合所有制改革的相关法律法规指引；出现一些国有企业混合所有制改革的错误思想导向；国有企业治理结构不健全；国有企业混合所有制改革的潜在成本居高不下；国有企业混合所有制改革模式不恰当。

③从宏观和微观层面提出经济新常态下滨州市国有企业混合所有制改革对策。宏观层面，加快完善颁布国有企业混合所有制改革的具体法律法规；创新体制，不断加强国资国有企业监管。微观层面，树立正确的国有企业混合所有制改革思想；明确产权问题，完善国有企业治理结构；完善员工激励约束制度。

④结合经济新常态的发展要求提出优化滨州市国有企业混合所有制改革模式和路径。经济新常态下滨州市国有企业混合所有制改革应该选择合适的国有企业混合所有制改革方式，对不同的国有企业采取不同的混合所有制改革模式，并设计科学合理的国有企业混合所有制改革路径，具体路径包括：董事会试点改革模式及路径、对外兼并收购模式及路径、引入战略投资者或民营资本模式及路径、公司制改革重组实现上市模式及路径、员工持股计划模式及路径、合资合营模式和资产证券化模式及路径。

⑤以山东鲁北企业集团为例进行案例分析。简要介绍鲁北企业集团概况，分析了鲁北企业集团混合所有制改革历程及成效，并总结了鲁北企业集团混合所有制改革成功经验，包括：坚持党的领导，贯彻落实党的方针政策；明确国有企业混合所有制改革的目的；加强国有企业混合所有制改革的多部门联动配合；采取科学合理的混合所有制改革路径；谨慎选择合适的战略投资者。

（2）研究方法。

①文献资料法。通过查阅梳理文献，总结国有企业混合所有制改革的有关思想、理论、制度和方法的演变发展规律，为课题研究夯实理论基础。

②定性分析与定量分析相结合。通过实地调研、访谈等掌握滨州市国有企业混合所有制改革的数据资料，在数据整理分析基础上，对滨州市国有企业混合所有制改革现状进行剖析，分析滨州市国有企业混合所有制改革过程中存在

的问题与障碍。

③规范研究与案例研究相结合。在用规范分析法研究滨州市国有企业混合所有制改革的理论和现状基础上，选取代表性的国有企业——山东鲁北企业集团进行案例分析，简要介绍鲁北企业集团概况，分析了鲁北企业集团混合所有制改革历程及成效，并总结了鲁北企业集团混合所有制改革成功经验。

15.1.4　研究思路与框架

本章节按照理论研究—现状研究—案例研究的总体思路，首先进行概念界定并总结相关理论基础，然后分析经济新常态下滨州市国有企业混合所有制改革现状及存在的问题和原因，结合经济新常态的发展要求提出滨州市国有企业混合所有制改革的具体对策建议，科学设计滨州市国有企业混合所有制改革的模式与路径，最后以山东鲁北企业集团为例进行案例分析。具体研究框架如图15-1 所示。

15.2　概念界定与理论基础

15.2.1　概念界定

（1）经济新常态。

经济新常态是由习近平总书记在 2014 年 5 月考察河南的行程中第一次提出。经济新常态就是在经济结构对称态基础上的经济可持续发展，包括经济可持续稳定增长。经济新常态是强调结构稳增长的经济，而不是总量经济；着眼于经济结构的对称态及在对称态基础上的可持续发展，而不仅仅是 GDP、人均 GDP 增长与经济规模最大化。经济新常态就是用增长促发展，用发展促增长。

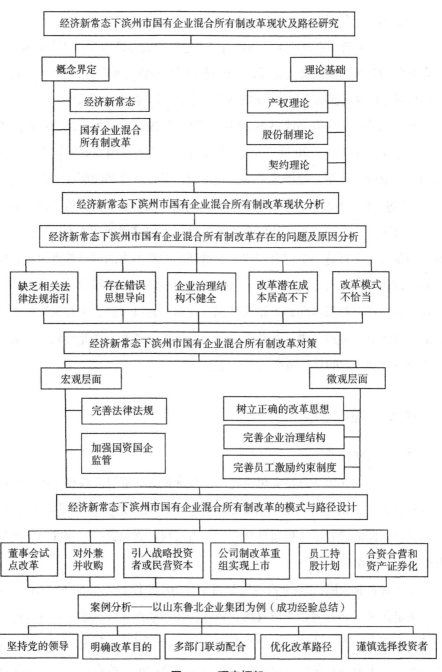

图 15-1 研究框架

（2）国有企业混合所有制改革。

国有企业混合所有制改革就是国有企业通过引入多种所有制经济资本，实现国有资金和非国有资金交叉持股，并鼓励非国有投资者参与国有企业经营管理，以改善国有企业股权结构和公司治理水平，提高国有企业运营效率。

国有企业混合所有制改革是 20 世纪 90 年代提出的改革方案，目的是引入民资促进生产力发展。20 世纪 90 年代开始，我国允许国内民间资本和外资参与国有企业改组改革，经济改革的实践证明，混合所有制能够有效促进生产力发展。1992 年，中国改革开放后正式引入民资。国有企业混合所有制改革不是为了混合而混合，而是为了让国有企业在改革中能够增加竞争力和活力，混合的目的是为企业打造一个符合现代企业治理的有竞争力能够培养竞争力和创新力的治理体系。国有企业改革被公认为是我国经济改革中最难的环节之一，难就难在各界在一些根本问题上缺乏共识。在新一轮以"混合所有制"为重要标志的国资国有企业改革中，虽然方向已定，但细节未明。在此背景下，如何落实混合所有制改革的具体路线至关重要。

15.2.2　理论基础

（1）产权理论。

产权理论的先驱来自马克思论述的产权理论。马克思产权理论中主要论述了所有权理论，认为产权是所有制的法律表现形式，产权在不同的历史时期，可以采取不同的形式；产权包括所有权、占有权、索取权、经营权等，但是所有权起决定性作用。

在微观企业领域，"企业产权"是指企业的法定代表人能够拥有的企业的产权，法定代表人拥有的企业产权具有独占性和排他性，且企业产权可以拆分为经营权、所有权等。分解出来的经营权、所有权可以独立行使，例如，目前现代企业制度采取的就是所有权和经营权两权分离制度，所有权归属于企业所有者享有，但是经营权则由所有者委托管理者行使。

（2）股份制理论。

股份制还被称作"股份经济"，可以理解为通过分散于不同所有人的生产要素通过入股的方式将其整合成为一个整体，然后再通过统一的合理的自主经营、形式上自负盈亏，最终能够根据开始的投资比例进行利润分红，这是企业财产所有制的一种代表形式。

马克思首先提出了股份制是由于社会化大生产而产生的，随着社会化大生产规模的不断扩大，企业经营扩张的资金需求日益增长，而另一方面，个人投资者或其他企业会有暂时闲置不用的货币资金，为了将社会上闲置资金加以有效利用，也为了解决企业的资金需求问题，股份制经济应运而生。通过股份制，有资金剩余的个人投资者或企业可以为闲置资金找到投资渠道，提高资金利用效率，而资金短缺的企业可以通过实行股份制将社会上的闲置资金吸收入股，为己所用，解决资金短缺问题。股份制的出现就将个人、企业和社会紧密连接在了一起，这也是资本主义私有制过渡到社会主义公有制的一个重要节点。

在我国，股份制是实现国有企业混合所有制改革的主要途径，通过股份制的形式可以将公有制经济与非公有制经济有机融合在一起，使其优势互补、共生共赢，但是在发展股份制的过程中，也遇到了一些不可避免的问题，比如国有股"一股独大"，国有企业通过股份制改革上市之后，国有股比例过大，权力过于集中难以被制衡等问题是急需解决的。

15.3　经济新常态下滨州市国有企业混合所有制改革现状分析

15.3.1　滨州市委、市政府相继出台政策文件

经济新常态下，滨州市党和政府积极推进国有企业混合所有制改革。滨州市委、市政府准确研判国内外发展的新趋势新特点，深刻认识到当前经济发展进入"新常态"，强调全市上下要始终保持清醒头脑，牢牢把握新常态带来的新

机遇新挑战，紧密结合滨州发展实际，保持战略定力，努力化挑战为机遇、变压力为动力、变难点为亮点，因势而谋、顺势而为，在更高起点上推动经济持续健康发展。近年来，滨州市委、市政府认真贯彻中央、省委关于深化国有企业改革的决策部署，已先后出台了加快国资国有企业改革发展的一系列政策措施，并提出要积极发展混合所有制经济，把"混合所有制改革"作为国有企业改革的重点任务，按照"市场运作、依法规范、增量优先、一企一策"的原则，综合运用"引进非国有资本"、员工持股、企业上市等形式，加快"混合所有制改革"落实落地，形成"国有体制、民营机制、有效激励"的运行模式，滨州市国资委也多次召集国有企业研究讨论重组混合所有制改革方案，加大了滨州市国有企业混合所有制改革力度，国有企业通过混合所有制改革经济效益有所提高，有力地提升了滨州市国资国有企业的整体实力和综合竞争力。

2018 年，滨州市政府办公室相继出台了《市属国有企业深化改革"三个一批"实施方案》，以及《关于组建改建市属企业集团的实施意见》《关于加快市属国有企业混合所有制改革实施方案》《关于加快推进市属"僵尸"企业清理退出实施方案》三个配套的具体实施意见及方案。上述 4 个文件的印发实施，标志着滨州市市属国有企业"三个一批"深化改革进入全面实施阶段，也标志着滨州市国有企业混合所有制改革进入新的历史阶段。

"三个一批"即：

（1）培植壮大一批，通过组建改建等方式把国有企业做大做强。按照"市场化运作、依法依规、做强做优做大国有资本"的原则，根据市属国有企业所处类别的不同，以重点优势企业为载体，将功能相近，产业相连，具有互补优势的企业进行重组整合，组建改建 6 户具有一定规模和竞争力的大型企业集团，实现国有资本集约化、规模化发展。

（2）实施混合所有制改革一批，加快推进国有企业投资主体多元化。按照"不再试点、不限层级、应改则改、能混则混"的原则，通过推进国有资产证券化，引进战略投资者，吸收高级管理人员、技术骨干、业务骨干出资入股等方式，加快推进 11 户市属国有企业的混合所有制改革，实现投资主体多元化。由市国资委负责的 9 户企业混合所有制改革框架方案已完成财务审计、资产评估和具体方案的编制。由市公安局、滨州职业学院负责的 2 户企业混合所有制改革方案正在开展财务审计和资产评估。

（3）清理退出一批，积极稳妥推进"僵尸"企业清理退出。按照"一企一策、积极稳妥、勇于担当、依法依规"的原则，通过解散注销、破产清算、破产重整和国有股权挂牌出让 4 种方式，对长期停产停业、不具备正常生产经营条件的 23 户市属"僵尸"企业实行清理退出，有 22 户"僵尸"企业进入实施阶段。其中，1 户已通过解散清算方式完成清理退出，6 户进入法律退出程序。

为进一步加强和改进滨州市国资国有企业监督管理，促进国有资产保值增值，不断增强国有经济活力、控制力、影响力和抗风险能力，推动国有资本做强做优做大，2018 年 11 月 23 日，滨州市委办公室、市政府办公室印发了《关于进一步加强和改进市属国资国有企业监督管理的实施意见》（滨办字〔2018〕57 号）。该意见明确，滨州市将着力构建以管资本为主，出资人监督、纪检监察监督、外派监事监督和审计监督"四位一体"的监督体系，全面依法依规实施监管，着力加强监管队伍自身建设，不断加强和改进对国资国有企业的监督管理。

15.3.2　滨州市国资委发挥积极推动作用

在国有企业混合所有制改革过程中，滨州市国资委发挥了重要作用。

（1）滨州市国资委主动作为，积极开展央企国有企业招商。滨州市国资委制定了央企国有企业招商方案，确定了招商路线图，积极开展招商活动。2019 年 5 月 17 日，滨州市国资委在济南举办市属国有企业混合所有制改革推介路演，推介了滨州市 17 户国有企业，邀请 3 家央企、31 家省企负责人参加，12 家省级以上媒体参与报道。2019 年 6 月 10 日—14 日，赴国务院国资委汇报对接央企工作，与 5 户央企和京东集团进行招商对接，及时将与央企对接信息向相关县区进行了通报，努力形成对接央企招商的工作合力。另外，滨州市国资委全力服务和支持好滨化集团、渤海活塞、华纺股份、双峰石墨等与央企现有合作项目，为确保项目顺利实施保驾护航。

（2）滨州市国资委发挥引领带动作用，全面加强和改进国有企业党的建设。一是实现党的组织和党的工作在国有企业全覆盖。在4户应建未建党组织企业建立了党组织，向6户没有党员的企业派入了党建指导员，在3户党员人数较少的企业组建了联合党支部，在8户主要负责人不是党员的企业建立了全面从严治党责任制。将市国资委系统每一名退役士兵党员全部纳入了支部管理，实现了党员在组织全覆盖。二是进一步加强党建基础管理。出台了《关于进一步加强和改进市国资委系统国有企业党的建设实施方案》，进一步明确了国有企业党建工作的目标、任务、内容和措施。此外，还将出台《市属国有企业高级管理人员契约化管理的意见》。

（3）大力实施"双招双引"，做强做优做大国有资本。滨州市国资委积极支持、推进市属优势企业与中央企业、世界500强企业、科研机构合作。全力支持滨化集团与清华工研院合作建设滨州临港高端石化产业园，与中国兵器集团合作建设滨州军民融合科技产业园；继续推进渤海活塞与北汽集团合作，打造汽车零部件轻量化生产基地；全力支持华纺股份与东华大学联合创办"智慧纺织实验室"，建设智慧工厂，在美国纽约曼哈顿设立营销中心，进一步扩大产品出口份额；加快实施双峰石墨与中核集团青岛兴元科技公司的战略合作，利用中核集团技术、资源、人才等优势，做强企业、做大产业；向省国资委汇报滨州市混合所有制改革项目，与央企、省属企业对接汇报，积极争取参与滨州市混合所有制改革。

15.4 经济新常态下滨州市国有企业混合所有制改革存在的问题

经济新常态下，滨州市国有企业混合所有制改革取得一定成绩的同时，还存在一些问题，具体包括以下几方面。

15.4.1　缺乏国有企业混合所有制改革的相关法律法规指引

虽然我国政府部门自改革开放以来就提出国有企业混合所有制改革的号召，但是却没有颁布具体的法律法规对国有企业混合所有制改革进行具体规范和指导，尤其是没有针对在经济新常态发展背景下关于国有企业混合所有制改革应该采取何种方式、何种模式和路径缺乏具体法律法规，很多国有企业在混合所有制改革过程中摸着石头过河，仍然借鉴 20 世纪改革开放之后的国有企业混合所有制改革模式和路径，没有结合 21 世纪我国经济发展进入新常态的背景采取切合实际的改革方法和路径，甚至有的国有企业混合所有制改革举措不明显、效果不理想。

15.4.2　出现一些国有企业混合所有制改革的错误思想导向

自中华人民共和国成立以来到改革开放我们国家一直实行计划经济，导致人们对于民营经济存在一定的偏见歧视。有的政府官员对国有企业引入民营资本心存芥蒂，有些人担心国有企业分散股权，国有资本丧失控制权，民营资本占据主导地位，进而产生侵占国有资产、牟取私利等问题，最终导致国有资产流失。还有的国有企业管理层政绩意识强烈，单纯从个人自身价值最大化角度出发，只追求国有企业形式上的改革，注重增长速度，比如盲目并购和盲目多元化扩张，认为只要引入非国有资本就完成了国有企业混合所有制改革，忽视国有企业混合所有制改革的实质要求和经济效益的提升。但是经济新常态下经济的最大特点是速度"下台阶"、效益"上台阶"，要求国有企业混合所有制改革的目的就是增强国有企业活力，提高国有企业发展质量，而并不是单纯规模的扩张和发展速度的增加。由于思想上有这种认识误区，也就导致在实践中国有企业混合所有制改革的推行困难重重。

15.4.3　国有企业治理结构不健全

国有企业具有国家出资的特殊产权制度特征，导致国有企业自产生以来就存在"政企不分"的痼疾，政府干预过度导致国有企业缺乏活力和市场竞争意识，对政府依赖性较强。

一是经济新常态要求市场在资源配置中起决定性作用，政府减少市场干预，不搞强刺激，要做到转变政府职能、简政放权，以加快形成规范有序的市场竞争环境，以市场竞争方式解决国有企业存在的效率低下、高杠杆高泡沫问题，不断增强国有企业内生动力。但是目前有些国有企业经营效率低下，资不抵债，高杠杆高负债运营，已然成为"僵尸企业"，但在政府部门的庇护下，又能免于破产。

二是经济新常态下经济增长将更多依靠人力资本质量和技术进步，要求充分发挥各类人才的潜能，做到知人善任、任人唯贤。但是有些国有企业高管很多是上级部门委派上任的，而不是市场化竞聘上岗，很多高管有强烈的政绩意识，为了完成政治目标，采取了盲目并购等简单外延式国有企业混合所有制改革模式，形式上看，国有企业规模壮大了，但有的并购是盲目低效的，并购后整合不力，或者并购出价过高，导致国有企业不仅没有增强实力，反而使国有资产遭到侵蚀。

三是国有企业存在产权制度不清晰的制度性缺陷，国有企业"一股独大"现象普遍，同时存在两类代理问题，国有大股东缺失导致经理人代理问题和国有股"一股独大"导致的小股东利益被侵占问题严重。

15.4.4　国有企业混合所有制改革的潜在成本居高不下

经济新常态背景下对人才的要求和利用方式发生了变化。过去劳动力成本低是最大优势，引进技术和管理就能迅速变成生产力，2014年以后人口老龄化日趋发展，农业富余劳动力减少，尤其在经济新常态背景下，要素的规模驱动力减弱，经济增长将更多依靠人力资本质量和技术进步，必须让创新成为驱动发展新引擎，必须依靠对人才的有效激励来发挥其潜能和创造力。计划经济背景下的国有企业为职工提供了"铁饭碗"，职工闭着眼睛都能享受高福利、高工资，但是目前我国已进入市场经济大发展的重要历史时期，尤其经济新常态下，市场上的企业存在"优胜劣汰"的竞争生存法则，而国有企业混合所有制改革将非国有资本引入国有企业，将打破一成不变的"铁饭碗"，根据员工个人绩效和企业经营业绩水平分配员工薪酬（蔡贵龙 等，2018），打破了原有国有企业职工的舒适工作方式，引起原国有企业员工的不满和抵制，为了保证混合所有制改革的顺利实施，有些国有企业混合所有制改革过程中会对职工支付一定的补偿成本和安置成本，无形中增加了国有企业混合所有制改革的潜在成本。

15.4.5　国有企业混合所有制改革模式不恰当

经济新常态背景下市场竞争特点发生变化。过去的市场竞争主要是数量扩张和价格竞争，2014 年以后在经济新常态背景下正逐步转向质量型、差异化为主的竞争，统一全国市场、提高资源配置效率是经济发展的内生性要求，必须深化国有企业混合所有制改革，加快形成统一透明、有序规范的市场环境。但是目前，滨州市国有企业混合所有制改革模式不具有针对性和可行性，很多存在"一刀切""羊群效应"，即跟风别的国有企业改革路径，没有从自身特点和现状出发采取切合实际的改革路径和模式。国有企业混合所有制改革的最终目的是通过国有资本和非国有资本投资者的共同投资实现多方共治，提高国有企业市场竞争力，但目前滨州市有些国有企业混合所有制改革模式和路径过于单一，有的国有企业主要通过吸收非国有投资者股权投资方式进行混合所有制改革，只注重资本权益等形式上的混合所有制改革，实际上没有真正让非国有股东参与公司治理，所以国有企业混合所有制改革后的经营效率和竞争力提升不大。

15.5　经济新常态下滨州市国有企业混合所有制改革对策

经济新常态下经济发展呈现出经济增速换挡、发展方式转变、产业结构调整、增长动力变化、资源配置优化、经济福祉共享等区别于传统经济发展的特点。滨州市国有企业混合所有制改革应充分考虑经济新常态下的经济发展特征制定合适的改革对策。针对经济新常态下滨州市国有企业混合所有制改革存在的上述问题，提出如下对策建议。

15.5.1 宏观层面

从宏观层面来说，政府部门应该通过完善国有企业混合所有制改革的法律法规和不断加强国资国有企业监管等途径，为国有企业混合所有制改革创造良好的外部环境。

（1）加快完善颁布国有企业混合所有制改革的具体法律法规。

从资源配置模式和宏观调控方式看，经济新常态下，全面刺激政策的边际效果明显递减，既要全面化解产能过剩，也要通过发挥市场机制作用探索未来产业发展方向，必须全面把握总供求关系新变化，实行科学的宏观调控。因此，政府部门应结合经济新常态的发展要求，根据国有企业混合所有制改革的具体现状制定具体的法律法规推动国有企业混合所有制改革有效实施。

一是政府部门可以在广泛征求相关专家意见和借鉴国外发达国家先进经验的基础上，颁布具体法律法规，对国有企业混合所有制改革做出具体规范和引导，比如明确国有企业混合所有制改革的具体方式、模式和路径及应注意的问题，使得国有企业混合所有制改革的进程更加清晰和规范。

二是通过制定颁布具体法规明确国有企业混合所有制改革涉及的各部门的职责权限，加强部门配合，健全各部门联动机制，国有企业混合所有制改革涉及的部门包括财政部、证监会、国资委、国有企业及其党组织、社会保障部门、审计部门、监察部门、国有产权交易协会等，为了避免多头领导和职能交叉重叠导致的职责权限不清、互相推诿责任等问题，需要明确各部门的具体职责，由财政部负责国有资产财务监管，证监会负责市场监管，国资委及企业党组织负责管事和管人，国有企业负责自身具体运营管理，社会保障部门负责企业收入分配监管，审计部门负责企业财务信息真实性和合规性监管，监察部门负责党风廉政建设监管，国有产权交易协会负责行业监管，等等，使得各部门有明确的职责权限，各司其职，且互相配合，全面合作，共同推进国有企业混合所有制改革的顺利实施。

（2）创新体制，不断加强国资国有企业监管。

经济新常态要求加强经济发展的风险控制。滨州市国有企业混合所有制改革应该按照经济新常态下经济发展要求，标本兼治、对症下药，建立健全化解各类风险的体制机制。

一是创新国资国有企业监管体制机制。目前，滨州市制定出台了《关于深化市属国有企业改革的若干规定》，在全省率先提出构建出资人监督、外部董事监督、财务监督、审计监督、纪检监察监督的"五位一体"国资监督体系，推进以"管资本"为主的职能转变，修订了企业重大事项报告制度、监管权责清单，探索实施国有企业授权经营，符合经济新常态"经济风险总体可控"的要求，为国资国有企业改革发展提供强有力的体制保障。

二是严格执行"国有企业两不"要求。严格执行"国有企业两不"要求（即无税不投、对外不投），对国有企业投资项目实行审批制。将"两不"要求写入《关于深化市属国有企业改革的若干规定》《滨州市市属国有企业投资监督管理办法》《滨州市市属国有企业负责人经营业绩考核办法》等，建立长效机制。

三是进一步完善国资管理体制。对新纳入集中统一监管企业进行规范管理，严格执行国资监管法律法规。指导督促县（市、区）加快推进县属经营性国有资产集中统一监管，严格执行"月调度、月通报"督导制度。截至 2018 年，高新区、北海新区已完成集中统一监管。

15.5.2　微观层面

从微观层面来说，国有企业自身条件是国有企业混合所有制改革的内因，应该通过端正思想认识、完善治理结构和员工激励约束制度等途径为国有企业混合所有制改革创造良好的内部条件。

（1）树立正确的国有企业混合所有制改革思想。

一是经济新常态背景下国有企业混合所有制改革要注重国有企业发展质量的提升。习近平总书记明确提出将中国经济"从要素驱动、投资驱动转向创新驱动"作为中国经济新常态的主要特点之一。目前，我国经济正进入由高速增长转向中高速增长的"新常态"，要素的规模驱动力减弱，要努力实现经济行稳致远，从中低端迈向中高端水平，主要增长动力必须做相应转换，让创新成为驱动发展的新引擎。加快从要素驱动、投资规模驱动发展为主向以创新驱动发展为主的转变，是我国经济增长动力适应"新常态"的一个显著特征。因此，应该明确国有企业混合所有制改革并不是单纯引入非国有资本和单纯规模的扩张，而更注重国有企业的发展质量和发展方式与发展效益。

二是明确经济新常态背景下国有企业混合所有制改革的最终目的是增强国有企业活力和市场竞争力，将国有企业"做大做强"。新常态下经济的明显特征是增长动力实现转换，经济结构实现再平衡。坚持党的领导是我国国有企业的独特优势。有些学者或专家担心国有企业混合所有制改革会让国有企业引入非国有资本，分散国有股权，导致国有企业"私有化"。但是，这些学者没有认清国有企业混合所有制改革的本质和真正目的，经济新常态下国有企业混合所有制改革的本质是实现国有资本和多种非国有资本的有机融合，真正目的是增强国有企业活力和市场竞争力，促进社会经济高质量发展。在国有企业混合所有制改革过程中，只要做到以党的领导为"红线"，以遵守法律法规为"底线"，以兼顾各方利益为准绳，以公开、公平、公正为原则，那么，国有企业混合所有制改革就会实现最终"做大做强"目标。

（2）明确产权问题，完善国有企业治理结构。

一是市场经济下，国有企业改革的前提是减少政府部门的过度干预，让国有企业和民营企业等各种所有制企业公平地参与市场竞争，充分发挥市场优胜劣汰的竞争机制，国有企业独立运营、自负盈亏，减少对政府部门的依赖，出现资不抵债时采取市场化破产方式，清理处置"僵尸"国有企业，这样才符合经济新常态下"市场竞争逐步转向质量型、差异化为主的竞争"的要求，才能充分激发国有企业的发展潜能和发展动力，促使国有企业管理层树立危机意识，加强对国有资金的管理利用效率，增强国有企业市场竞争力，不断壮大国有企业实力。

二是国有企业去行政化。国有企业混合所有制改革需要国有企业的运营减少政治色彩，确立新的用人制度，由董事会选举职业经理人，采用利益驱动的方式选人用人，减少高层管理人员的政绩意识和动机，管理者在进行决策时，考虑的是国有企业的市场竞争力和未来发展，而不是个人政绩，减少盲目并购，进行全面权衡的基础上再做出科学决策，这样才符合经济新常态下"经济增长将更多依靠人力资本质量和技术进步"的要求，进而提高国有企业的运营效率。

（3）完善员工激励约束制度。

在国有企业混合所有制改革过程中产生的潜在成本源于国有企业对员工的激励约束制度不健全，所以要降低国有企业混合所有制改革的潜在成本，就要从根本上建立健全员工激励约束制度，保障全体员工的合法权益，并且采取公平、公开、公正的绩效奖励措施，奖优罚劣，充分激发员工的工作积极性，消除员工对企业过分依赖心理和"搭便车"思想，对核心员工和专业人员采取员工持股计划，让员工持有股份，增强国有企业员工主人翁意识。

15.6　优化滨州市国有企业混合所有制改革模式和路径

新常态下经济的最大特点是速度"下台阶"、效益"上台阶"，新常态下明显特征是增长动力实现转换，经济结构实现再平衡，这就要求滨州市国有企业混合所有制改革过程中必须充分考虑经济新常态的特点和特征，制定合适的改革模式和路径。

15.6.1　选择合适的国有企业混合所有制改革方式

从生产能力和产业组织方式看，过去供给不足是长期困扰我国经济发展的一个主要矛盾，2014 年传统产业供给能力大幅超出需求，在当前经济新常态背景下，产业结构必须优化升级，企业兼并重组、生产相对集中不可避免，新兴产业、服务业、小微企业作用更加凸显，生产小型化、智能化、专业化将成为产业组织新特征。滨州市国有企业混合所有制改革过程中应该充分考虑经济新常态对企业发展方式的要求。

一是国有企业可通过股权激励、员工持股计划、股权置换、认购定向增发新股和可转换公司债券等方式吸收接纳民营社会资本，促使国有股一股独大逐步向股权多元化方向发展，以充分吸收利用社会闲散资金不断壮大国有企业实力和规模，同时混合所有制改革也会引入大量具体各种优势条件的战略投资者参与国有企业公司治理，比如战略投资者具有资金实力，很多战略投资者会通过参与认购定向增发新股方式为国有企业注入大量的权益资金，解决国有企业发展的资金问题，同时，战略投资者还具有丰富的企业管理经验和财务分析能力，能为国有企业发展提供科学的建议，提高国有企业管理水平和投资效率。

二是国有企业混合所有制改革过程中应优先选择与国有企业产业布局、发展战略匹配，产品有较强关联、具有行业核心优势、先进发展理念和管理模式的机构或个人。同时，按照全市国有资本功能定位和发展战略，也积极鼓励国有资本以关系国计民生和惠及大众的非国有企业为投资对象，加大国有资本对战略性新型产业的渗透力度，并选择发展潜力大、社会受益面广的非国有企业作为并购目标，加强并购前的考察和并购后的整合，选择合适的并购领域和目标企业，形成国有企业集团，提高并购后集团整体的运营效率，加强国有企业所在产业链上下游业务互补性，实现国有企业并购的量质并举。

15.6.2　对不同的国有企业采取不同的混合所有制改革模式

过去我国消费具有明显的模仿型排浪式特征，2014年模仿型排浪式消费阶段基本结束，经济新常态下个性化、多样化消费渐成主流，保证产品质量安全、通过创新供给激活需求的重要性显著上升。经济新常态下，国有企业应该根据不同的市场化程度和行业消费需求特点采取不同的混合所有制改革模式。国有企业按市场化程度不同可分为三类：市场化程度较高的商业类国有企业、市场化程度一般的商业类国有企业和市场化程度较低的公益类国有企业。

市场化程度较高的商业类国有企业的主要经营业务市场竞争程度激烈，这类企业需要采用市场化方式进行经营管理才能在激烈的市场竞争中站稳脚跟。因此，国有资本可以绝对控股、相对控股，也可以参股，依据企业发展状况和市场规则有序进退，合理流动，以保证该类国有企业的市场竞争力。

市场化程度一般的商业类国有企业往往是对国民经济具有带动引领支撑作用的企业。比如战略性新兴产业，处于产业生命的初创期或成长期，行业内企业数量不多，市场渗透率不高，市场竞争化程度不高，且很多战略性新兴企业属于资金密集型或技术密集型企业，对资金或技术的要求较高，一般的民营企业难以负担，而国有企业依靠政府部门才具有发展的潜力和条件。因此，该领域企业的发展离不开政府部门的大力扶植，对该类国有企业应保持国有资本实际控制地位，可以选择该领域合适的目标企业作为并购对象不断壮大该类国有企业的实力和社会影响力。

市场化程度较低的公益类国有企业具有较强的社会公益性，往往投资运营成本较高，但是收益缓慢，其市场化程度较低。这类企业可以采取国有独资形式，具备条件的推行投资主体多元化，但原则保持国有资本实际控股地位，也可以通过购买服务、特许经营、委托代理等多种方式，鼓励非国有企业参与经营。

15.6.3 设计科学合理的国有企业混合所有制改革路径

从投资需求看，经历了30多年高强度大规模开发建设后，传统产业相对饱和，经济新常态背景下，基础设施互联互通和一些新技术、新产品、新业态、新商业模式的投资机会大量涌现，对创新投融资方式提出了新要求，必须善于把握投资方向，消除投资障碍，使投资继续对经济发展发挥关键作用。国有企业混合所有制改革应结合经济新常态下投融资方式的变化，根据滨州市国有企业自身特点，设计科学合理的改革路径，具体路径包括：

（1）董事会试点改革模式及路径。

董事会试点改革模式及路径是通过改革国有企业董事会选举模式和治理模式实现混合所有制改革目标，具体来说就是，允许非国有资本投资者在国有企业董事会中派出董事或加大非国有股东派出董事比例，让非国有资本有机会和权力参与国有企业公司治理，改变董事会一言堂局面，使得董事会决议能代表所有股东利益，并提高董事会管理效率，进而促进国有企业发展。

（2）对外兼并收购模式及路径。

对外兼并收购模式及路径下，国有企业采取的是外延式发展，通过并购非国有企业，将国有资金渗透到更多行业领域，快速壮大国有企业的市场地位和市场份额，并且实现国有资本和民营资本交叉持股、优势互补。

（3）引入战略投资者或民营资本模式及路径。

引入战略投资者或民营资本模式及路径下，国有企业主要通过定向增发或公开增发等股权再融资方式，吸纳各类基金等战略投资者或民营资本的投资，以增强企业资金实力，同时，战略投资者具有先进的管理经验，有能力对国有企业的运营提供科学的建议，提高国有企业资金利用效率。

（4）公司制改革重组实现上市模式及路径。

公司制改革重组实现上市模式及路径下，国有企业通过改革重组方式实现上市，然后通过首次公开招募股（IPO）发行广泛吸纳社会资本的投资，实现股权多元化，其优点是改组上市后可以通过 IPO 方式融资，扩大国有企业资金来源渠道，但缺点是 IPO 上市融资门槛较高。

（5）员工持股计划模式及路径。

员工持股计划模式及路径下，国有企业通过员工持股计划将企业股份赠予对企业发展具有重要作用的职工，主要是核心技术人员和专业人才等实现个人参股国有企业，增强员工主人翁意识，激励员工努力工作，为国有企业发展做出更大贡献。

（6）合资合营模式和资产证券化模式及路径。

合资合营模式和资产证券化模式及路径下，国有企业和民营企业、外资企业等采取合资合营方式发展，或通过资产证券化方式吸纳机构投资者的加入，对国有企业的运用采取多方治理、多管齐下的模式，避免单纯委派政府官员的一言堂，提高国有企业的决策合理性和科学性。

15.7　案例分析——以山东鲁北企业集团为例

于 2018 年通过实地调研、设计发放调查问卷和访谈等多种方式对滨州市代表性国有企业鲁北企业集团的混合所有制改革情况进行了全面调查了解。

15.7.1　鲁北企业集团简介

山东鲁北企业集团总公司位于渤海南岸的滨州地区，地处黄河三角洲高效生态经济区与环渤海经济区叠加带，在京津冀都市圈与山东半岛蓝色经济区的结合部，北邻天津滨海新区、沧州渤海新区，东接滨州北海新区，是国有控股大型化工企业集团，拥有 6000 名员工，近 200 亿元资产，横跨化工、建材、电力、轻工、有色金属等行业，年销售收入 120 亿元，位列中国制造业企业 500 强、中国化工企业 500 强、中国化学肥料制造百强企业、中国建材百强企业、山东海洋化工行业十强企业，是目前世界上较大的磷铵、硫酸、水泥联合生产企业之一。

15.7.2　鲁北企业集团混合所有制改革历程及成效

（1）2016 年首次混合所有制改革介绍及成效。

鲁北集团于 2016 年 3 月启动首次混合所有制改革，采用增资扩股方式通过公开征集程序引入战略投资者锦江集团，成为滨州市第一家进行混合所有制改革的国有企业。2016 年 7 月，锦江集团增资 6.04 亿元持有鲁北集团 44.5% 的股份，另一出资人鲁北高新区则持股 55.5%，企业性质由国有独资变更为国有控股。参照核准的净资产评估值，鲁北集团以不低于 60 388.58 万元的增资价格在山东产权交易中心公开挂牌。2016 年 9 月锦江集团对鲁北集团下属子公司鲁北海生生物的铝产业生产装置进行了托管。2016 年 11 月，锦江集团对鲁北集团下属子公司山东金海钛业资源科技进行了增资扩股。此次改革，仅涉及鲁北集团的股权结构变动，由国有独资公司转变为国有控股与战略投资者参与的合资公司，鲁北集团的大股东和实际控制人并不发生变化。上市公司的大股东和实际控制人同样不发生变更，也不涉及上市公司的业务、资产、管理、人事等的变动。

通过前期系列混合所有制改革和资产托管后，鲁北集团混合所有制改革效果显著、成效明显。通过混合所有制改革，优化了鲁北集团股权结构，推进了股东结构多元化、股权结构分散化。同时，可进一步完善法人治理结构，推进管理和体制创新，提高鲁北集团的整体实力和产品竞争力，促进集团和上市公司的发展壮大，增加全体股民的收益和回报。混合所有制改革后鲁北集团盈利能力持续向好，2017 年的营业收入、利润均达到历史最高水平。鲁北集团企业信誉度明显提升，融资环境也得到了进一步改善，降低了企业融资成本。同时，企业的管理水平明显提升，人才储备得到进一步提升，战略规划清晰明确。"十三五"期间，鲁北集团规划建成"六个基地"和"一个中心"，分别是大型钛产业基地、高端化学品铝产业基地、锂电池新材料基地、海洋科技产业基地、风光渔互补新能源基地、低阶煤分质分级梯级利用基地和含硫废弃物协同处置示范与推广中心。围绕这一战略目标，鲁北集团与锦江集团在鲁北高新区内共同规划了 2 万碳酸锂、3 万吨磷酸铁和磷酸铁锂、氯化法钛白粉等十余个重点项目，总投资 200 亿元，这些项目的前期工作正在有序开展。资产评估报告显示，混合所有制改革后三年里，鲁北集团增值 9 亿 982 万元。

（2）2018 年二次混合所有制改革介绍及成效。

2018 年 9 月 5 日，鲁北集团在山东产权交易中心公开挂牌征集潜在战略投资者。这是鲁北集团时隔两年再次启动混合所有制改革。此次混合所有制改革，经与锦江集团协商同意，鲁北集团以增资扩股的方式引入第三方投资者。引入的新股东将持有鲁北集团约 20% 的股权，鲁北集团原有股东同比例稀释。混合所有制改革完成后，鲁北高新区约持股 44.4%，锦江集团约持股 35.6%，新股东约持股 20%。鲁北高新区仍为鲁北集团相对控股的第一大股东。

无棣县国资部门负责人表示，鲁北集团在前期混合所有制改革成功的基础上再次混合所有制改革，可壮大鲁北集团资本实力，整合、发展鲁北集团现有产业；优化鲁北集团产权结构，推进股东结构多元化、产权结构分散化；提升鲁北集团内生活力、优化国有资本配置；健全完善法人治理结构，提高企业决策执行效率，促进企业健康可持续发展。本次混合所有制改革是对鲁北集团前期混合所有制改革的持续深化，可整合、发展、延伸鲁北集团现有产业，促进企业健康快速发展，提高民营股东的投资积极性，带动地方经济的发展。

15.7.3　鲁北企业集团混合所有制改革成功经验总结

（1）坚持党的领导，贯彻落实党的方针政策。

国有企业改革被公认为我国经济改革中最难的环节之一。党的十八大以来，党中央、国务院对推进国有企业混合所有制改革做出了一系列决策部署。党的十九大报告进一步明确国有企业混合所有制改革的重要性。作为滨州市第一家进行混合所有制改革的国有企业，鲁北集团的改革也是贯彻落实党的十八大、十九大和十八届三中、四中全会精神以及国家、省有关政策要求的举措。只有坚持党的领导，贯彻落实党的方针政策，国有企业混合所有制改革才能不偏离最终目的，才能符合我国社会经济发展的要求，进而得到社会的广泛认可，并最终取得成功。

（2）明确国有企业混合所有制改革的目的。

鲁北集团混合所有制改革都有明确的目标规划。通过对鲁北集团负责人的访谈了解到，鲁北集团混合所有制改革目的之一是补充企业净资本，壮大资本实力，优化国有资本配置，增强企业经济活力，实现国有资产保值增值。只有在明确改革目标的前提下，参与改革的各部门和人员才能拧成一股绳、劲往一处使，才能保证国有企业混合所有制改革朝着最终目标推进，进而实现国有企业发展壮大。

（3）加强国有企业混合所有制改革的多部门联动配合。

为保证鲁北集团混合所有制改革公开、公正、透明，鲁北集团聘请山东黄河有限责任会计师事务所对前三年公司的财务状况进行了审计。在审计的基础上，又聘请山东华永资产评估有限公司，对截至 2016 年 3 月 31 日鲁北集团的资产进行了评估，并出具了评估报告。无棣县国有资产管理局对评估结果进行了核准，无棣县政府也批准了此次改革方案。在混合所有制改革过程中保证了各部门的有机配合，是鲁北集团混合所有制改革成功的重要保障。

（4）采取科学合理的混合所有制改革路径。

鲁北集团负责人指出"改革就是要把鲁北集团带到一个持续发展的快车道上"。作为一家具有几十年历史的国有企业，如今仅靠自身实现快速发展是有一定难度的。鲁北集团混合所有制改革路径是引进具有产业结构优势明显、技术先进、资金雄厚、人才、管理等方面具有优势的战略投资者，通过引入一个能够与鲁北集团产业群有优势互补的战略投资者，实现强强联合、产品互补，有助于企业实现可持续发展。此外，鲁北集团混合所有制改革不仅仅是引入战略投资者的资金，还要引进战略投资者的优秀管理人才和先进管理理念、管理经验，实现多种所有制资本取长补短、相互促进、共同发展。增资完成后，鲁北集团要在环保、化工、有色金属等产业方面进行项目投资。实践证明，鲁北集团两次混合所有制改革引入的战略投资者都不仅为鲁北集团发展提供了资金支持，而且也为鲁北集团发展提供了先进理念和管理技术，提高了鲁北集团的运营效率和管理水平，实现了企业集团的跨越式发展。

（5）谨慎选择合适的战略投资者。

过去能源资源和生态环境空间相对较大，2014 以后环境承载能力已经达到或接近上限，经济新常态下，必须顺应人民群众对良好生态环境的期待，推动形成绿色低碳循环发展新方式。鲁北集团 2016 年首次混合所有制改革征集战略投资者的条件之一便是：意向投资方须为年销售收入不低于 300 亿元、净资产不低于 120 亿元的境内企业法人。另外，项目不接受联合体参与增资，引入的战略投资者要具备三年内不低于 120 亿元的投资能力。增资完成后，意向投资方三年内不得转让该股权。意向投资方在国内具有有色金属、化工、环保等行业经验的优先受让。2018 年二次混合所有制改革挂牌公告显示，引入的战略投资者须为具有整合、发展、延伸鲁北集团现有产业链能力的企业或其他经济组织，符合山东省新旧动能转换发展的需求，战略投资者应具有较强的资产整合与产业整合能力，在化工或新能源行业能够与鲁北集团形成互补及较强的协同性，且能为鲁北集团带来产业提升的投资者优先。鲁北集团谨慎选择加入的战略投资者，并制定严格的选择标准，为企业集团后续发展奠定良好基础。实践证明，鲁北集团混合所有制改革引入的战略投资者符合经济新常态下绿色低碳循环发展新方式的要求，也非常适合企业发展需要，在后续发展中双方依托集团资源、临港、产业架构等优势，实现了强强联合、发展壮大了鲁北集团，有助于进一步打造具有国际竞争优势的科技、环保、可持续发展的生态产业基地，促进地域经济的快速发展。

第五部分

政策建议

第16章 国有企业混合所有制改革的政策建议

本章针对我国国有企业混合所有制改革发展过程中存在的问题，有针对性地提出如下对策建议。

16.1 完善我国国有企业混合所有制改革的政策制度环境

外部的政策制度环境会对我国国有企业混合所有制改革产生重要影响，应不断完善硬性制度环境和软制度环境，为国有企业混合所有制改革提供良好的外部政策制度环境。应针对国有企业混合所有制改革过程中出现的新问题，及时更新相关配套法律制度，及时针对每个复杂问题给予具体明确的指导。一是明确界定国有企业混合所有制改革后的产权边界。建立健全相关法律以对混合所有制改革后国有企业产权的变更事项做出明确要求，并明确界定国有企业产权性质发生改变的具体判断标准和具体界限。二是完善国有企业混合所有制改革的资产评估的法律制度。调整优化国有企业混合所有制改革的资产评估的法律制度，并对混合所有制国有企业的资产评估进行明确要求，避免国有资产评估的混乱，以做到兼顾国资监管与资本市场的判断，并在二者之中寻求平衡点。三是完善国有企业混合所有制改革后公司治理的相关法律规定。专门针对国有企业混合所有制改革后的公司治理问题，单独制定相应的法律法规对其做出明确指引，充分考虑混合所有制改革后各类股东的利益诉求，切实维护中小股东和非国有股东在股东大会、董事会、管理者聘任与激励约束等方面的表决权力和投票权力，并将各种经营管理模式进行取长补短，因地制宜地加以采纳和利用。四是完善国有企业混合所有制改革过程中的税收法律规定。专门针对国有企业混合所有制改革问题，制定相应的税收法律规定，针对国有企业混合所有制改革过程中出现的新的税务问题提供明确解决方法，解决国有企业混合所有制改革过程中潜在税务风险的衡量问题，提高国有企业混合所有制改革过程中的税收计算和征收的科学性，降低国有企业混合所有制改革的税负成本。五是建立健全国有企业混合所有制改革过程中的职工安置相应的法律制度。制定明确的法律制度，妥善处理国有企业混合所有制改革中的冗员问题，明确处理成本的分摊主体和分摊方法，并明确退休员工的各项补贴构成、金额、计提及承担问题，有效保障国有企业混合所有制改革过程中的职工权益，提高国有企业职工参与混合所有制改革的热情。六是建立健全国有企业混合所有制改革过程中的中小投资者利益保护的相关法律制度。制定相应的法律制度对国有企业混合所有制改革过程中的中小投资者利益保护做出明确规定，提高法律法规对中小投资者利益的保护程度较低，充分维护中小投资者在国有企业中的投票权和知情权，提高中小投资者利益保护水平。七是完善国有企业混合所有制改革的退出通道与回购担保法律制度。建立健全各类投资人在参与国有企业混合所有制改革后的退出机制或原国有股东回购担保制度，切实履行国有企业混合所有制改革过程中关于退出方式与通道、回购担保或业绩承诺等的协议条款。八是细化国有企业混合所有制改革的政策法规。及时出台国有企业混合所有制改革相应的操作指引，统一各部门的解读口径，可采取案例解读的方式进行国有企业混合所有制改革细节的指引，以正确理解国有企业混合所有制改革的政策要求。

16.2　加快建设国有企业混合所有制改革的产权交易市场

一是明确国有企业混合所有制改革产权交易市场的性质和功能定位。明确界定国有企业混合所有制改革产权交易所的性质，根据不同需求和特点，合理界定其应属于服务机构还是盈利机构，明确其所从事的业务范围界限和功能。

二是完善国有企业混合所有制改革产权交易市场的体制政策。打破国有企业混合所有制改革产权交易市场的行政管理体制障碍，合理界定国有企业产权关系，减少产权跨地区、跨部门、跨所有制流动的体制障碍，减少政府干预；缓解我国国有企业混合所有制改革产权交易市场存在的金融制度约束，完善现行金融体制，对企业并购和重组提供多种有效的融资渠道，包括金融机构贷款、发行企业债券，杠杆收购等；加快我国国有企业混合所有制改革产权交易市场的配套工程建设，完善社会保障和再就业工程，以满足资产重组的需要，完善国有企业混合所有制改革后合并财务报表编制的财务制度，减少国有企业混合所有制改革并购过程中的重复征税问题，促进国有企业混合所有制改革中的资产重组和结构调整。

三是建立健全国有企业混合所有制改革产权交易市场发育机制。加快我国投资银行和二板市场建设，为国有企业混合所有制改革产权交易提供更优质的平台。减少行政区划干预，提高企业产权交易的公开性、公正性和规范性，加大对违规交易行为的处罚力度，抑制违规交易行为。此外，建立健全我国国有企业混合所有制改革产权交易市场的组织协调机制和信息流通机制，加快中介机构发展。建立一个强有力的统筹中央与地方关系、部门之间利益矛盾的机构来推进产权交易和资产重组工作，为国有企业重组提供战略性统筹规划和宏观指导。促进国有企业混合所有制改革中各地区、各企业产权交流供求信息的流通，实现国有资产的最优化组合和产权公平交易竞争，为许多企业产权流通转让提供交易机会。

四是加快国有企业混合所有制改革产权交易市场人才的引进和培育。引进高学历、经验丰富的产权交易市场人才，并注重对产权交易市场人才的培训，使国有企业参与混合所有制改革的经理人员和国有资产管理领导人了解资本运营业务，熟悉如何通过资本运作，改善国有企业产业结构、资产结构，盘活闲置资产，并策划上市，甚至到境外筹集资金，搞活国有经济。

五是完善国有企业混合所有制改革产权交易市场法规体系。及时补充、修改、完善国有企业混合所有制改革产权交易法规，制定全国统一的产权法规，提高产权交易的规范程度和统一性，使国有企业产权转让和交易的规章与国家的宏观产业政策、所有制结构调整政策相结合，与社会稳定目标相衔接，科学规范国有企业产权转让交易和企业兼并行为。加强国有资产评估确认的规范和监管，减少国有资产低评或交易流失。明确国有企业混合所有制改革中的产权界定程序及标准，以适应现实改革需要。明确规定产权转让审批主体和国有产权的真正代表者。

六是完善国有企业混合所有制改革产权交易市场的监管机制。确立统一的产权交易所审批监管部门，减少监管真空地带和重复监管问题的发生，降低产权交易系统运行成本和监管成本。建立统一的监管制度，提高交易信息公开性，完善产权交易定价机制，加强对产权交易经纪人的统一培训和管理，加大产权管理监督查处力度，减少违法违规操作现象。

16.3　减少国有企业政府干预和政策性负担

按照市场竞争机制和国有企业内生的需求来确定混合所有制改革的目标和方式，而不是依据政府意愿进行改革，要避免"拉郎配"式的改革。要通过民营资本的进入和现代公司治理结构的改造，真正实现对于国有企业运行体制的市场化改革，减少因政绩压力而实施的混合所有制改革。有效解决不同所有制经济形式的战略目标分歧问题，确定合理的国有企业成分和民营企业成分之间的战略目标。在混合所有制改革前，就应尽量明确混合所有制企业的定位，如果混合所有制改革后的企业以战略性任务为主，则应保持国有的绝对控股地位，如果以国有资产收益为主，则国有持股比例不宜过大。

16.4　加大国有企业混合所有制改革后企业整合力度

国有企业混合所有制改革后要将不同性质的资本和产权组合在一起，将全体股东拧成一股绳，为了国有企业共同的经营目标而努力。

一是合理解决国有企业混合所有制改革后不同所有制股东之间的控制权和利益分配问题。对混合所有制改革后新的经营团队代表的股权利益进行明确划分，在各类型股东之间形成有效的制衡，促进各类型股东之间的共识的达成，有效处理国有股与民营股"同股不同权"的问题和获益后利益分配问题，降低混合所有制改革后企业的"内生交易成本"，提高国有企业绩效水平。

二是有效解决国有企业混合所有制改革后的内部体制问题。混合所有制改革的同时必须推进配套制度改革，通过市场化运行机制来保证混合所有制改革的绩效。充分发挥民营资本经营体制的优势，激活国有体制。打破国有企业铁饭碗、大锅饭体制，真正实现"员工能进能出、岗位能上能下、薪酬能增能减"和经营效率的提升。

三是加强国有企业混合所有制改革后文化整合力度。国有企业混合所有制改革完成后，不仅要将原来国有企业、民营企业等融合为一个新的企业，还要促进原来的国有企业、民营企业等在经营理念、价值观取向、文化氛围等方面的融合。改革后的混合所有制企业需要将具有不同文化背景的企业进行融合，要克服不同价值观和文化理念的碰撞与摩擦及人员的排斥等阻力问题，为了改革后的混合所有制企业共同经营目标而努力。

第 17 章　研究结论与展望

本章总结了本书研究的主要内容及研究结论，指出研究的不足之处，并提出未来进一步的研究方向。

17.1　研究结论

本书采用规范研究、实证研究和案例研究相结合的研究方法，对我国国有企业混合所有制改革历程、现状与经济效应进行了系统全面的研究，本书得出的研究结论包括：

（1）国有企业混合所有制改革研究的理论基础包括契约理论、制度成本理论、产权理论、委托代理理论、信息不对称理论、利益相关者理论、控制权理论等。

①契约理论。制度经济学认为，契约就是协议、合同，规定了自愿双方产权交换的具体细节（柯武刚 等，2000）。按照形式不同，契约分为显性契约、隐性契约、关系契约、单边强制契约。契约理论包括古典契约理论、新古典契约理论和现代契约理论。古典契约理论是在自由主义理念之下，对契约达成方责任、权利和义务进行界定的一种理论。新古典契约理论对契约理论进行了规范化和形式化的经济学研究，无论在研究方法还是在研究内容上体现了更多的经济学色彩。现代契约理论打破古典契约理论理想化交易状态，考虑了现实交

易中普遍存在信息不对称问题，并分别针对信息不对称导致的逆向选择和道德风险建立相应的契约模型。现代契约理论更加符合现实交易的需要，应用更加广泛。

②制度成本理论。制度成本理论认为人们在交易当中需要有共同的信息和制度约束以达成共识并对交易各方的行为进行约束，以保障交易契约的成立，维护交易各方的合法权益，而形成共同信息和制度约束需要付出一定的代价，这种代价就是制度成本。同时，制度成本理论认为在形成制度之后会因为制度自身存在的缺陷、交易各方的机会主义行为及外部环境的变化会导致制度运行无效或低效率，由此产生的制度运行过程中的效率损耗也是制度成本。

③产权理论。产权是关于财产的权力，包括财产的所有权、控制权、使用权、收益权和处置权等内容。产权的基本特性包括排他性、收益性、可分割性、可转让性。产权理论的核心内容是关于产权与效率关系的研究。科斯（1960）最早对产权与效率之间的数量关系进行计算推演，并形成了著名的"科斯定理"。科斯定理分别研究了不同外部条件下产权与效率之间的关系，并分别形成了科斯第一定理、科斯第二定理、科斯第三定理。

④委托代理理论。委托代理理论的成立离不开两个前提条件：一是信息不对称，二是理性经济人假设。委托代理理论的经济后果主要有两种：一是加剧了委托人和受托人双方的信息成本，二是道德风险问题。随着企业发展壮大，内部利益关系更加复杂化，委托代理理论也随之出现新的内容。具体来说，委托代理理论可以分为四类。最早出现的委托代理理论指的是所有者和管理者之间的第一类代理问题。大股东与中小股东之间也存在委托代理问题，即为第二类代理问题。第三类代理问题为股东和债权人之间的代理问题。第四类代理问题为不同层级管理者之间的代理问题。

⑤信息不对称理论。对于企业来说，信息不对称存在于不同的利益相关者之间，并且产生了不同层面的委托代理问题。信息不对称带来的经济影响主要包括两个方面：一是事前的信息不对称导致的逆向选择问题。二是事后的信息不对称导致道德风险问题。

⑥利益相关者理论。利益相关者理论认为，企业经营目标应该是利益相关者价值最大化，也就是说，企业经营过程中要充分考虑股东、债权人、管理者、员工、客户、供应商等所有利益相关者的利益，实现利益相关者权利的均衡，企业才能获得各类利益相关者的支持，企业才能实现可持续发展。

⑦控制权理论。控制权指的是能够决定企业经营管理决策的权力。控制权机制可以从控制权的产生和具体运作机制来分析。控制权主要产生于对公司股权投资形成的投票权，此外，控制权还与掌握的公司急需的稀缺资源有关。从控制权运作机制来看，控制权主要通过董事会治理发挥作用。

（2）我国国有企业混合所有制改革的历程包括如下阶段：

①国有企业混合所有制改革探索起步阶段（1978—1999年）。1978年12月，十一届三中全会的召开，标志着我国改革开放大幕的正式拉开。改革开放以来，我国不断探索经济发展新模式，努力改变以往高度集中的计划经济管理体制的弊端，市场经济发展模式逐渐引起重视。在改革开放过程中，国有企业改革是经济体制改革的核心内容。此时，国有企业改革先后经历了放权让利、两权分立、承包制、成立国家国有资产管理局、提出混合所有制概念等改革阶段。

②国有企业混合所有制改革发展阶段（2000年至今）。进入21世纪，我国国有企业混合所有制改革进入发展新阶段。党中央和政府部门多次强调国有企业混合所有制改革的重要性，国有企业混合所有制改革工作也不断深化。

（3）我国国有企业混合所有制改革的现状和取得的成就包括：梯次展开国有企业混合所有制改革试点；推进国有企业与其他所有制资本有序混合；创新使用多种方式途径推进混合所有制改革；国有企业混合所有制改革工作不断深入；国有企业混合所有制改革在数量和规模上成效显著；涌现大量国有企业混合所有制改革的成功案例。

（4）我国国有企业混合所有制改革过程中存在的问题包括宏观制度层面的问题、中观市场层面的问题和微观企业层面的问题，具体来说，包括：

①国有企业混合所有制改革的政策制度困境。政策制度困境具体表现在：国有企业混合所有制改革相应的配套法律制度不完善，如国有企业混合所有

制改革后产权的法律界定较为笼统，关于国有企业混合所有制改革的资产评估的法律制度尚不完善，关于国有企业混合所有制改革后公司治理的法律规定欠缺，国有企业混合所有制改革过程中的税收法律规定不完善，缺乏相应的法律制度解决国有企业混合所有制改革过程中的职工安置问题，对国有企业混合所有制改革过程中的中小投资者利益保护的法律制度不健全，国有企业混合所有制改革的退出通道与回购担保法律制度不完善，有的国有企业混合所有制改革的政策法规过于笼统；政策的理解存在误区，如关于国有企业混合所有制改革政策实施效果问题存在质疑，盲目将国有企业混合所有制改革等同于私有化。

②国有企业混合所有制改革的产权交易市场不成熟，具体问题和表现包括：国有企业混合所有制改革产权交易市场性质、功能定位不清；国有企业混合所有制改革产权交易市场存在体制政策的约束；国有企业混合所有制改革产权交易市场发育机制不健全；国有企业混合所有制改革产权交易市场人才短缺；国有企业混合所有制改革产权交易市场法规体系不完善；国有企业混合所有制改革产权交易市场缺乏统一的监管机制。

③政府干预多，政策性负担重，具体表现为：政府"拉郎配"和"一刀切"问题；民企国有化和国有企业之间混合持股问题；国有企业混合所有制改革以后陷入战略目标之争；国有企业混合所有制改革后企业整合难度较大。

（5）通过规范研究和实证研究相结合的研究方法，以 2011—2018 年我国沪深 A 股国有上市公司为研究对象，构建实证回归模型，验证了我国国有上市公司混合所有制改革对盈余管理的影响：我国国有上市公司混合所有制改革有助于弱化公司应计盈余管理行为，且国有上市公司混合所有制改革程度越深入，对应计盈余管理的弱化效应越明显；我国国有上市公司混合所有制改革对真实盈余管理的作用受混合所有制改革程度的影响，在国有企业混合所有制改革程度低时，国有上市公司混合所有制改革对真实盈余管理不会产生显著影响，而当国有企业混合所有制改革程度高时，国有上市公司混合所有制改革对真实盈余管理会产生显著负面影响，且国有企业混合所有制改革程度越大，对真实盈余管理的抑制作用越强。该部分研究表明，我国国有上市公司混合所有制改革在抑制公司盈余管理行为，改善会计信息质量方面发挥了积极作用。

（6）通过规范研究和实证研究相结合的研究方法，以2011—2018年我国沪深A股国有上市公司为研究对象，构建实证回归模型考察国有上市公司混合所有制改革对权益资本成本和债务资本成本的影响。结论包括：我国国有上市公司混合所有制改革与权益资本成本和债务资本成本都显著负相关，说明在降低国有公司权益资本成本和债务资本成本方面，我国国有上市公司混合所有制改革发挥了积极作用；我国国有上市公司混合所有制改革程度与权益资本成本和债务资本成本的关系存在内部差异性。当我国国有上市公司混合所有制改革程度低时，国有上市公司混合所有制改革程度无论对权益资本成本，还是对债务资本成本，都没有显著影响，而当我国国有上市公司混合所有制改革程度高时，国有上市公司混合所有制改革程度与权益资本成本和债务资本成本都显著负相关，说明只有当我国国有上市公司混合所有制改革深度和广度达到一定水平时，才能在降低公司权益资本成本和债务资本成本方面发挥积极作用。

（7）采用规范研究和实证研究相结合的研究方法，通过理论分析提出研究假设，并选取2011—2018年国有上市公司作为研究数据和样本，构建实证回归模型进行实证检验，研究我国国有上市公司混合所有制改革对国有企业公司治理的影响，并进一步进行分组检验探讨国有企业混合所有制改革程度的不同对公司治理水平的影响差异。研究证明，国有企业混合所有制改革有助于提高国有企业公司治理水平，且当国有企业混合所有制改革程度低时，国有企业混合所有制改革对公司治理水平没有显著影响，但是当国有企业混合所有制改革程度高时，国有企业混合所有制改革程度对公司治理水平有显著正向影响。

（8）采用规范研究和实证研究相结合的研究方法，通过理论分析提出研究假设，并选取2011—2018年国有上市公司作为研究数据和样本，构建实证回归模型进行实证回归分析，研究我国国有上市公司混合所有制改革对国有企业风险承担水平的影响，并进一步进行分组检验探讨国有企业混合所有制改革程度的不同对企业风险承担水平的影响差异。同时，通过中介效应检验，分析国有上市公司混合所有制改革对其风险承担水平的作用机制，并提出相应的对策建议。研究证明，国有企业混合所有制改革有助于提高国有企业风险承担水平，且当国有企业混合所有制改革程度低时，国有企业混合所有制改革对风险承担水平没有显著影响，但是当国有企业混合所有制改革程度高时，国有企业混合所有制改革程度对风险承担水平有显著正向影响。中介效应检验证明，国有企业混合所有制改革分别通过改善公司会计信息质量和提高公司治理水平，进而对企业风险承担水平产生积极正面影响。

（9）采用规范研究和实证研究相结合的研究方法，通过理论分析提出研究假设，并选取 2011—2018 年国有上市公司作为研究数据和样本，构建实证回归模型进行实证回归分析，研究我国国有上市公司混合所有制改革对国有企业投资效率的影响，并进一步探讨国有企业混合所有制改革对过度投资和投资不足的影响。然后通过分组检验研究国有企业混合所有制改革程度的不同对企业投资效率的影响差异。研究证明，国有企业混合所有制改革有助于提高国有企业投资效率，且国有企业混合所有制改革对过度投资和投资不足都有一定的抑制作用。分组检验表明，国有企业混合所有制改革程度的不同会对企业投资效率产生不同的影响，当国有企业混合所有制改革程度低时，国有企业混合所有制改革对投资效率没有显著影响，但是当国有企业混合所有制改革程度高时，国有企业混合所有制改革程度对投资效率有显著正向影响。

（10）采用规范研究和实证研究相结合的研究方法，通过理论分析提出研究假设，并选取 2011—2018 年国有上市公司作为研究数据和样本，构建实证回归模型进行实证回归分析，研究我国国有上市公司混合所有制改革对国有企业创新能力的影响，并分别从创新投入和创新产出角度研究了我国国有企业混合所有制改革对创新能力的具体影响。然后通过分组检验研究国有企业混合所有制改革程度的不同对企业创新能力的影响差异。研究证明，国有企业混合所有制改革有助于增加国有企业创新投入和创新产出，进而提高国有企业创新能力。

分组检验表明，国有企业混合所有制改革程度的不同会对企业创新能力产生不同的影响，当国有企业混合所有制改革程度低时，国有企业混合所有制改革对创新能力没有显著影响，但是当国有企业混合所有制改革程度高时，国有企业混合所有制改革程度对创新能力有显著正向影响。

（11）采用规范研究和实证研究相结合的研究方法，通过理论分析提出研究假设，并选取 2011—2018 年国有上市公司作为研究数据和样本，构建实证回归模型进行实证回归分析，研究我国国有上市公司混合所有制改革对国有企业绩效的影响。然后通过分组检验研究国有企业混合所有制改革程度的不同对企业绩效的影响差异。研究证明，国有企业混合所有制改革有助于提高国有企业绩效水平。分组检验表明，国有企业混合所有制改革程度的不同会对企业绩效产生不同的影响，当国有企业混合所有制改革程度低时，国有企业混合所有制改革对企业绩效没有显著影响，但是当国有企业混合所有制改革程度高时，国有企业混合所有制改革程度对企业绩效有显著正向影响。

（12）构建模糊综合评价模型，对国有企业混合所有制改革的经济效应进行模糊综合评价。在合理界定国有企业混合所有制改革经济效应综合评价概念及特点、评价目标、评价主体和客体、评价原则的基础上，以平衡计分卡为基础，从财务、客户、内部治理、发展潜力四个维度构建国有企业混合所有制改革经济效应综合评价指标体系。然后，通过模糊综合评价法，确定业绩评价因素集、权重集和评价集，构建国有企业混合所有制改革经济效应模糊综合评价模型及公式，对国有企业混合所有制改革经济效应做出综合评价。以 A 国有企业为例，通过案例分析来验证国有企业混合所有制改革经济效应模糊综合评价体系的可行性。定量分析与定性分析相结合，并将因果关系链引入国有企业混合所有制改革经济效应评价，丰富了国有企业混合所有制改革经济效应评价的理论研究，并为实务中国有企业混合所有制改革经济效应综合评价提供有用参考。

（13）以滨州市国有企业为例，研究了国有企业混合所有制改革的现状、问题及具体路径。结合经济新常态背景，通过实地调研，深入研究了滨州市国有企业混合所有制改革取得的成绩及存在的问题，进而探究经济新常态下滨州市国有企业混合所有制改革的具体对策和路径。近年来，滨州市委、市政府认真贯彻中央、省委关于深化国有企业改革的决策部署，先后出台了加快国资国有企业改革发展的一系列政策措施，并提出要积极发展混合所有制经济，把"混合所有制改革"作为国有企业改革的重点任务。滨州市国有企业"三个一批"深化改革的全面实施标志着滨州市国有企业混合所有制改革进入新的历史时期，但目前仍存在相关法律法规不健全、国有企业混合所有制改革认识不到位、国有企业治理结构不健全、国有企业混合所有制改革的潜在成本居高不下、国有企业混合所有制改革模式不恰当等问题。因此，提出滨州市国有企业混合所有制改革的具体对策建议：应加快完善颁布国有企业混合所有制改革的具体法律法规；树立正确的国有企业混合所有制改革思想；明确产权问题，完善国有企业治理结构；完善员工激励约束制度；创新体制，不断加强国资国有企业监管。在此基础上，进一步提出优化滨州市国有企业混合所有制改革的模式和路径，包括：董事会试点改革模式及路径、对外兼并收购模式及路径、引入战略投资者或民营资本模式及路径、公司制改革重组实现上市模式及路径、员工持股计划模式及路径、合资合营模式和资产证券化模式及路径。最后，以山东鲁北企业集团为例进行案例分析，回顾了鲁北企业集团混合所有制改革历程及成效，并总结了鲁北企业集团混合所有制改革成功经验。

（14）针对目前我国国有企业混合所有制改革存在的问题，提出完善国有企业混合所有制改革的政策建议，具体包括：完善我国国有企业混合所有制改革的政策制度环境；加快建设国有企业混合所有制改革的产权交易市场；减少国有企业政府干预和政策性负担；加大国有企业混合所有制改革后企业整合力度。

17.2 研究不足与研究展望

本书主要以 2011—2018 年我国沪深 A 股国有上市公司为研究对象，采用理论研究、实证研究和案例研究相结合的研究方法，验证了我国国有上市公司混合所有制改革的各种经济效应。然而，我国国有企业具有不同的特征，比如，具有不同的行政级别和国有资产管理权限，分为中央企业（由中央政府监督管理的国有企业）和地方企业（由地方政府监督管理的国有企业）；所处生命周期阶段不同，分别包括初创期、成长期、成熟期和衰退期的国有企业；所处的外部市场竞争环境不同，有的国有企业外部市场环境竞争激烈，有的国有企业外部市场环境竞争程度低；所处行业和地区不同，我国国有企业遍布全部行业类型，且广泛分布在我国东部、中部和西部地区。而不同行政级别、不同生命周期阶段、不同的外部市场竞争环境、不同行业和地区会对国有企业产生不同影响。但是，本书在研究过程中限于经费支持、篇幅和时间原因，并未针对不同类型的国有企业混合所有制改革进行差异化研究，也没有考虑国有企业外部市场竞争环境、不同行业和地区的影响差异问题。

鉴于上述本书研究的不足之处，建议未来的进一步研究方向是针对不同类型的国有企业混合所有制改革进行差异化研究，并充分考虑国有企业外部市场竞争环境、不同行业和地区的影响差异问题，比如，可进一步研究中央国有企业和地方国有企业的混合所有制改革经济效应的差异性问题；进一步研究不同生命周期阶段的国有企业混合所有制改革经济效应的区别；进一步研究不同的外部市场竞争环境、不同行业和地区对国有企业混合所有制改革经济效应的具体影响；等等。

参 考 文 献

艾青，2012. 大型国有企业纵向一体化影响因素分析 [J]. 中国煤炭（8）：44-46.

艾永芳，2020. 企业管理层上下级逆向年龄关系的公司治理效应研究——以企业过度投资为视角 [J]. 当代经济管理，42（2）：13-21.

巴曙松，朱伟豪，2017. 产权性质，政治关联与企业税收负担 [J]. 金融发展研究（8）：3-14.

保罗，萨缪尔森，等，1992. 经济学（第 12 版）[M]. 北京：中国发展出版社：68.

毕金玲，邱新元，刘越，2016. 定向增发公司会进行盈余操纵吗？[J]. 投资研究（9）：67-81.

蔡贵龙，柳建华，马新啸，2018. 非国有股东治理与国有企业高管薪酬激励 [J]. 管理世界（5）：137-149.

曹廷求，杨秀丽，孙宇光，2007. 股权结构与公司绩效：度量方法和内生性 [J]. 经济研究（10）：13.

陈闯，杨威，2008. 股权投资者异质性对董事会职能演进的影响——以平高电气为例 [J]. 管理世界（12）：149-159.

陈杰，谭天明，2011. 体制转轨与经济周期波动：一个理论分析框架 [J]. 经济学家（9）：70-76.

陈俊龙，汤吉军，2016. 国有企业混合所有制分类改革与国有股最优比例——基于双寡头垄断竞争模型 [J]. 广东财经大学学报，31（1）：36-44.

陈林，唐杨柳，2014. 混合所有制改革与国有企业政策性负担——基于早期国有企业产权改革大数据的实证研究 [J]. 经济学家（11）：13-23.

陈敏，桂琦寒，陆铭，等，2008. 中国经济增长如何持续发挥规模效应？——经济开放与国内商品市场分割的实证研究 [J]. 经济学（季刊）（1）：125-150.

陈霞，杨静，陈亮，2011. 多重目标下我国国有企业效率分析 [J]. 中国流通经济（10）：77-81.

陈晓珊，刘洪铎，2019. 高管在职消费与产品市场竞争的公司治理效应：替代还是互补 ?[J].
浙江工商大学学报（4）：54-69.

陈艳利，高莹，徐亚楠，2019. 股权结构、市场化程度与国有企业并购绩效——来自我国国
有制造业上市公司的经验证据 [J]. 财务研究（1）：54-62.

陈运森，黄健娇，2019. 股票市场开放与企业投资效率——基于"沪港通"的准自然实验 [J].
金融研究（8）：151-170.

陈运森，谢德仁，2011. 网络位置、独立董事治理与投资效率 [J]. 管理世界（7）：113-127.

程承坪，2013. 国有企业目标定位再解构：利益导向抑或本位回归 [J]. 企业发展（12）：130-135.

程承坪，2013. 国有企业性质新论：基于交易费用的视角 [J]. 社会科学辑刊（1）：113-120.

程仲鸣，夏新平，余明桂，2008. 政府干预、金字塔结构与地方国有上市公司投资 [J]. 管理世
界（9）：37-47.

代昀昊，孔东民，2017. 高管海外经历是否能提升企业投资效率 [J]. 世界经济（1）：168-192.

丁孝智，宋领波，张华，2007. 国有企业目标调整与分类改革 [J]. 生产力研究（17）：103-106.

董红晔，李小荣，2014. 国有企业高管权力与过度投资 [J]. 经济管理（10）：75-87.

方明月，孙鲲鹏，2019. 国有企业混合所有制能治疗僵尸企业吗 ?——一个混合所有制类啄序
逻辑 [J]. 金融研究（1）：91-110.

甘丽凝，陈思，胡珉，等，2019. 管理层语调与权益资本成本——基于创业板上市公司业绩
说明会的经验证据 [J]. 会计研究（6）：27-34.

甘小军，潘永强，甘小武，2018. 国有企业混合所有制改革研究 [J]. 湖北社会科学（8）：81-86.

高帆，2007. 交易效率、分工演进与二元经济结构转化 [M]. 上海：上海三联书店 .

顾夏铭，陈勇民，潘士远，2018. 经济政策不确定性与创新——基于我国上市公司的实证分
析 [J]. 经济研究（2）：109-123.

顾妍，2017. 混合所有制改革对国有企业经营绩效的影响研究 [D]. 南京：南京财经大学 .

国家发展改革委体改司，2015. 国有企业混合所有制改革面对面 [M]. 北京：人民出版社：12-38.

国务院国有资产监督管理委员会研究局，2017. 探索与研究：国有资产监管和国有企业改革
研究报告（2014—2015）[M]. 北京：中国经济出版社：138-145.

郭克莎，1998. 所有制结构变动与工业增长质量 [J]. 管理世界（1）：133-146.

郭克莎，1994. 中国所有制结构变动与资源总配置效应 [J]. 经济研究（7）：37.

韩朝华，周晓艳，2009.国有企业利润的主要来源及其社会福利含义 [J].中国工业经济（6）：17-26.

郝书辰，田金方，陶虎，2012．国有工业企业效率的行业检验 [J].中国工业经济（12）：57-69.

郝阳，龚六堂，2017.国有、民营混合参股与公司绩效改进 [J].经济研究（3）：122-135.

何立胜，管仁勤，1999.混合所有制———一种最具有市场经济兼容力的所有制形式 [J].经济问题探索（7）：9-10.

贺炎林，张滋文，莫建明，2014.不同区域治理环境下股权集中度对公司业绩的影响 [J].金融研究（12）：148-163.

何瑛，于文蕾，戴逸驰，等，2019.高管职业经历与企业创新 [J].管理世界（11）：174-192.

亨利勒帕，1985.美国新自由主义经济学 [M].北京：北京大学出版社：120.

侯孝国，1995.简评"混合经济"和"混合所有制" [J].真理的追求（12）：5-7.

胡松明，邓衢，江婕，等，2019.股价崩盘风险与企业资本成本——基于公司价值和破产风险的中介效应检验 [J].金融论坛，24（9）：69-80.

胡一帆，宋敏，张俊喜，2006.中国国有企业民营化绩效研究 [J].经济研究（7）：49-60.

胡一帆，宋敏，郑红亮，2006.所有制结构改革对中国有企业绩效的影响 [J].中国社会科学（4）：50-64.

黄金树，2005.股份制国有企业经理人的诱因选择与民营化：混合寡占模型的应用 [J].世界经济文汇（2）：42-50.

黄速建，2014.中国国有企业混合所有制改革研究 [J].经济管理（7）：1-10.

黄少安，2004.产权经济学导论 [M].北京：经济科学出版社.

黄少安，李增刚，2010.中国法经济学研究 [M].北京：经济科学出版社.

姜付秀，申艳艳，蔡欣妮，等，2020.多个大股东的公司治理效应：基于控股股东股权质押视角 [J].世界经济，43（2）：74-98.

姜付秀，王运通，田园，等，2017.多个大股东与企业融资约束——基于文本分析的经验证据 [J].管理世界（12）：61-74.

姜付秀，伊志宏，苏飞，等，2009.管理者背景特征与企业过度投资行为 [J].管理世界（1）：130-139.

凯恩斯，1981.就业、利息与货币通论 [M].北京：商务印刷馆：321.

康芒斯，2006. 资本主义的法律基础（中译本）[M]. 北京：商务印书馆.

康芒斯，1994. 制度经济学（中译本）[M]. 北京：商务印书馆.

科斯，哈特，斯蒂格利茨，等，1999. 契约经济学（中译本）[M]. 北京：经济科学出版社.

李春玲，任磊，2018. 混合所有制改革背景下国有企业研发投入对公司绩效的影响 [J]. 工业技术经济，37（6）：21-28.

李春涛，宋敏，2010. 中国制造业企业的创新活动：所有制和 CEO 激励的作用 [J]. 经济研究（5）：55-67.

李广子，刘力，2012. 民营化与国有股权退出行为 [J]. 世界经济，35（10）：113-142.

李姝，翟士运，古朴，2018. 非控股股东参与决策的积极性与企业技术创新 [J]. 北京：中国工业经济（7）：155-173.

李明敏，李秉祥，惠祥，2019. 混合所有制企业资源异质股东共生关系形成机理——以中国联通混合所有制改革方案为例 [J]. 经济学家（6）：70-79.

李绍恒，2019. 交易成本理论视角下的公司权力配置与公司治理 [J]. 重庆社会科学（2）：66-75.

李维安，马超，2014. "实业＋金融"的产融结合模式与企业投资效率——基于中国上市公司控股金融机构的研究 [J]. 金融研究（11）：109-126.

李文贵，余明桂，2015. 民营化企业的股权结构与企业创新 [J]. 管理世界（4）：112-125.

李向荣，2018. 混合所有制企业国有股比例，制衡股东特征与公司绩效 [J]. 经济问题（10）：18.

李延喜，曾伟强，马壮，等，2015. 外部治理环境、产权性质与上市公司投资效率 [J]. 南开管理评论，18（1）：25-36.

厉以宁，2004. 论新公有制企业 [J]. 经济学动态（1）：17-20.

李远慧，王佳丽，韩琳，等，2016. 公司特征对真实盈余管理行为的影响 [J]. 统计与决策（14）：175-178.

李增福，黄华林，连玉君，2012. 股票定向增发、盈余管理与公司的业绩滑坡——基于应计项目操控与真实活动操控方式下的研究 [J]. 数理统计与管理（9）：941-950.

李正图，2005. 混合所有制公司制企业的制度选择和制度安排研究 [J]. 上海经济研究（5）：19-27.

廖冠民，沈红波，2014. 国有企业的政策性负担：动因、后果及治理 [J]. 中国工业经济（6）：96-108.

林毅夫，李志赟，2004. 政策性负担、道德风险与预算软约束 [J]. 经济研究（2）：17-27.

林毅夫，刘培林，2001.自生能力和国有企业改革 [J].经济研究（9）：60-70.

刘诚达，2019.混合所有制企业大股东构成与企业绩效——基于企业规模门槛效应的实证检验 [J].现代财经（天津财经大学学报），39（6）：15-26.

刘程，王仁曾，2020.资本市场开放与公司治理优化——基于"沪港通"的准自然实验 [J].财会月刊（12）：18-26.

刘春，孙亮，2013.政策性负担、市场化改革与国有企业部分民营化后的业绩滑坡 [J].财经研究，39（1）：71-81.

刘汉民，齐宇，解晓晴，2018.股权和控制权配置：从对等到非对等的逻辑——基于央属混合所有制上市公司的实证研究 [J].经济研究（5）：14.

刘慧龙，吴联生，王亚平，2012.国有企业改制、董事会独立性与投资效率 [J].金融研究（9）：127-140.

柳建华，卢锐，孙亮，2015.公司章程中董事会对外投资权限的设置与企业投资效率——基于公司章程自治的视角 [J].管理世界（7）：130-142.

刘小玄，2004.民营化改制对中国产业效率的效果分析——2001年全国普查工业数据的分析 [J].经济研究（8）：16-26.

刘玉，盛宇华，2018.制造业企业债务融资规模对经营绩效的影响研究——兼论股权集中度与产权性质的调节效应 [J].财会通讯（30）：119-124.

刘运国,郑巧,蔡贵龙,2016.非国有股东提高了国有企业的内部控制质量 [J].会计研究（11）：61-68.

鲁桐，党印，2014.公司治理与技术创新：分行业比较 [J].经济研究（6）：115-128.

罗节礼，1989.评"社会主义与资本主义趋同论" [J].四川大学学报（哲学社会科学版）（4）：12-14.

马连福，王丽丽，张琦，2015.混合所有制的优序选择:市场的逻辑 [J].中国工业经济（7）:5-20.

梅因，1984.古代法（中译本）[M].北京：商务印书馆.

潘小萍，庄明明，2020.多个大股东能提高公司治理效率吗?[J].金融与经济（2）：52-60.

潘越，宁博，纪翔阁，等，2019.民营资本的宗族烙印：来自融资约束视角的证据 [J].经济研究（7）：94-110.

綦好东，郭骏超，朱炜，2017.国有企业混合所有制改革：动力、阻力与实现路径 [J].管理世界（10）：8-19.

乔惠波，2017. 混合所有制企业公司治理研究 [J]. 经济体制改革（4）：102-108.

青木昌彦，2002. 比较制度分析（中译本）[M]. 上海：上海远东出版社．

科斯，阿尔钦，诺斯，等，1994. 财产权利与制度变迁：产权学派与新制度学派译文集（中译本）[M]. 上海：上海人民出版社．

单晨萱，宋永春，韩露杰，等，2019. 内部控制质量与债权资本成本——来自中国深市上市公司的经验证据 [J]. 纳税，13（14）：179-180.

申慧慧，于鹏，吴联生，2012. 国有股权、环境不确定性与投资效率 [J]. 经济研究（7）：113-126.

石予友，2010. 混合所有制企业公司治理：利益冲突视角的研究 [M]. 北京：经济管理出版社．

斯蒂格利茨，1987. 私有化、信息和激励 [M]. 北京：经济科学出版社．

宋立刚，姚洋，2005. 改制对企业绩效的影响 [J]. 中国社会科学（2）：17-32.

孙多娇，杨有红，2018. 公司治理结构和分析师预测对隐含资本成本影响及实证研究 [J]. 中国软科学（7）：170-180.

孙鲲鹏，王丹，肖星，2020. 互联网信息环境整治与社交媒体的公司治理作用 [J]. 管理世界，36（7）：106-132.

孙群燕，李杰，张安民，2004. 寡头竞争情形下的国有企业改革——论国有股份比重的最优选择 [J]. 经济研究（1）：64-73.

孙晓华，李明珊，2016. 国有企业的过度投资及其效率损失 [J]. 中国工业经济（10）：109-125.

孙裕生，1987. 论西方国家的"混合经济"体制及其可借鉴的因素 [J]. 南开经济研究（6）：23-27.

陶大埔，1988. 国家垄断资本主义的实践和理论 [J]. 北京师范大学学报（1）：26-40.

涂国前，刘峰，2010. 制衡股东性质与制衡效果——来自中国民营化上市公司的经验证据 [J]. 管理世界（11）：132-142.

汪平，周行，2020. 环境规制与股权资本成本——基于企业行为中介效应的分析 [J]. 西南民族大学学报（人文社科版），41（6）：131-142.

王晓亮，郭树龙，俞静，2016. 定向增发与盈余管理方式的权衡选择 [J]. 云南财经大学学报（3）：133-144.

王永年，张伟，李磊，2011. 安徽混合所有制经济的实证分析 [J]. 安徽商贸职业技术学院学报，5（3）：5-8.

王元芳，徐业坤，2020. 高管从军经历影响公司治理吗？——来自中国上市公司的经验证据 [J].

管理评论，32（1）：153-165.

威廉姆森，2002.资本主义经济制度：论企业签约与市场签约（中译本）[M].北京：商务印书馆.

魏明海，蔡贵龙，柳建华，2017.中国国有上市公司分类治理研究 [J].中山大学学报（社会科学版）（4）：175-192.

温军，冯根福，2018.风险投资与企业创新："增值"与"攫取"的权衡视角 [J].经济研究（2）：185-199.

温军，冯根福，2012.异质机构、企业性质与自主创新 [J].经济研究（3）：53-64.

温忠麟，张雷，侯杰泰，等，2004.中介效应检验程序及其应用 [J].心理学报（5）：614-620.

吴延兵，2007.企业规模、市场力量与创新：一个文献综述 [J].经济研究（5）：125-138.

向洪金，冯矜男，冯宗宪，2008.国有企业股份制改革，财政补贴和对外贸易政策——基于混合寡占理论的分析 [J].财经理论与实践，29（5）：79-83.

徐善长，2006.非公有制经济发展中的制度创新 [J].经济研究参考（64）：38-45.

晓亮，1986.经济体制改革与所有制问题研究述评 [J].中国社会科学（3）：112-128.

谢迟，向洪金，2015.关税和补贴对国有企业国有股份最优占比的影响——基于混合寡占理论分析 [J].经济数学，32（4）：82-86.

谢海洋，曹少鹏，秦颖超，2018.股权制衡、非国有股东委派董事与公司绩效 [J].财经理论与实践，39（3）：76-82.

许娟娟，陈志阳，2019.股权激励模式、盈余管理与公司治理 [J].上海金融（1）：42-49.

徐伟，张荣荣，刘阳，等，2018.分类治理、控股方治理机制与创新红利——基于国有控股上市公司的分析 [J].南开管理评论（3）：90-102.

晏维龙，李元申，向洪金，2016.国有企业股份制改革与劳动力成本上升对外资进入的影响——基于混合寡占模型的研究 [J].南京财经大学学报（3）：49-53.

杨宝，余沁青，2019.管理层权力、信息披露质量与权益资本成本 [J].财会通讯（24）：49-52.

杨德明，毕建琴，2019."互联网+"、企业家对外投资与公司估值 [J].中国工业经济（6）：136-153.

杨典，2013.公司治理与企业绩效——基于中国经验的社会学分析 [J].中国社会科学（1）：72-94.

杨红英，童露，2015.国有企业混合所有制改革中的公司内部治理 [J].技术经济与管理研究（5）：

50-54.

杨红英，童露，2015. 论混合所有制改革下的国有企业公司治理 [J]. 宏观经济研究（1）：42-51.

杨记军，逯东，杨丹，2010. 国有企业的政府控制权转让研究 [J]. 经济研究（2）：69-82.

杨金磊，杨位留，孙甜甜，2019. 高管薪酬差距、股权集中度与企业绩效——基于企业产权异质性的视角 [J]. 商学研究，26（1）：108-116.

杨瑞龙，周业安，2000. 企业的利益相关者理论及其应用 [M]. 北京：经济科学出版社.

杨兴全，尹兴强，2018. 国有企业混合所有制改革如何影响公司现金持有 [J]. 管理世界（11）：93-107.

杨雪萍，2015. 资产规模、盈余管理与银行风险承担——基于 54 家商业银行的面板数据 [J]. 财会月刊（20）：89-94.

姚圣娟，马健，2008. 混合所有制企业的股权结构与公司治理研究 [J]. 华东经济管理，22（4）：52-57.

叶光亮，邓国营，2010. 最优关税和部分私有化战略——产品差异的混合寡头模型 [J]. 经济学季刊，9（2）：597-608.

余明桂，李文贵，潘红波，2013. 民营化、产权保护与企业风险承担 [J]. 经济研究（9）：112-124.

谢军，黄建华，2012. 试析中国混合所有制企业公司治理的特殊性 [J]. 经济师（10）：15-16.

辛清泉，郑国坚，杨德明，2007. 企业集团、政府控制与投资效率 [J]. 金融研究（10）：123-142.

殷军，皮建才，杨德才，2016. 国有企业混合所有制的内在机制和最优比例研究 [J]. 南开经济研究（1）：18-32.

尤利平，2014. 混合所有制经济下的国有企业竞争力发展研究 [J]. 现代经济探讨（4）：53-57.

于晓红，王玉洁，2019. 内部控制、股权集中度与企业投资效率 [J]. 税务与经济（3）：32-37.

张文魁，2003. 国资体制改革的核心是落实"准分级所有" [N]. 中国经营报（6）：16.

张文魁，2015. 混合所有制的公司治理与公司业绩 [M]. 北京：清华大学出版社.

张文魁，2014. 混合所有制的股权结构与公司治理 [J]. 比较管理（2）：23-24.

章卫东，2010. 定向增发新股与盈余管理——来自中国证券市场的经验证据 [J]. 管理世界（1）：54-63.

章卫东，罗希，王玉龙，等，2019.定向增发新股投资者类别对公司治理的影响研究 [J]. 国际金融研究（8）：87-96.

张玉娟，汤湘希，2018.股权结构、高管激励与企业创新——基于不同产权性质 A 股上市公司的数据 [J]. 山西财经大学学报，40（09）：76-93.

郑海航，2010.国有资产管理体制与国有控股公司研究 [M]. 北京：经济管理出版社.

周冬华，黄佳，赵玉洁，2019.员工持股计划与企业创新 [J]. 会计研究（3）：63-70.

周军，张钦然，2019.中国国有上市公司股权制衡度、管理层激励与公司绩效的实证分析 [J]. 中国人力资源开发，36（3）：133-144.

周绍妮，张秋生，胡立新，2017.机构投资者持股能提升国有企业并购绩效吗？——兼论中国机构投资者的异质性 [J]. 会计研究（6）：67-74.

朱光华，2004.大力发展混合所有制：新定位，新亮点 [J]. 南开学报（2）：15-20.

朱磊，陈曦，王春燕，2019.国有企业混合所有制改革对企业创新的影响 [J]. 经济管理（11）：72-91.

邹颖，祖玉涛，2020.多个大股东与股权资本成本的关系检验 [J]. 财会月刊（10）：44-50.

BARTON J，SIMKO P，2002. The balance sheet as an earnings management constraint [J]. The Accounting Review（77）：1-27.

BAUMOL W J，1982.Contestable markets：an uprising in the theory of industry structure [J]. American Economic Review（72）：1-15.

BENNEDSEN，MORTEN，WOLFENZON，et al.，2000. The balance of power in closely held corporations [J]. Journal of Financial Economics，58（12）：113-139.

BORTOLOTTI B，PINOTTI P，2003.The political economy of privatization [J]. NOTA DI LAVORO（45）：1-45.

NARJESS B，JEAN-CLAUDE C，WALID S，2013. The role of state and foreign owners in corporate risk-taking：evidence from privatization [J]. Journal of Financial Economics，108（3）：641-658.

CAIN M D，MCKEON S B，2016. CEO Personal Risk—taking and Corporate Policies [J]. Journal of Financial and Quantitative Analysis，1（51）：139-164.

CAPOBIANCO A，CHRISTIANSEN H，2011. Competitive neutrality and state-owned enterprises：Challenges and policy options [R]. OECD Corporate Governance Working

Paper.

CHAN H, ROSENBLOOM D, 2009. Public enterprise reforms in the United States and the People's Republic of China : a drift toward constitutionalization and departmentalization of enterprise management [J]. Public Administration Review（69）: 38-45.

CHAO C C, YU E S, 2006. Partial privatization, foreign competition, and optimum tarif [J]. Review of International Economics, 14（1）: 87-92.

COHEN D A, ZAROWIN P, 2010 . Accrual based and real earnings management activities around seasoned equity offerings [J]. Journal of Accounting and Economics, 50（1）: 2-19.

COLES J N, DANIEL L, NAVEEN, 2006. Managerial Incentives and risk—taking [J]. Journal of Financial Economics, 79（2）: 431-468.

DECHOW P M, SKINNER D J, 2000 . Earnings management : Reconciling the views of accounting academics, practitioners and regulators [J]. Accounting Horizons, 14（2）: 23-34.

DONALDSON T, PRESTON L E, 1995. The stakeholder the stakeholder theory of the corporation : concepts, evidence, and implications [J]. Academy of Management Review, 20（20）: 65-91.

DU J, LIU X, ZHOU Y, 2014. State advances and private sector retreats? Evidence of aggregate productivity decomposition in China [J]. China Economic Review（31）: 459-474.

FACCIO, MARA, MARCHICA, et al. , 2016 . CEO Gender, Corporate Risk-taking, and the Efficiency of Capital Allocation [J]. Journal of Corporate Finance（39）: 193-209.

FREEMAN R E, 1984.Strategic management : a stakeholder approach[M].Cambridge University Press.

GLAESER E L, SCHEINKMAN J A, 1996. The transition to free market : where to begin privatization [J]. Journal of Comparative Economics（22）: 23-42.

HIRSHLEIFER D, LOW A, TEOH S H, 2012. Are overconfident CEOs better innovators [J]. The Journal of Finance（4）: 1457-1498.

HOLMSTROM B, 1989. Agency cost and innovation [J]. Journal of Economic Behavior & Organization（3）: 305-327.

JU J, YU X, 2015. Productivity, profitability, production and export structures along the value chain in China [J]. Journal of Comparative Economics（43）: 33-54.

KORNAI J, 2014.Resource-constrained versus demand-constrained systems [J]. Econometrica

（47）：801-819.

KOTHARI S，LEONE A，WASLEY C，2005. Performance matched discretionary accrual measures [J]. Journal of Accounting and Economics，39（1）：163-180.

LI J，TANG Y，2010. CEO Hubris and firm risk taking in China：the moderating role of managerial discretion [J]. Academy of Management Journal，53（1）：45-68.

LI X，LIU X，WANG Y，2013. A model of China's state capitalism[R]. Society for Economic Dynamics Meeting Paper.

LIN C，LIN P，SONG M，ET AL，2011. Managerial incentives，CEO characteristics and corporate innovation in China's private sector [J]. Journal of Comparative Economics（2）：176-190.

LOW A，2009. Managerial risk—taking behavior and equity—based compensation [J]. Journal of Financial Economics，92（3）：470-490.

RICHARDSON S，2006.Over-investment of free cash flow[J]. Review of Accounting Studies（11）：159-189.

ROWER M，1990. Endogenous technological change [J]. Journal of Political Economy（5）：71-102.

SAPRA H，SUBRAMANIAN A，SUBRAMANIAN V，2012. Corporate governance and innovation：theory and evidence [J]. SSRN Electronic Journal（4）：82-106.

WALLSTON S J，2004. Wallsten privatizing monopolies in developing countries：the real effects of exclusivity periods in telecommunications [J]. Journal of Regulatory Economics（2）：35-43.

WATTS R，ZIMMERMAN J，1990. Positive accounting theory：a ten year perspective [J]. Accounting Review，65（1）：131-156.

后　记

　　本书是笔者承担的山东省重点研发计划（软科学）项目"山东省研发财税政策对企业自主创新的激励效应研究"（项目编号：2019RKB01467）、滨州市社会科学规划重点研究课题"经济新常态下滨州市国有企业混合所有制改革现状及路径研究"（项目编号：19-SKGH-43）、江西省2018年度研究生创新专项资金项目"不同类别机构投资者认购定向增发新股对公司投资效率影响研究"（项目编号：YC2018-B046）、滨州市软科学研究计划项目"滨州市科技创新与新旧动能转换的耦合机制研究"（项目编号：2018BRK12）的研究成果。本书写作历经两年多，期间通过文献收集、实地调研访谈、收集整理数据、理论建模和数据检验，对我国国有企业混合所有制改革的发展历程、目前取得的成就、存在的问题和对国有企业盈余管理、资本成本、公司治理、风险承担水平、投资效率、创新能力和公司绩效等方面产生的经济影响进行了系统、全面的研究，得出了一些具有理论和应用价值的研究成果。谨此，对上述项目的资助以及相关调研企业、访谈专家表示衷心的感谢！

　　在项目研究过程中，广西大学范利民教授、滨州学院经济管理学院王春晖院长、滨州学院经济管理学院王秀海副教授、滨州学院经济管理学院张自伟副教授、江西财经大学杨书怀教授等，为本项目的研究提出许多宝贵意见，在此书出版之际，对他们的帮助一并表示衷心感谢！

　　此外，滨州学院经济管理学院 2017 级财务管理专业、经济统计专业、市场营销专业、税收专业的王浩宇、田家玉、潘晓妮、江松林、谷文斐、杨轩等同学参与了资料收集与数据整理工作。在此，也向他们深表谢意！

　　由于时间仓促和水平有限，书中肯定有不少疏漏之处，期待各位读者批评指正。

李　梅
2020 年 8 月